Author:
Fiona Macdonald studied History at
Cambridge University and at the University of
East Anglia. She has taught in schools, adult
education and university, and is the author of
numerous books for children on historical topics.

Artist:
David Antram was born in Brighton in 1958.
He studied at Eastbourne College of Art and then
worked in advertising for 15 years before
becoming a full-time artist. He has illustrated
many children's non-fiction books.

Series creator:
David Salariya was born in Dundee,
Scotland. He has illustrated a wide range of books
and has created and designed many new series for
publishers both in the U.K. and overseas. In 1989
he established The Salariya Book Company. He
lives in Brighton with his wife, the illustrator
Shirley Willis, and their son Jonathan.

Editor:
Karen Barker Smith

Editorial Assistant:
Stephanie Cole

Created, designed and produced by
The Salariya Book Company Ltd
25 Marlborough Place,
Brighton BN1 1UB

Published in Great Britain in 2000 by Hodder Wayland,
an imprint of Hodder Children's Books
Reprinted in 2003

A catalogue record for this book is available from
the British Library.

ISBN 0 7502 3254 4

Printed and bound in Italy

Hodder Children's Books
A division of Hodder Headline Limited
338 Euston Road, London NW1 3BH

You Wouldn't Want To Be A Slave in Ancient Greece!

Written by
Fiona Macdonald

Illustrated by
David Antram

Who'd be a slave anywhere?

A life you'd rather not have

Created and designed by
David Salariya

HODDER
Wayland

an imprint of Hodder Children's Books

Contents

Introduction

It is the 5th century BC and you live just north of the Black Sea, in a Scythian tribe. Your men are famous for their fighting skills and your women lead independent lives. Like many rich Scythian people you are a nomad, travelling from place to place. Occasionally, you visit one of the trading ports on the Black Sea coast. There you meet people from many different lands, including sailors from Greek cities around the Mediterranean Sea. They look at you in astonishment. They are not used to seeing women wearing trousers or walking freely down the streets. They call you a savage.

The ancient Greeks think that all other peoples are less civilised than themselves. They do not understand foreign customs and traditions. Greek artists and architects have created wonderful buildings, statues and pottery and Greek doctors, scientists and thinkers have made many important discoveries. However, these achievements hide a shocking secret: ancient Greek society depends on slavery! Without slaves, the Greeks would have no time for art and scholarship. Slaves already make up a quarter of the population in many Greek cities. Although they are surrounded by a brilliant civilisation, slaves' lives are often grim. You really wouldn't want to be a slave in ancient Greece!

Captured! Seized by slave traders

What you'll leave behind:

WIDE OPEN SPACES. Say goodbye to the vast plains and forests of your homeland.

POSSESSIONS. You will have your weapons and your jewellery taken away.

HOME SWEET HOME. This is the last time you'll see your cosy felt tents or wooden huts.

In the trading port, you hear an alarming rumour – Greek slave traders are near by! The traders trap people and sell them as slaves. They also buy prisoners from warlords who have captured enemies in battle and children from poor families who cannot afford to feed them. You decide to hurry home, but it's too late – you are ambushed and your whole family is captured! Hands bound, you are marched on board a slave-ship.

Get a move on!

Up for grabs!
On sale in the slave market

You have arrived in Athens, the largest and most powerful city in Greece. About 350,000 people live here and in the surrounding countryside; over 100,000 of them are slaves. The trader takes you to the slave-market in the *agora* (market place). There, you are put on display alongside other men, women and children. Business is brisk – thousands of slaves can be sold here in a single morning. However, prices are low compared to Greek citizens' wages. A skilled workman can earn at least 1 drachma per day. The cheapest slaves are sold for 70 drachmas and the most expensive fetch 300 drachmas – good value for a lifetime's work!

Who else is on sale?

ABANDONED BABY GIRLS are looked after by slave-dealers until they are old enough to sell.

DEBTORS are sold as slaves by the people they owe money to.

DEFEATED ENEMIES are brought here straight from the battlefield. Some are still badly injured.

Parted forever!

Where your family goes:
Before   After

YOUR HUSBAND used to train horses. Now he mends the roads.

YOUR SON used to play outdoors. Now he works inside in a potter's workshop.

YOUR DAUGHTER was a quiet, shy girl. Now she's forced to dance and sing to entertain men at drinking parties.

YOU were a respected member of your tribe. Now you're just a miserable household slave.

Becoming a slave means saying goodbye to your family. You will probably never see them again. Your new owner will only be interested in the work you do. Try to forget that you ever had a husband and children – it's tough, but you'll find it easier to cope with your new life that way. You'll feel lonely, but that's normal for a slave, especially a *xenos* (foreigner).

Your new owner may give orders for your hair to be cut off – short hair is a sign of slavery. He may also mark your arms and neck with tattoos, or even brand you with a hot iron.

10

Most slaves are surrounded by people who do not speak their language or share their beliefs. They are not allowed to marry. If a female slave has a love-affair and has a baby, she could be forced to abandon it on a rubbish-heap, especially if it's a girl.

Handy hint

Flaunt your talents! Your new owner will treat you better if he thinks you have useful skills.

Put me down!

**!*!

My family! My family!

Back breaking! Household chores

Daily tasks:

SCRUBBING AND SWEEPING takes hours each day. Your knees will ache and creak as you crawl across the cold, tiled floor.

Captured women are always needed in ancient Greece, to work as *oiketai* (household slaves). You do all the daily tasks, such as cooking, cleaning, lighting fires and collecting firewood. You have brushes, mops and rags to help you, and cold water, sand and salt to use for cleaning.

STICKY FINGERS. You have to make fresh bread for each evening meal. Don't add too much water – you might never get free from the dough!

KEEP STIRRING! Your owner's family likes porridge for breakfast. Try not to burn it or make it lumpy or they won't feed you at all!

Who'd be a slave?

Ho hum...

Back in your own home, you were used to organising your own time and deciding which tasks to do. But here, you'll be at the beck and call of your owner's wife. She'll give you orders and scold you if she's not happy with your work.

Handy hint

Try to avoid collecting the heavy loads of firewood – it's the worst job.

***!!* !!**! Stupid girl!

13

Personal services

The ancient Greeks like clean, healthy bodies and admire beauty. But they can't achieve either by themselves. They need slaves to help them bathe, dress and arrange their hair. As part of your work as a female slave, you may also be asked to massage your owner or his wife with olive oil. It's certainly good for soothing their aches and pains, but it's a very messy task. Female slaves are also expected to provide care 24 hours a day for their owner's children. You have to wash them, feed them and get up in the night when they cry. You feel exhausted, but no-one cares because you're just a slave.

AARRGHH!

Beauty duties:

You look gorgeous!

IT TAKES HOURS to arrange an elaborate hairstyle for your owner's wife and you have to stand the whole time.

DON'T TELL your owner's teenage daughter that she's ugly or vain. It's your job to praise her, however she looks!

BATHTIME IS BLISS for your owner's wife, but hard work for her slaves, who have to carry the huge jars of water.

Yawn

WAAAHHHH!

Handy hint

Kept awake at night by a screaming baby? Consult a wise woman for a herbal potion to help the baby sleep.

Sizzle

Pong

WHICH IS WORSE – your owner's dirty, dusty feet, or your aching back as you bend down to tie his sandals on?

THE LATEST FASHION – scent made with civet, from wild cats! You hate the smell, but have to sprinkle it on your owner's wife.

PALE AND INTERESTING – that's the style for rich women. As a slave, you'll get sunburnt carrying the sunshade.

15

No time to spare!

You will find that slave women have no spare time. When you're not busy with cooking, housework or child-care, you are expected to spin woollen thread, weave it into cloth, and sometimes embroider it as well. Each household makes all the cloth it needs for clothes, rugs, cushions, blankets and wall hangings.

In a spin? Working with wool

BOWED DOWN. You may be sent to unload the heavy fleeces which arrive at your owner's house by donkey.

BUZZ BUZZ! You'll find that sheep's wool is tangled up with twigs, dung and live insects, which all need to be washed out.

GREEK CLOTHES are made to fit. Check sizes carefully before you start weaving to ensure the finished cloth is the right size.

IF YOU TANGLE the threads or embroider the wrong pattern you'll have to stay up all night, unpicking your work.

My hair!

Save the grease you remove from the sheep's wool to use as skin cream. It's horribly sticky, but it works.

Handy hint
slap!

Silly girl!

If your owner has a farm the wool will come from his flocks. If not, he'll buy it in the city market place. If you don't know how to spin or weave, your owner's wife will teach you. Take care with your work! If you make any mistakes, you'll be beaten and will have to start all over again.

17

Fetching and carrying – city life

Some tiring tasks:

DOING THE LAUNDRY. The Greeks send slaves like you to wash their clothes in streams on the edge of town.

SHOP WORK. If your owner runs a business, you'll have to help in the shop, even if it sells smelly cheese or slimy fish.

COOKING LESSONS. To make stew, chop meat, onions, garlic and herbs, add water and boil for hours.

At home, you had horses to carry heavy loads. But here, in the busy city, most of the fetching and carrying is done by slaves. Several times a day your owner's wife sends you into town on errands. She's a respectable citizen's wife, so she stays indoors in the *gunaikeion* (women's quarters). You have to make your way through the crowds along with other shoppers and slaves. You stagger under the weight of pottery jars full of water, huge baskets of shopping or loads of dripping wet laundry. People jostle you and make rude jokes. You feel as if your arms will drop off from sheer exhaustion. Then you're sent out again!

YOU CARRY goods made by your owner's slaves to the market to sell.

YOU BRING BACK fresh food from the market stalls every day.

18

Handy hint

Don't go shopping in the rain – you get less for your money that way! Dry goods, like grain, soak up the rainwater. They become heavier, so cost more.

Down on the farm

Athens is surrounded by farmland. The food grown, gathered and hunted here is essential for the city's survival. Even the smallest farm has at least one slave and the large farms have dozens. Slaves do all the hard work – preparing the soil, planting and harvesting the crops, and storing them for winter use. They also care for the animals, make olive oil, wine and cheese, and gather wild foods. The Greek countryside is beautiful but harsh. The land is hilly, stony and prone to earthquakes and there are snakes, wolves and bears. It's very hot in summer, but windy and wet in winter.

The farming year

LATE SPRING. You help with haymaking – drying grass for the animals' food.

SUMMER. You winnow the wheat and barley, separating the grain from the chaff.

LATE SUMMER. You use sticks to beat the olive trees so that the fruit falls to the ground.

WHEN THE OLIVES have been crushed to make oil, you pour it into jars.

AUTUMN. You go to the forests to gather berries, nuts and mushrooms.

ooOWWWw!

Chomp!

Slurp!

Handy hint

Don't walk in the fields alone. You might be kidnapped by other farmers on the lookout for extra slaves.

WINTER. You look at the cheeses made earlier in the year. Are they maturing, or full of maggots?

EARLY SPRING. You look after the newborn animals. They're always hungry!

JUST IGNORE the rude remarks of the male farm workers and slaves. They're a rough bunch! But their lives are hard, too. They have to work outside in all weathers, ploughing, sowing seeds, harvesting crops and tending sheep and goats on the wild mountain-sides.

21

Lucky you! A good home

The best you can get

You might be lucky and be purchased by a good owner. Some slave owners are kindly by nature. Others find that slaves work better if they are treated well. They give their slaves good food, a comfortable bed and decent clothes.

A KIND OWNER will treat his slaves like friends. (A bad owner will treat them like animals or worse.)

DEATHBED FREEDOM. Your owner might set you free as he lies dying. If he doesn't, you'll be inherited by his son.

THE CHANCE TO SAVE. If your owner has trained you in a skill, he might let you keep some of your earnings to buy your freedom.

Soldier

Doctor

Teacher

However, even in the best homes, female slaves like you are not treated equally to men. You cannot do jobs like medicine, teaching or money-changing, or learn crafts such as pottery, building and stone-carving. You will never equal the male slaves who work for the city government as policemen and *dokimastai* (market officials).

Handy hint

Be nice to your owner's eldest son. When his father dies, he'll become your master.

Banker   *Builder*

Lowest of the low

Slaves are possessions that breathe...

PHILOSOPHERS are scholars who study the world around them and discuss the best way to live. This is what they say about slaves (above)!

ALL MALE GREEK CITIZENS have to serve as soldiers. Each man provides his own weapons and armour and a male slave to carry them. Women slaves won't do.

As a slave, you are one of the lowest-ranking people in Greece. People say that slaves are objects, with no human dignity at all. As a female slave, you are doubly disadvantaged, because the ancient Greeks believe that all women are less important and intelligent than men. They are valued for two things only: their skill at running a household and their ability to produce children. Greek marriages are arranged by families to bring wealth or honour, so the men do not expect to love their wives. For companionship, many husbands turn to female entertainers, called *hetairai*, and female slaves.

Slave rights!

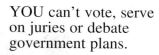

YOU can't vote, serve on juries or debate government plans.

YOU can't take time off, rest if you are ill or leave your workplace.

Women are kept out of politics and public life. They do not leave the house except for religious ceremonies, or to run errands if they are slaves.

Handy hint

For male slaves only! Fight bravely if your owner takes you into battle – he might set you free as a reward.

Blah, blah, blah

The men wouldn't let us vote even if we were free.

25

Behave – or you'll be punished!

Heed these warnings:

IF YOU RUN AWAY, you'll be brought back in chains, unless you reach a temple and claim sanctuary from the gods.

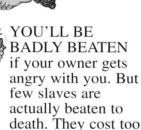

YOU'LL BE BADLY BEATEN if your owner gets angry with you. But few slaves are actually beaten to death. They cost too much to replace.

YOUR OWNER will sell you to whoever offers the best price if he no longer trusts you. You'll have no say in the matter.

TO BREAK your disobedient spirit you'll be locked up for days in a dark room, with just bread and water.

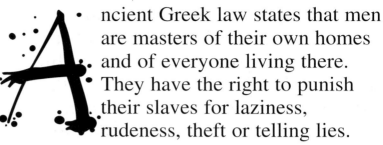

Ancient Greek law states that men are masters of their own homes and of everyone living there. They have the right to punish their slaves for laziness, rudeness, theft or telling lies. Disobedience by slaves is an especially serious crime. Like everyone else in the household, it is a slave's duty to be loyal to the man in charge.

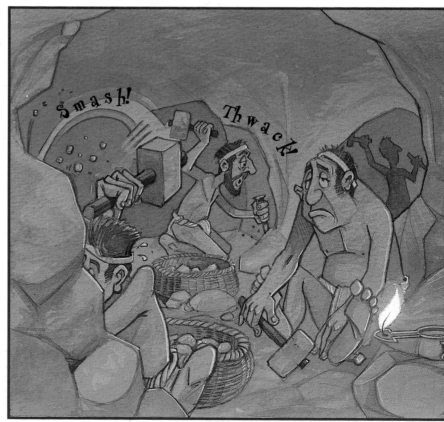

Owners are responsible for any crimes their slaves commit. If you do something wrong, your owner will have to pay a fine. But don't think that this means you will get away without punishment! You will be beaten, locked up or sold. For male slaves, the punishment can be even worse. They could be sent to work in the deep, dark silver mines, where the heat is stifling and the air is full of poisonous fumes.

Keep your clothes on in the mine. They'll make you hot and sweaty, but they'll stop poisonous chemicals seeping into your skin.

Haul away!

SILVER dug by 40,000 slaves in the mines at Laureion has made Athens the richest city in Greece. The Athenians use it for beautiful coins and to pay for a fleet of fast warships.

27

It's all over! Your life ends

You are old and worried about dying. Like your owners, you believe that a funeral is very important as it marks the beginning of your new life after death. It should be performed by your family, with all the proper prayers and ceremonies. Unless you are carefully laid to rest, your spirit will not be able to break free but will haunt the graveside or the house where you died.

IN YOUR SCYTHIAN HOMELAND, you would have been buried with your jewellery, mirror, weapons, and sewing tools for use in the afterlife. Here you will die alone and be buried with nothing. How will your spirit survive? As a slave, you've been unhappy in this life. Now it looks as if you will be wretched for all eternity.

How will you be remembered?

IF SLAVES DROP DEAD from exhaustion, they are buried where they fall. As a female slave, you're lucky. You're more likely to die at your owner's home.

A SIMPLE BURIAL is the best most slaves can hope for. You'll be laid to rest in an unmarked grave, with no funeral ceremonies or prayers.

DON'T EXPECT to be mourned after your death! You'll hardly be cold in your grave before your master buys new slaves to replace you.

IF YOU'RE A FAVOURITE slave, you may be portrayed on your owner's wife's tombstone. Now people will remember you as well as her.

Glossary

Agora The market-place – a large, open space in the centre of ancient Greek cities and towns.

Asia Minor The area of land known today as Turkey.

Barbarian Anyone who was not a Greek. The Greeks believed that all barbarians were uncivilised.

Brand To make a mark on someone's skin with a red hot iron.

Chaff The dry husks surrounding grains of wheat, oats and barley.

Civet A strong-smelling substance produced by large, wild cats. Used for making perfumes.

Democracy A system of government where the people of a country have power.

Dokimastai Market officials.

Drachma A common Greek coin. In the late 5th century BC, it was the average wage for a skilled day's work.

Fleeces The woolly coats cut from sheep.

Hetairai Educated, elegant unmarried women who were companions and sometimes advisors to wealthy and powerful men.

Gunaikeion The private rooms used by women in Greek homes.

Nomad A person who lives a wandering lifestyle, moving from place to place.

Oiketai Household slaves.

Philosophers Scholars who study the world around them and discuss the best way to live. Many ancient Greek philosophers' writings are still read today.

Ransom Money paid to set a captive person free.

Sanctuary A safe place recognised by law, often situated in temples and other holy sites.

Scythians People who lived to the north of the Black Sea, in the land known today as southern Russia and Kazakhstan. Rich, noble Scythians were horse-riders and probably nomadic; other Scythians lived in farming villages.

Thrace The area of land known today as Bulgaria and Romania.

Winnow To throw ears of wheat, oats or barley in the air to separate the grains from the chaff.

Xenos A foreigner.

Index

Maïa Grégoire
Professeur de français langue étrangère
à l'Institut français de gestion, Paris.

Odile Thiévenaz
Chargée d'enseignement
à l'Université de Savoie.

Avec la collaboration de
Elisabeth Franco

GRAMMAIRE

PROGRESSIVE

DU FRANÇAIS

avec 500 exercices

C L E
international

27, rue de la Glacière – 75013 PARIS

Les auteurs tiennent à remercier
tout particulièrement Monsieur Valmor Letzow,
Directeur pédagogique à l'Institut français de gestion,
pour la passion de l'enseignement qu'il leur a transmise.

Édition : Michèle Grandmangin
Avec la collaboration de Christine Grall
Fabrication : Pierre David
Conception maquette et couverture : Evelyn Audureau
Composition : C.G.I.

Le Genre des noms - Gender
L'accord- agreement.

AVANT-PROPOS

■ La **Grammaire progressive du français** s'adresse à des étudiants, adultes et adolescents de niveau **faux débutant** ou **intermédiaire**.

Grâce à une méthode progressive et un langage simple, l'ouvrage vise à rendre vivant et stimulant l'apprentissage du français trop souvent considéré comme difficile.

Les règles de grammaire ne sont pas exhaustives mais vont à l'essentiel. Elles sont présentées et exploitées dans une perspective d'échange à l'écrit et à l'oral.

Chaque point de grammaire est abordé à la façon d'un cours de langue et non selon les classifications habituelles en parties de discours (déterminants, adjectifs, pronoms, etc.).

Les explications proposées privilégient d'abord le sens. Plusieurs sont le fruit d'une réflexion avec les étudiants.

■ La **Grammaire progressive du français** est une grammaire **d'apprentissage par étapes** qui présente :
• sur la *page de gauche* une **unité linguistique** :
– un encadré met en lumière le fait de langue avec des phrases simples et caractéristiques,
– les règles sont ensuite analysées point par point et illustrées par de nombreux exemples,
– des remarques de prononciation et d'écriture complètent la leçon ;
• sur la *page de droite*, des **exercices pratiques** :
– des exercices de réemploi et des activités plus libres permettent l'utilisation immédiate de ce qui vient d'être étudié.

Trois pages d'exercices se succèdent pour approfondir des points plus complexes. Le professeur pourra naturellement développer certains exercices ou apporter des variantes personnelles compte tenu des besoins de la classe.

Des **exercices de récapitulation** et des **bilans** permettent révisions et évaluations.

■ La **Grammaire progressive du français** est une grammaire **pédagogique** : pour faciliter la découverte, la compréhension et l'acquisition, chaque point de grammaire étudié prépare le suivant. Par exemple, l'accord est d'abord étudié à travers le genre des adjectifs, puis des noms, il est repris dans les exercices sur la négation et l'interrogation, puis plus loin avec les possessifs, la profession, etc.

L'apprentissage se fait ainsi par enrichissement régulier des acquis. Certains points plus difficiles comme l'interrogation, la négation, les pronoms, sont repris dans le traitement de chacun des temps verbaux.

Les grands points grammaticaux sont découpés en unités plus petites et autonomes, les pages de gauche comportant toutes les informations nécessaires à la pratique des exercices. Ainsi, "Le temps" fait l'objet de plusieurs leçons : (*chapitre 14* : le jour, la date ; *chapitre 17* : la durée ; *chapitre 41* : l'origine, la chronologie, la succession).

Des renvois d'un chapitre à l'autre et des tableaux récapitulatifs permettent à l'étudiant et au professeur de reconstituer les grandes unités grammaticales. Un index détaillé et une synthèse des conjugaisons complètent l'ouvrage.

Cette grammaire peut s'utiliser en complément d'une méthode, ou plus ponctuellement pour étudier une difficulté particulière. Elle peut également servir de guide d'auto-apprentissage.

Les corrigés des exercices se trouvent dans un livret séparé.

DESCRIPTIF

L' UNITÉ GRAMMATICALE :	LES EXERCICES :
• Un encadré présentant **le point principal**.	• **Une ou trois pages d'exercices :** selon l'importance des problèmes.
• **Des explications simples** avec des exemples clairs et nombreux.	• **Des exercices variés :** exercices de réemploi, activités libres, textes, chansons, etc.
⚠ • **Des mises en garde :** difficultés particulières et interférences fréquentes.	• **Des exercices récapitulatifs :** révision des chapitres précédents.
♪ • **Des remarques phonétiques :** liaison, élision, contraction, etc.	• **Des bilans :** révision de l'ensemble des points déjà étudiés.

SOMMAIRE

1

LE VERBE « ÊTRE »

LE VERBE « ÊTRE » et LE DIALOGUE DE BASE

> **Je suis** français.
> **Vous êtes** italien.

En français, le verbe est en général précédé d'un nom ou d'un **pronom** sujet.

■ **« JE »** et **« VOUS »** sont les pronoms de base du dialogue (autres pronoms p. 10).

> – *Vous êtes de Paris, Monsieur Ricard ?*
> – *Non, je suis de Marseille.*

■ **QUELQUES NATIONALITÉS** (voir accord des adjectifs, p. 12)

Je suis		Vous êtes	
	anglais.		*espagnol.*
	allemand.		*américain.*
	grec.		*portugais.*
	japonais.		*russe.*
	brésilien.		*australien.*
	suédois.		*hollandais.*

■ **« À », « DE », « CHEZ »**

• **« À »** indique la ville où on est :   • **« De »** indique la ville d'origine :

Je suis **à**		Je suis **de**	
	Berlin.		*Rome.*
	Londres.		*Madrid.*
	Moscou.		*Lisbonne.*

♪ • **« De »** + **voyelle** devient **« d' »** : *Je suis de Athènes.*   →   *Je suis **d'**Athènes.*

• **« Chez »** s'utilise avec les noms de personnes :

Je suis **chez**	
	Pierre.
	des amis.
	moi.

1 Complétez avec le verbe « être » et « je » ou « vous », selon le modèle.

Je *suis* français. *Je suis* de Marseille.

1. Je *suis* australien. *Je* *suis* de Sydney.

2. Vous *êtes* hollandais ? *Vous* *êtes* d'Amsterdam ?

3. Vous *êtes* en forme ! _____ _____ en vacances ?

4. Vous _____ Madame Dupuis ? _____ _____ mon professeur ?

5. Je *suis* Monsieur Gomez. *Je* *suis* votre étudiant.

6. Je *suis* espagnol. _____ _____ de Séville.

2 Répondez aux questions au choix.

– Vous êtes anglais ou américain, David ? *– Je suis américain.*

1. – Vous êtes espagnol ou portugais, Luis ? – *Je suis portugais.*

2. – Vous êtes de Madrid ou de Barcelone, Carlos ? – *Je suis de Madrid.*

3. – Vous êtes allemand ou suisse, Rolf ? – *Je suis suisse.*

4. – L'été, vous êtes à Paros ou à Athènes, Stavros ? – *Je suis paros.*

5. – Vous êtes fatigué ou en forme, Paul ? – *Je suis fatigué.*

3 Complétez le texte avec « à », « de », « chez ».

Paul : – Je suis en vacances *à* Nice. Et vous, vous êtes *à* Nice pour travailler ?

Aldo : – Non, je suis en vacances *chez* ma tante. Vous êtes *à* l'hôtel ou *chez* des amis ?

Paul : – Je suis *chez* un ami d'enfance, Philippe Leroux. Vous êtes _____ quelle ville, Aldo ?

Aldo : – Je suis _____ Naples. Mais je suis souvent _____ Rome pour mon travail.

Paul : – Moi, je suis _____ Lyon, mais je suis très souvent _____ Paris, pour mes affaires.

4 Faites l'exercice selon le modèle.

Nom	Nationalité	Ville d'origine	Adresse actuelle	
Per Olsen	Danois	Copenhague	Paris	(hôtel Bréa)
Bruno Maggi	Italien	Florence	Londres	(un ami)
Anne Briand	Belge	Bruxelles	New York	(Astoria Hotel)
Clément Monier	Français	Avignon	Marseille	(des cousins)

1. – *Je m'appelle Per. Je suis danois. Je suis de Copenhague. Actuellement, je suis à l'hôtel Bréa, à Paris.*

2. – _____

3. – _____

4. – _____

5 Répondez librement aux questions.

1. – Vous êtes de Boston ? de Varsovie ? de Madrid ? – _____

2. – Actuellement, vous êtes à Oslo ? à Londres ? à Vienne ? – _____

3. – Vous êtes chez vous ? au bureau ? à l'université ? au lycée ? – _____

LE VERBE « ÊTRE » et **LES PRONOMS SUJETS**

Je	**suis**	italien.
Tu	**es**	américain.
Il		
Elle	**est**	à Paris.
On		
Nous	**sommes**	en vacances.
Vous	**êtes**	de Madrid ?
Ils	**sont**	de Londres.
Elles		

■ « VOUS » et « TU »

• **« Vous »** est une forme de politesse :

   – ***Vous êtes*** *espagnol, Monsieur Sanchez ?*

• **« Tu »** s'utilise entre amis, en famille, etc.

   – ***Tu es*** *là, maman ?*

• Avec les prénoms, on utilise « **vous** » ou « **tu** », selon le degré de familiarité :

   – ***Vous êtes*** *prêt, John ?*   – ***Tu es*** *prêt, Paul ?*

■ « IL(S) » et « ELLE(S) » renvoient à une personne ou à une chose :

   Elle est *très belle, Isabelle Adjani.*   ***Il est*** *très beau, Kevin Costner.*
   Elle est *très belle, la tour Eiffel.*   ***Il est*** *très beau, le musée d'Orsay.*

⚠ • « **Elles** » renvoie à un groupe féminin, « **ils** » renvoie à un groupe masculin ou « mixte » :

   Paul, *Marie, Cathy, Anne et Julie sont français :* ***ils*** *sont de Nice.*

■ « ON » et « NOUS »

• « **On** » est l'équivalent de « **nous** », en langage courant :

   Sylvie : – Marie et moi, ***nous sommes*** *françaises :* ***on est*** *de Nice.*

• « **On** » signifie aussi « **tout le monde** » ou « **les gens** » :

   En France, ***on est*** *gourmand.*

♪ • La liaison est obligatoire entre le verbe et le pronom :

   – *Vous êtes…* – *On est…*
        z   n

1 Complétez les phrases avec le verbe « être ».

Marie *est* belge.

1. Bill _____ américain.

2. Dimitri _____ grec.

3. Katia _____ russe.

4. Ann et Linda _____ irlandaises.

5. Peter et Jorg _____ allemands.

6. Je _____ célibataire.

7. Vous _____ marié, Patrick ?

8. Marc et moi, nous _____ en vacances.

9. – Vous _____ de Rome, Monsieur Moretti ?

10. – Tu _____ chez toi ce soir, Aline ?

2 Complétez avec « tu » ou « vous ».

– *Vous êtes* suisse, Madame ?

1. _____ _____ seule, Mademoiselle ?

2. _____ _____ français, Monsieur Dubois ?

3. _____ _____ là, papa ?

4. _____ _____ fatigué, mon chéri ?

5. _____ _____ prêt, Charles ?

6. _____ _____ de Prague, Madame ?

3 Complétez les phrases avec « être » et les pronoms manquants.

Marco *est* italien ? – Oui, *il est* de Florence.

1. – Alice ___ médecin ? – Non, ___ ___ architecte.

2. – Paul et John ___ anglais ? – Oui, ___ ___ de Liverpool.

3. – Nous ___ à Blois ? – Non, ___ ___ à Tours !

4. – Anne et Julie ___ là ? – Non, ___ ___ au lycée.

5. – Le café ___ chaud ? – Oui, ___ ___ chaud.

6. – La banque ___ ouverte ? – Oui, ___ ___ ouverte !

7. – Pierre, Sylvie et Nathalie _____ en Grèce ?

– Oui, ___ ___ à Corfou.

4 Complétez avec « nous » ou « on » et avec « être ».

Cannes, le 15/07/95

Chère Marie,

Jean et moi, _____ _____ à Cannes. Depuis 10 heures, _____ _____ sur la plage. Comme _____ _____ bien au soleil ! _____ _____ en pleine forme. Mais c'est normal, n'est-ce pas, quand _____ _____ en vacances !

À bientôt,
Grosses bises, Léa.

5 Répondez aux questions à partir du texte.

– Allô ? Danièle ? C'est Martine. Je suis à Paris avec Jean et nos trois filles. Nous sommes à l'hôtel « Saint-Michel ». Tu es libre aujourd'hui ?
– Non ! Quel dommage, je suis occupée toute la journée. Je suis à Versailles, chez un client. Vous êtes à Paris pour combien de temps ?
– Nous sommes ici pour une semaine. Les filles sont en vacances : leur lycée est fermé pour travaux.

1. – Martine et Jean sont à Aix ? – _____

2. – Danièle est libre ou occupée aujourd'hui ? – _____

3. – Martine et Jean sont chez des amis ? – _____

4. – Danièle est à Paris aujourd'hui ? – _____

5. – Les filles sont au lycée ou en vacances ? – _____

2

L'ADJECTIF (1)

L'adjectif est masculin ou féminin, singulier ou pluriel, selon le nom ou le pronom qu'il qualifie.

MASCULIN et FÉMININ

> Paul est grand et blond.
> Anne est grande et blonde.

■ En général, pour former le féminin des adjectifs, on ajoute « **-e** » au masculin :

masculin	féminin
Paul est grand.	*Anne est grande.*
Alain est marié.	*Marie est mariée.*
Marc est original.	*Cathy est originale.*

• Si le masculin se termine par « **-e** », le féminin reste identique :

André est suisse.   *Annie est suisse.*

♪ • Quand le masculin se termine par une consonne non prononcée (**cas fréquent** pour « t », « d », « s »), on prononce la consonne au féminin, à cause du « -e » :

François est grand, blond et intelligent.
Françoise est grande, blonde et intelligente.

■ Parfois on double la consonne finale au féminin :

Giorgio est italien.	*Bruna est italienne.*
Fabien est mignon.	*Élodie est mignonne.*
Alain est ponctuel.	*Corinne est ponctuelle.*

■ Parfois, toute la finale change au féminin :

Marc est sportif.	*Cathy est sportive.*
Paul est sérieux.	*Marie est sérieuse.*
Fabien est rêveur.	*Élodie est rêveuse.*
Marc est menteur.	*Marie est menteuse.*
Paul est calculateur.	*Cathy est calculatrice.*

■ **Cas particuliers :**

beau/belle	*nouveau/nouvelle*	*faux/fausse*	*doux/douce*	*roux/rousse*	*jaloux/jalouse*
gentil/gentille	*vieux/vieille*	*gros/grosse*	*bas/basse*	*fou/folle*	*long/longue*
frais/fraîche	*sec/sèche*	*blanc/blanche*	*grec/grecque*		

1 **Mettez au féminin, selon le modèle.**

Michael est anglais. Cathy *est anglaise.*

1. Franz est allemand.

   Petra _____

2. Mon père est français.

   Ma mère _____

3. Mon frère est grand.

   Ma sœur _____

4. Mon oncle est blond.

   Ma tante_____

5. Le petit garçon est content.

   La petite fille_____

6. Monsieur Charlus est élégant.

   Madame Charlus_____

7. Paul est intelligent.

   Alice_____

8. Le mari de Zoé est sympathique.

   La femme de Max_____

2 **Mettez au féminin, selon le modèle.**

Monsieur Daudet est agréable et charmant. Madame Daudet *est agréable et charmante.*

1. Axel est jeune et timide.

2. Steve est créatif et original.

3. Le père de Kevin est blond et frisé.

4. Le frère de Laure est grand et bronzé.

5. Le concierge est paresseux et agressif.

6. L'infirmier est gentil et compétent.

7. Le boulanger est souriant et bavard.

8. Le serveur est mignon et sympathique.

Joanna _____

Nancy _____

La mère de Kevin_____

La sœur de Laure_____

La concierge _____

L'infirmière _____

La boulangère _____

La serveuse _____

3 **Mettez au féminin, selon le modèle.**

Un café chaud et une soupe *chaude.*

1. Un sac neuf et une valise _____

2. Un pull bleu et une veste _____

3. Un tapis ancien et une armoire _____

4. Un exercice difficile et une leçon _____

5. Un poisson frais et une viande _____

6. Un test idiot et une réponse _____

7. Un chapeau blanc et une robe _____

8. Un virage dangereux et une route _____

4 **Attribuez un genre aux adjectifs suivants selon le modèle.**

gentille gros folle stupide longue
bas intéressant chaud simple

Masculin	Féminin
bas	_____
_____	_____
_____	_____
_____	_____

5 **Mettez le texte au masculin.**

Mona est canadienne. Elle est grande, brune et sportive. Elle est belle (mais un peu superficielle).

Alain _____

SINGULIER et PLURIEL

> Paul et Marc sont blond**s**.   Anne et Marie sont blonde**s**.

■ En général, pour former le pluriel des adjectifs, on ajoute « **-s** » au singulier :

singulier	pluriel
Paul est grand.	*Paul et Marc sont grand**s**.*
Anne est grande.	*Anne et Marie sont grand**es**.*

- • Quand le singulier se termine par « **-s** » ou « **-x** », le pluriel reste identique :

  Jean est français.　　*Alain et Pierre sont français.*
  Daniel est roux.　　*Daniel et Jules sont roux.*
  Marcel est vieux.　　*Marcel et Ernest sont vieux.*

■ Les adjectifs qui se terminent par « **-al** » ont un pluriel en « **-aux** » :

  *Max est origin**al**.*　　*Max et Léo sont origin**aux**.*
  *Un plat région**al**.*　　*Des plats région**aux**.*

  Mais :

  banal/banals　　*fatal/fatals*　　*naval/navals*

■ Les adjectifs qui se terminent par « **-eau** » ont un pluriel en « **-eaux** » :

  *Jean est b**eau**.*　　*Jean et Jules sont b**eaux**.*
  *Le nouv**eau** magasin.*　　*Les nouv**eaux** magasins.*

■ Le féminin pluriel est régulier :

  Paule est belle.　　*Claire et Paule sont belle**s**.*
  Ada est originale.　　*Ada et Charlotte sont originale**s**.*

 - • Les groupes « mixtes » ont un accord masculin :

  *Paul, Anne et Marie sont blond**s**.*
  *Jean, Paule, Claire et Ada sont b**eaux**.*

- • Certains adjectifs de couleur sont invariables :

  un pull marron　　*des pulls marron*　　*des chaussures marron*
  un pull orange　　*une veste orange*　　*des vestes orange*

1 **Mettez au pluriel, selon le modèle.**

– Pierre est sympathique. Pierre et Alain *sont sympathiques.*

1. – Stephan est très réservé. William et Stephan _____

2. – Arthur est petit et mince. Philippe et Bruno _____

3. – Le père de Jim est roux. Les parents de Jim _____

4. – Le ciel est bleu. La mer et le ciel _____

5. – Julien est sentimental. Fabrice et Julien _____

6. – Carl est original. Carl et Gustave _____

7. – Jules est amoureux. Jules et Jim _____

8. – Marcello est jaloux. Marcello et Alberto _____

2 **Mettez au pluriel selon le modèle.**

– Michel est intelligent et sa femme aussi.

– *Oui, ils sont très intelligents tous les deux.*

1. – Solal est beau et Ariane aussi.   – _____

2. – Paul est enrhumé et Julie aussi.   – _____

3. – David est gentil et Luca aussi.   – _____

4. – Antoine est très matinal et Adrian aussi.   – _____

5. – Éric est sportif et Jacques aussi.   – _____

3 **Mettez les phrases au féminin pluriel, selon le modèle.**

Le sac est lourd. Et les valises ? *Elles sont aussi très lourdes.*

1. L'ananas est mûr. Et les bananes ? *Elles* _____

2. Le petit garçon est éveillé. Et les petites filles ? *Elles* _____

3. Pierre est sérieux. Et ses sœurs ? *Elles* _____

4. Le riz est salé. Et les frites ? *Elles* _____

5. Ce tableau de Miró est très beau. Et ces sculptures ? *Elles* _____

4 **Mettez au pluriel.**

1. Un pull marron. *Des* _____

2. Un plat régional. _____

3. Un poisson grillé. _____

4. Un homme rêveur. _____

5. Un stylo neuf. _____

6. Une cravate bleue. *Des* _____

7. Une spécialité régionale. _____

8. Une viande grillée. _____

9. Une femme rêveuse. _____

10. Un chemisier orange. _____

L'ACCORD DE L'ADJECTIF avec LE PRONOM

> – Vous êtes prête, Marie ? Vous êtes prêts, Messieurs ?
> – Oui, **on** est prêt**s** !

L'accord des adjectifs varie selon les personnes remplacées par les pronoms.

■ « JE », « TU » et « VOUS »

- **« Je », « tu » et « vous » de politesse :** accord masculin ou féminin **singulier**.

  – *Vous êtes allemand, Monsieur Meyer ?*
  – *Non, je suis autrichien.*

  – *Vous êtes allemande, Madame Meyer ?*
  – *Non, je suis autrichienne.*

  – *Tu es très belle, Marie !*
  – *Tu es très beau, Paul !*

- **« Vous » pluriel :** accord masculin ou féminin **pluriel**.

  – *Vous êtes prêts, Messieurs ?*
  – *Vous êtes prêtes, Mesdames ?*
  – *Vous êtes prêts, Mesdames et Messieurs ?*

■ « ON » et « NOUS »

- **« On » = « Nous » :** accord masculin ou féminin **pluriel**.

  Ugo : – Dino et moi, on est italiens.
  Ugo : – Dino et moi, on est des frères jumeaux.

  Sylvie : – Marie et moi, on est françaises.
  Sylvie : – Marie et moi, on est des sœurs jumelles.

  Sylvie : – Dino, Marie et moi, on est blonds.

- **« On » = « Tout le monde » ou « les gens » :** accord **masculin singulier**.

  On est humain, on est imparfait…
  En Italie, on est amateur de football.

- **« On » = homme ou femme :** accord masculin ou féminin **singulier**.

  Quand on est jeune, on est impatient.
  Quand on est sportive, on est musclée.

1 **Mettez les accords manquants.**

Vous êtes pressé*e*, Madame Doinel ?

prêts

1. Tu es ~~prêt~~_____, Valérie ?

2. Anne, Cathy, vous êtes marié*es*_____ ?

3. Eduardo et moi, on est napolitain*s*_____.

4. Olga : – Elsa et moi, on est polonais*ienne*.

5. Vous êtes satisfait_____, Messieurs ?

6. Vous êtes seul_____, Annie ?

7. Mes frères et moi, on est tous blond_____.

8. Vous êtes américain_____, Mesdames ?

9. Cathy : – Linda et moi, on est irlandais_____.

10. Tu es fatigué_____, maman ?

2 **Complétez les phrases avec le verbe « être » et les adjectifs accordés, selon le modèle.**

– Vous êtes suédois, Ingmar ? – Oui, *je suis* suédois.

– Et vous, Ingrid, vous *êtes suédoise* également ?

1. – Vous êtes étudiant, Marc ? – Non, _____ lycéen.

– Et vous, Anne et Suzy, vous _____ également ?

2. – Vous êtes célibataire ou marié, Jean ? – _____ marié.

– Et vous, Cathy, vous _____ également ?

3. – En général, vous êtes réservé ou bavard, Martin ? – En général, _____ réservé.

– Et vous, Julie et Nadia ? – Oh, nous, on _____ !

4. – Vous êtes optimiste ou pessimiste, Veronica ? – _____

– Et vous, John, vous _____ également ?

5. – Vous êtes calme ou nerveux avant un examen, Leo ? – En général,_____.

– Et vous, Paul et Marie ? Nous, on _____.

3 **Mettez les accords manquants.**

Pierre est anglais_____, Maria et Julia sont espagnol_____, Adriana et Livia sont italien_____, Olga et Katia sont russe_____, et moi, Carole, je suis français _____ : on est tous européen_____ !

Quand on est européen_____, on est en même temps très semblable_____ et très différent_____, par les langues, les cultures, les habitudes.

Nous, on est ami_____ depuis très longtemps et on est content_____ de découvrir tant de choses nouvelles et (si drôles parfois) quand on parle ensemble !

3

LA NÉGATION
et L'INTERROGATION (1)

> Vous **n'**êtes **pas** de Paris ?
> Non, je **ne** suis **pas** de Paris.

LA NÉGATION SIMPLE se compose de deux éléments :

> « **ne** » + verbe + « **pas** »

*Je **ne** suis **pas** en vacances.*
*Nous **ne** sommes **pas** en juillet.*

- « **Moi aussi** » confirme une affirmation :
  Caroline est de Lyon, moi aussi.

- « **Moi non plus** » confirme une négation :
  Pierre n'est pas marié, moi non plus.

♪ • « **ne** » devient « **n'** » devant une voyelle :
   Vous ne̸ êtes pas fatigué ? → *Vous **n'**êtes pas fatigué ?*

LA QUESTION SIMPLE (réponse : « oui » ou « non ») se forme :

- Avec **intonation montante.** C'est la forme la plus simple et la plus courante :

  Patrick est irlandais ?   *Oui, il est irlandais.*

- Avec « **Est-ce que** » en début de phrase. Forme bien marquée (utile au téléphone) :
  ***Est-ce que** Patrick est au bureau ?*

- Avec **inversion du verbe et du pronom.** Forme utilisée surtout avec « vous » :
  Êtes-vous de Dublin ?

- Avec **reprise du nom par un pronom.** Langage très formel :
  *Patrick est-**il** irlandais ?*   *L'explication est-**elle** claire ?*

LA RÉPONSE

- « **Oui** » répond à une question affirmative :
  – *Vous êtes marié ? – Oui, je suis marié.*

- « **Si** » répond à une question négative :
  – *Vous n'êtes pas marié ? – Si, je suis marié.*

- « **Non** » répond négativement à une phrase :
  – *Tu travailles le samedi ? – Non.*

- « **Pas** » répond à une partie de la phrase :
  – *Tu travailles le samedi ? – Pas tous les samedis.*

E X E R C I C E S

1 Répondez négativement selon le modèle.

– Vous êtes pressé, Monsieur Dubois ? – Non, *je ne suis pas pressé.*

1. – Vous êtes professeur de français, Paul ?
   – Non, _____

2. – Vous êtes à Paris dimanche, Martine et Jean ?
   – Non, _____

3. – Vous êtes fâché, Pierre ?
   – Non, _____

4. – L'exercice est difficile ?
   – Non, _____

5. – Vos voisins sont bruyants ?
   – Non, _____

6. – Les étudiants sont dans la salle ?
   – Non, _____

7. – Les employés sont en grève ?
   – Non, _____

8. – Le musée est ouvert aujourd'hui ?
   – Non, _____

9. – Vous êtes au Lutetia, Messieurs ?
   – Non, _____

10. – La secrétaire est française ?
    – Non, _____

2 Répondez avec « moi aussi » ou « moi non plus », selon le modèle.

– Je ne suis pas d'accord avec Jo, et toi ?
– *Moi non plus !*

1. – Je suis passionné de ski, et vous ? – _____
2. – Je ne suis pas sportif, et vous ? – _____
3. – Je ne suis pas prêt pour l'examen, et toi ? – ____
4. – Je suis à Paris à Noël, et vous ? – _____
5. – Je ne suis pas marié, et vous ? – _____

3 Répondez par « si », « non » ou « pas ».

1. – Vous êtes ici avec votre femme ?
   – _____ avec ma femme, avec ma fille.

2. – Vous êtes à Paris en juillet ?
   – _____ nous sommes à Rome.

3. – Vous êtes ici pour faire du tourisme ?
   – ____ pour faire du tourisme : pour travailler !

4. – Vous n'êtes pas fatigués ?
   – _____ nous sommes très fatigués.

4 Répondez en utilisant la forme interrogative, selon le modèle :

– Vous êtes en forme aujourd'hui, John ?
– Oui, *et vous, est-ce que vous êtes en forme ?*

1. – Vous êtes en vacances, Madame Simon ?
   – Oui, _____

2. – Vous êtes sportif, Peter ?
   – Oui, _____

3. – Vous êtes libre samedi, Caroline ?
   – Oui, _____

4. – Vous êtes au bureau demain, Élisabeth ?
   – Oui, _____

E X E R C I C E S

1 Répondez négativement, selon le modèle.

– Est-ce que Paul est là ? – *Non, il n'est pas là.*

1. – Je suis bien au 43 25 50 50 ? – Non, vous _____

2. – Ce pull est en laine ? – Non, il _____

3. – Je suis trop grosse, Paul ? – Mais non, tu _____

4. – Vous êtes en colère, Monsieur Valois ? – Non, je _____

5. – Nous sommes en retard, maman ? – Non, nous _____

2 Posez des questions compatibles avec les réponses, selon le modèle.

– *Est-ce que Laura est italienne ?* – Non, elle est française.

1. – _____
– Oui, je suis de Chicago.

2. – _____
– Si, elle est là.

3. – _____
– Non, nous sommes le 25.

4. – _____
– Non, elle est fermée.

5. – _____
– Non, je ne suis pas pressé.

6. – _____
– Oui, nous sommes en vacances.

7. – _____
– Oui, l'ascenseur est en panne.

8. – _____
– Non, ils ne sont pas à Paris.

3 Utilisez la forme négative, selon le modèle.

Les pâtes sont cuites, mais la viande *n'est pas cuite.*

1. La salade est prête, mais le repas _____

2. Le restaurant est cher, mais la pizzeria _____

3. Paula est grande, mais son père et sa mère _____

4. Les émissions scientifiques sont passionnantes, mais les débats _____

5. Les moteurs à essence sont polluants mais les moteurs électriques _____

4 Posez une question négative et donnez une réponse affirmative, selon le modèle.

– Je suis surpris(e) par le prix des logements, *et vous, vous n'êtes pas surpris(e) ?*
– *Si, je suis surpris(e), moi aussi.*

1. – Je suis déçu(e) par les décisions du gouvernement,_____

– _____

2. – Je suis agacé(e) par l'attitude des journalistes,_____

– _____

1 Selon le modèle, attribuez à chaque signe du zodiaque trois ou quatre adjectifs que vous pouvez choisir dans la liste ci-dessous.

Timide - Courageux - Paresseux - Romantique - Naïf - Mystérieux - Ambitieux - Égoïste - Passif - Mondain - Impatient - Agressif - Autoritaire - Discret - Généreux - Changeant - Têtu - Fidèle - Lent - Froid - Chaleureux - Sensible - Indépendant - Désordonné - Tolérant.

Les hommes « Bélier » *sont dynamiques et généreux, mais ils ne sont pas tolérants.*
Les femmes « Bélier » *sont dynamiques et généreuses, mais elles ne sont pas tolérantes.*
Les hommes et les femmes « Bélier » *sont dynamiques et généreux mais ils ne sont pas tolérants.*

BÉLIER (21-3/21-4)   TAUREAU (22-4/21-5)   GÉMEAUX (22-5/21-6)

CANCER (22-6/21-7)   LION (22-7/21-8)   VIERGE (22-8/21-9)

BALANCE (22-9/21-10)   SCORPION (22-10/21-11)   SAGITTAIRE (22-11/21-12)

CAPRICORNE (22-12/21-1)   VERSEAU (22-1/19-2)   POISSONS (20-2/20-3)

2 Décrivez-vous selon le modèle.
Je suis français. Je suis célibataire. Je ne suis pas grand. Je suis informaticien.
Je suis assez réservé. Je suis passionné de musique classique. Je ne suis pas sportif...

_____
_____
_____
_____
_____
_____

3 Sur le même modèle, décrivez un membre de votre famille (un homme, puis une femme).

_____
_____
_____
_____

4 Sur le même modèle, décrivez l'homme ou la femme idéale.

_____
_____
_____
_____

LE NOM et L'ARTICLE

En français, le nom est toujours masculin ou féminin, singulier ou pluriel et il est, en général, précédé d'un article défini ou indéfini (voir p. 28).

La Suède et la Norvège sont des pays voisins.

LE NOM : MASCULIN et FÉMININ des PERSONNES

Un étudiant anglais parle avec **une étudiante** anglaise.
Le garçon est blond et **la fille** est brune.

■ Pour les **PERSONNES,** le genre des noms correspond au sexe :

masculin	féminin
un étudiant	*une étudiante*

• En général, pour former le féminin, on ajoute « **-e** » au masculin :

un étudiant chinois	*une étudiante chinoise*
un ami adoré	*une amie adorée*

• Parfois toute la terminaison du mot change :

un musicien italien	*une musicienne italienne*
un champion breton	*une championne bretonne*
un vendeur travailleur	*une vendeuse travailleuse*
un chanteur prometteur	*une chanteuse prometteuse*
un acteur séducteur	*une actrice séductrice*

• En général, quand le masculin se termine par « -e », on change seulement l'article :

un concierge	*une concierge*

• **Cas particuliers :**

un garçon, un fils/une fille	*un copain/une copine*
un homme, un mari/une femme	*un roi/une reine*
un monsieur/une dame	*un prince/une princesse*

 • *Madame, Mademoiselle, Monsieur* (titres) s'utilisent sans article.

(Pour les noms de profession, voir p. 32 ; pour les noms de parenté, voir p. 36 ; pour les noms de villes et de pays, voir p. 42.)

1 **Complétez selon le modèle.**

Un étudiant chinois et *une étudiante chinoise.*

1. Un monsieur seul et *une madame seule*
2. Un homme élancé et *une femme élancé*
3. Un chanteur grec et *une chanteuse grecque*
4. Un garçon sportif et *une fille sportive*
5. Un joli garçon et *une jolie fille*
6. Un chat roux et *une chatte rousse*
7. Un mari jaloux et *une marie jalouse*
8. Un serveur rêveur et *une serveuse rêveuse.*

2 **Complétez les phrases suivantes selon le modèle.**

Marc est un directeur compétent. Michèle *est une directrice compétente.*

1. Monsieur Yamoto est un client important. Madame Lauder *est une cliente importante*
2. Gérard est un acteur français. Sophie *est une actrice française*
3. Carlos est un chanteur cubain. Celia *est un chanteuse cubaine*
4. Paolo est un champion de ski italien. Anna *est un championne de ski italien.*

Someone proffession drop article, however, when describing you put back the article.

3 **Complétez les phrases suivantes.**

1. Yves Montand est un chanteur français très célèbre.

Édith Piaf *est une chanteuse française très célèbre*

2. Yannick Noah est un sportif émotif.

Surya Bonnaly *est une sportive émotive*

3. Monsieur Leroy est un électeur conservateur.

Madame Leroy *une électeuse conservateuse.*

4. Jean-Paul Goude est un créatif imaginatif.

Zoé *est une créative imaginative.*

4 **Mettez tout le texte au féminin.**

J'ai un fils adolescent,
un mari toujours absent,
un voisin envahissant,
un beau-père exaspérant,
un copain américain,
un chien végétarien,
un arrière-grand-père normand
et un cousin germain allemand !

J'ai une fille adolescente.
une femme toujours absente.
une voisine envahissante.
une belle-mère exaspérante.
une copaine américaine.
une chienne végétarienne.
une arrière-grand-mère normande.
et une cousine germaine allemande

LE NOM : MASCULIN ou FÉMININ des CHOSES

> un livre   une table
> un problème   une solution

■ Pour les **OBJETS** et les **NOTIONS,** le genre est arbitraire :

un placard   *une armoire*
un jour   *une heure*

• La terminaison des mots peut cependant indiquer le genre :

Masculin :

-age	*le garage, le fromage, le ménage…* (mais : *la plage, la cage, la page, la nage, l'image*)
-ment	*le gouvernement, le monument, le médicament…*
-eau	*le bureau, le couteau, le carreau…*
-phone	*le téléphone, le magnétophone…*
-scope	*le microscope, le télescope…*
-isme	*le réalisme, le socialisme…*

Féminin :

-tion	*la situation, la solution, la réalisation…*
-sion	*la décision, la télévision…*
-té	*la société, la réalité, la bonté, la beauté…* (mais : *le côté, l'été, le comité, le député, le pâté*)
-ette	*la bicyclette, la trompette, la disquette…*
-ance	*la connaissance, la dépendance, la ressemblance…*
-ence	*la référence, la permanence, la différence…*
-ure	*la culture, la peinture, la nourriture…*
-ode/-ade/-ude	*la méthode, la salade, la certitude…*

 • **Sont masculins :**

un problème   un système   un programme   un volume
un modèle   un groupe   un domaine

LES NOMS D'ANIMAUX sont très irréguliers :

le chat/la chatte   le chien/la chienne   le coq/la poule
le bœuf, le taureau/la vache
la mouche et *la souris* ont un genre unique.

1 Complétez avec « un » ou « une ».
Une création mondiale.

1. ___Une___ voiture performante.
2. ___Une___ situation gênante.
3. ___Un___ événement important.
4. ___Une___ attitude prudente.
5. ___Un___ dosage précis.
6. ___Un___ médicament dangereux.
7. ___Une___ sculpture originale.
8. ___Un___ fromage piquant.

9. ___une___ beauté éclatante.
10. ___un___ voyage intéressant.
11. ___un___ équipement complet.
12. ___une___ traduction précise.
13. ___une___ émotion forte.
14. ___une___ société imparfaite.
15. ___un___ téléphone digital.
16. ___un___ problème permanent.

2 Complétez avec « un » ou « une ».
Un homme, *une* femme.

___un___ garçon, ___une___ dame, ___un___ garage, ___un___ homme, ___une___ lionne, ___une___ pharmacienne, ___une___ étudiante, ___un___ musicien, ___une___ assiette, ___une___ fourchette, ___une___ chienne, ___un___ monsieur, ___le___ téléphone, ___une___ bicyclette, ___un___ fromage, ___une___ télévision, ___une___ sculpture, ___un___ télescope, ___un___ nuage, ___une___ baguette, ___une___ image, ___un___ balance, ___un___ bâtiment, ___une___ voiture, ___un___ bateau, ___une___ aventure.

3 Complétez avec « le » ou « la ».

___la___ société, ___la___ solution, ___la___ santé, ___la___ nature, ___la___ solidarité, ___le___ modèle, ___le___ sondage, ___la___ réalité, ___la___ publicité, ___la___ caution, ___la___ confiance, ___la___ culture, ___le___ nettoyage, ___le___ voyage, ___le___ gouvernement, ___la___ différence, ___le___ courage, ___la___ révolution, ___la___ conversation, ___le___ rangement, ___le___ jardinage, ___la___ cage, ___le___ pâté, ___le___ romantisme, ___la___ référence.

4 Complétez avec « le » ou « la ».
Le téléphone est sur *la* commode.

1. _____ maisonnette est sur _____ plage près de _____ pension Beausoleil.
2. _____ problème est à _____ page 8 et _____ solution à _____ page 10.
3. _____ poussette et _____ bicyclette sont dans _____ garage.
4. _____ Caméscope est sur _____ moquette, sous _____ télévision !
5. _____ nourriture des bébés est importante dès _____ naissance.
6. _____ fiction est souvent plus banale que _____ réalité.
7. Marcher dans _____ nature est très bon pour _____ santé.

LE NOM : SINGULIER et PLURIEL

un étudiant espagnol	des étudiant**s** espagnol**s**
une étudiante espagnole	des étudiant**es** espagnol**es**

◼ Le pluriel des noms et des adjectifs est semblable : en général, on ajoute « **-s** » au singulier.

- Quand les noms se terminent par « **-s** », « **-x** » ou « **-z** » au singulier, le pluriel est identique :

un cas précis	*des cas précis*
un choix malheureux	*des choix malheureux*
un gaz dangereux	*des gaz dangereux*

- Quand les noms se terminent par « **-al** » ou « **-au** » au singulier, le pluriel est « **-aux** » :

*un journ**al** original*	*des journ**aux** originaux*
*un tabl**eau** génial*	*des tabl**eaux** géniaux*

  Mais :

un carnaval banal	*des carnavals banals*
un bal fatal	*des bals fatals*

- Les noms qui se terminent par « **-eu** » au singulier deviennent « **-eux** » au pluriel :

*un chev**eu***	*des chev**eux***
un jeu	*des j**eux***

  Mais :

un pneu	*des pneu**s***

- Quelques noms terminés par « **-ou** » prennent un « **-x** » au pluriel :

  *des bij**oux**   des caill**oux**   des gen**oux**   des ch**oux***

- Certains pluriels sont irréguliers :

  un œil/des yeux
  Madame/Mesdames   Monsieur/Messieurs   Mademoiselle/Mesdemoiselles

- ♪ On prononce le « **-f** » des noms suivants au singulier, mais pas au pluriel :

  un œuf/des œufs̸   *un bœuf/des bœufs̸*

1 **Mettez les noms et les adjectifs au pluriel.**

Une pomme verte, *des pommes vertes* ; une chemise propre, *des chemises propres.*

1. Un costume noir, *des costumes noirs*
2. Une rose rouge, *des roses rouge*
3. Un organisme international, *internation*
4. Un homme précis, _____
5. Un métal précieux, _____

6. Un journal espagnol, _____
7. Un bas gris, _____
8. Un comportement anormal, _____
9. Un jeu dangereux, _____
10. Un tableau original, _____

2 **Mettez les noms et les adjectifs au pluriel.**

Un voisin amical, *des voisins amicaux.*

1. Un cheveu blond, _____
2. Un caillou bleu, _____
3. Un bureau spacieux, _____
4. Un monsieur poli, _____
5. Un noyau très dur, _____

6. Un œil noir, *des yeux noir*
7. Un œuf dur, _____
8. Un couteau pointu, _____
9. Un cours intéressant, _____
10. Un bœuf normand, _____

3 **Mettez les phrases au pluriel.**

L'homme est un animal très spécial. *Les hommes sont des animaux très spéciaux.*

1. Le saphir est un bijou merveilleux. _____
2. La rose est une fleur ornementale. _____
3. Le chien est un animal amical. _____
4. Le chou est un légume indigeste. _____
5. Le zèbre est un cheval sauvage. _____

4 **Mettez les phrases au pluriel.**

Prost est un pilote de Formule 1 très connu.

Senna et Lauda *sont des pilotes de Formule 1 très connus.*

1. Platini est un footballeur international.

   Gullit et Van Basten _____

2. Yves Saint-Laurent est un styliste contemporain.

   Chanel et Cardin _____

3. Luciano Pavarotti est un chanteur d'opéra.

   Ruggero Raimondi et Jose Carreras _____

L'ARTICLE

> **La** tour Eiffel est **une** tour immense.
> **Les** hommes sont **des** bipèdes particuliers.

L'article est masculin ou féminin, singulier ou pluriel, défini ou indéfini :

	Défini		Indéfini	
Masculin singulier	**le**	*garçon*	**un**	*garçon*
Féminin singulier	**la**	*fille*	**une**	*fille*
Pluriel	**les**	*enfants*	**des**	*enfants*

■ **L'ARTICLE DÉFINI** désigne une chose ou une personne **en particulier** :

***la** tour Eiffel   **le** boulanger de ma rue*

- L'article défini exprime aussi une **généralité** :

***l'**amour   **la** santé   **l'**homme   **l'**animal*

■ **L'ARTICLE INDÉFINI** désigne **une catégorie** de choses ou de personnes :

***une** tour moderne   **un** boulanger*

- « Un/une » exprime aussi **l'unité** :

J'ai un chat siamois (et deux dalmatiens).

■ **Remarques :**

♪

- **L'élision** est obligatoire pour les articles **définis** sauf devant « h » aspiré :

le̸ aéroport → l'aéroport   la̸ école → l'école   le / hasard

- **La liaison** est toujours obligatoire, sauf devant « h » aspiré :

un enfant   les étudiants   des hommes   les / Hollandais
    n   z   z

- **La contraction** est obligatoire entre « le », « les » et « à » ou « de » :

*un gâteau **au** (à̸ le̸) chocolat   un croissant **aux** (à̸ les̸) amandes*
*le livre **du** (de̸ le̸) professeur   le livre **des** (de̸ les̸) étudiants*

- « **À la** », « **à l'** », « **de la** » et « **de l'** » ne se contractent pas :

*une boisson **à la** menthe et **à l'**anis   le goût **de la** vie et **de l'**aventure*
(Voir les partitifs, p. 82.)

■ **LA NÉGATION** de l'article indéfini est « **de** », sauf avec le verbe « être » (voir p. 48).

1 Complétez avec un article défini ou indéfini.

La tour de Pise est *une* tour du XIIᵉ siècle.

1. *La* voiture de Pierre est dans *une* rue Jacob. - 2. *La* pyramide du Louvre est *une* grande pyramide de verre. - 3. *Le* riz est *un* aliment complet. - 4. *Les* hommes et *Les* femmes sont *des* êtres complexes. - 5. *Les* roses sont *des* fleurs merveilleuses. - 6. *La* tolérance est *une* qualité très rare. - 7. *L'* automne est *une* saison romantique. - 8. Chaque fois que je suis à Paris, j'achète *une* tour Eiffel pour mon neveu.

2 Complétez avec un article défini ou indéfini (avec élision si nécessaire).

Pour *le* gouvernement, *le* chômage est *le* problème numéro un.

1. Selon moi, *le* téléphone est *une* invention diabolique ! - 2. À Paris, *le* stationnement est *un* problème permanent. - 3. Ce soir, il y a *une* émission passionnante à *la* télévision. - 4. *L'* amitié et *L'* amour sont *les* sentiments très forts. - 5. Quelle est *L'* hauteur de *la* tour Eiffel ? - 6. Est-ce que *L'* auteur des *Noces de Figaro* est Beaumarchais ?

3 Faites des phrases avec « près de » en contractant ou non les articles, selon le modèle.

Le Louvre	Le Palais-Royal	La Comédie-Française	Le jardin des Tuileries
Le musée d'Orsay	Les Invalides	Le Grand Palais	Le Petit Palais
Le Printemps	Les Galeries Lafayette	L'Opéra	La Madeleine

1. *Le Louvre est près du Palais-Royal, près de la Comédie-Française, près du jardin des Tuileries.*
2. *Le musée d'Orsay est près des Invalides, près du Grand Palais, près du Petit Palais.*
3. *Le Printemps est près des Galeries Lafayette, près du Opéra, près de Madeleine.*

4 Complétez avec les articles contractés manquants.

Je suis *au* restaurant. Je mange une quiche *au* fromage et un gâteau *au* chocolat. La pâte *de la* quiche est très légère mais le goût *du* fromage est un peu fort. Le gâteau *au* chocolat et *aux* amandes est une merveille : c'est une spécialité *du* chef !

5 Complétez les phrases avec les articles contractés manquants.

*L'*appartement de Chloé est vraiment *un* appartement extraordinaire : *et* *l'* éclairage *du* couloir est vert fluorescent. *Au* milieu *du* salon, il y a *un* petit lac. *L'* eau *du* lac est chaude en hiver et froide en été. Le plafond *de la* salle de bains est ouvert sur *les* étoiles. *Les* placards *de la* cuisine sont transparents. *Le* lit *de* fils de Chloé est *d'un* grand hamac pendu aux branches d'un arbre. *L'* hamac est en soie jaune d'or, *l'* arbre est *le* véritable palmier. Tout est parfait à mon avis, sauf *la* couleur beige *de la* moquette !

37/47

« C'EST » et « IL EST »

L'IDENTIFICATION et LA PRÉSENTATION

> **C'est** Kim et Michael. **Ce sont** mes voisins.

■ Pour **identifier** une chose ou une personne, on utilise :

- « **C'est** » + nom singulier
  - *C'est une mangue.*
  - *C'est un acteur.*

- « **Ce sont** » + nom pluriel
  - *Ce sont des mangues.*
  - *Ce sont des acteurs.*

- La question est toujours au singulier :

  – *Qu'est-ce que **c'est** ?*
  (pour identifier une ou
  plusieurs choses)

      – *C'est un dessin de ma fille.*
      – *Ce sont des dessins de ma fille.*

  – *Qui **est-ce** ?*
  (pour identifier une ou
  plusieurs personnes)

      – *C'est mon cousin.*
      – *Ce sont mes cousins.*

⚠ • Dites :   – *Qui **est-ce** ?*   – ***C'est** Peter Kirov.*

    Ne dites pas :   – *Qui ~~est-il~~ ?*   – *~~Il est~~ Peter Kirov.*

■ Pour **présenter** une personne, on utilise « **c'est** » + nom singulier, « **ce sont** » + nom pluriel :

    C'est Peter Kirov.   *C'est mon directeur.*
    Ce sont mes parents.   *Ce sont des amis.*

- On utilise « **c'est** » invariable pour **s'annoncer** (par exemple à l'interphone) :

    – ***C'est** nous.*   – ***C'est** Anna et Peter.*

LE COMMENTAIRE

■ On utilise « c'est » + adjectif **masculin singulier** pour faire un commentaire :

    *Les glaces, **c'est bon**.*
    *La mer, **c'est beau**.*

1 Complétez avec « c'est » ou « ce sont ».
C'est un disque. *Ce sont* des cassettes.

C'est un couteau, _Ce sont_ des fourchettes, _C'est_ une pipe, _Ce sont_ des journaux, _C'est_ un vase, _Ce sont_ des magazines, _C'est_ une lampe, _C'est_ une montre, _Ce sont_ des taureaux.

2 Répondez par une phrase selon le modèle.

1. livre/professeur
2. chat/voisin
3. gants/baby-sitter
4. clés/Martine
5. veste/bébé
6. écharpe/Antoine
7. chien/boulangère
8. cahiers/élève

Qu'est-ce que c'est ? *C'est un livre. C'est le livre du professeur.* _____

_____

_____

_____

3 Posez la question en utilisant « qui est-ce » ou « qu'est-ce que c'est ».
– *Qui est-ce ?* – C'est le Premier ministre.
– *Qu'est-ce que c'est ?* – C'est un cadeau.

1. _____ – C'est Paul, c'est mon professeur.
2. _____ – C'est un éléphant, c'est une sculpture de Calder.
3. _____ – C'est mon mari et moi, à vingt ans !
4. _____ – Ce sont des boîtes à lentilles de contact.
5. _____ – C'est un samovar du XVIIIᵉ siècle.
6. _____ – C'est une brosse à dents de Philippe Stark.
7. _____ Qui est-ce _____ – Ce sont les invités.
8. _____ – C'est Juliette, ma voisine.

4 Complétez, selon le modèle, avec les adjectifs ci-dessous (au choix).
facile, difficile, désaltérant, agréable, reposant, fatigant, compliqué, nécessaire, ennuyeux.
La vodka, *c'est bon !*

1. La musique, _____
2. L'argent, _____
3. La bière, _____
4. Les femmes, _____
5. La gymnastique, _____
6. Les embouteillages, _____
7. Les exercices, _____
8. Le football, _____

LA PROFESSION

> Paul est médecin. **Il est** médecin généraliste.
> **C'est un** médecin renommé.

■ On ne met **pas d'article** devant les noms de profession en français :

> *Je suis **secrétaire.***
> *Vous êtes **ingénieur.***

> • L'absence d'article concerne la nationalité, la religion, la profession, etc., qui sont traitées comme des adjectifs.

> *Keith est **médecin.***
> *Il est **anglais.** Il est **protestant.** Il est **marié...***

■ On met l'article pour apporter une **précision** :

> *Paul est **un** professeur exceptionnel.*
> *Marie est **une** bonne secrétaire.*

 • On ne met pas d'article quand la précision indique une **catégorie professionnelle** :

> *Je suis **secrétaire bilingue.** Je suis **une** bonne secrétaire.*
> (« Secrétaire bilingue » est une catégorie professionnelle mais pas « bonne secrétaire ».)

■ **Cas de la 3ᵉ personne :** on utilise « c'est » d'identification au lieu de « il est » devant un nom déterminé :

• « **C'est** » + **nom** déterminé :	• « **Il est** » + **adjectif** ou profession :
***C'est** Jacques Dutronc.*	***Il est** blond.*
***C'est mon** voisin.*	***Il est** sympathique.*
***C'est un** chanteur.*	***Il est** chanteur.*

 • Dites :   Ne dites pas :

> ***C'est un** médecin.*   *Il est un...*
> ***C'est mon** médecin.*   *Il est mon...*

■ Beaucoup de noms de professions n'ont pas de féminin :

Paul est { *professeur.* / *médecin.* / *écrivain.* }   *Marie est* { *professeur.* / *médecin.* / *écrivain.* }

1 Répondez aux questions selon le modèle.

– Quelle est la profession de monsieur Dupont ? (chirurgien compétent)
– *Il est chirurgien. C'est un chirurgien compétent.*

1. – Quelle est la profession de monsieur Bocuse ? (cuisinier renommé)

– *Il est cuisinier, C'est un cuisinier renommé*

2. – Quelle est la profession de monsieur Jeannet ? (maire apprécié)

– *Il est maire. C'est un maire apprécé.*

3. – Quelle est la profession de mademoiselle Castel ? (couturière parisienne)

– *Elle est couturière. C'est une couturière parisienne.*

4. – Quelle est la profession de monsieur et madame Verdon ? (comptables précis)

–

5. – Quelle est la profession de madame Beretta ? (styliste originale)

–

6. – Quelle est la profession de monsieur Holmes ? (détective perspicace)

–

7. – Quelle est la profession de monsieur Livingstone ? (explorateur imprudent)

–

8. – Quelle est la profession de madame Varda ? (cinéaste française)

–

2 Complétez les phrases avec « un »/« une », « il est »/« elle est » ou « c'est », si nécessaire.

1. Robert Doisneau est _____ photographe. *C'est* un très grand photographe.
2. Marie est architecte. *Elle est* architecte d'intérieur. *C'est* notre architecte.
3. Patricia Kaas est _____ chanteuse. *C'est* une chanteuse très douée.
4. Jean est _____ professeur de gymnastique : *C'est* le professeur de mon fils.

3 Complétez le dialogue suivant.

A : – Qui est cet homme ? **B :** – *C'est* Paul Marat. *C'est* un ami de Julie.
A : – Qu'est-ce qu'il fait ? **B :** – *Il est* journaliste : *C'est* un journaliste très connu.
A : – Et qui est cette femme ? **B :** – *C'est* la mère de Julie.
A : – *C'est* sa mère ?! *Elle est* très jeune ! Qu'est-ce qu'elle fait ? **B :** – *Elle est* pédiatre.
A : – Julie est mariée ? **B :** – Non, *elle est* célibataire.
A : – Qu'est-ce qu'elle fait, maintenant ? **B :** – Maintenant, *elle est* professeur de yoga.
elle est bouddhiste et *une* végétarienne convaincue !

6 LES POSSESSIFS

mon appartement	**ma** voiture	**mes** livres
le mien	**la mienne**	**les miens**

L'ADJECTIF POSSESSIF s'accorde avec le **nom** et change selon le **possesseur** :

	masculin		féminin		pluriel	
(Je)	**mon**	*père*	**ma**	*mère*	**mes**	*parents*
(Tu)	**ton**	*oncle*	**ta**	*tante*	**tes**	*cousins*
(Il/Elle)	**son**	*fils*	**sa**	*fille*	**ses**	*enfants*
(Nous)	**notre**	*gendre*	**notre**	*fille*	**nos**	*petits-enfants*
(Vous)	**votre**	*fils*	**votre**	*belle-fille*	**vos**	*amis*
(Ils/Elles)	**leur**	*beau-père*	**leur**	*belle-mère*	**leurs**	*voisins*

- *On est ici avec **notre** grand-mère.* (« on » = « nous »)
  *Quand on est vieux on parle de **son** passé.* (« on » = « tout le monde »)

• Pour les parties du corps, on remplace le possessif par l'article défini quand il est évident que le possesseur est le sujet de la phrase :

  Ma tête est brûlante.   *J'ai mal à la tête (à ~~ma~~ tête).*

• **La liaison** est obligatoire entre les possessifs et les noms, sauf devant « h » aspiré :

  *se**s** enfants*   *no**s** étudiants*   *mes / **h**éros préférés*
    z   z

• « Ma », « ta », « sa » devant voyelle et « h » muet deviennent **« mon »**, **« ton »**, **« son »** :

  mon amie   **ton** erreur   **son h**ésitation

LE PRONOM POSSESSIF s'accorde avec le **nom** et varie selon les **possesseurs** :

	singulier		pluriel	
	masculin	féminin	masculin	féminin
(Je)	**le mien**	**la mienne**	**les miens**	**les miennes**
(Tu)	**le tien**	**la tienne**	**les tiens**	**les tiennes**
(Il/Elle)	**le sien**	**la sienne**	**les siens**	**les siennes**
(Nous)	**le nôtre**	**la nôtre**	**les nôtres**	**les nôtres**
(Vous)	**le vôtre**	**la vôtre**	**les vôtres**	**les vôtres**
(Ils/Elles)	**le leur**	**la leur**	**les leurs**	**les leurs**

1 Complétez avec « mon », « ma » ou « mes ».

Ma mère est à Paris.

1. _Mes_ frère est aux Bahamas.
2. _Mes_ amis sont en vacances.
3. _Mes_ clés sont sur la table.
4. _Mon_ acteur préféré est Alain Delon.
5. _Mon_ actrice préférée est Isabelle Huppert.

6. _Mes_ lunettes sont dans le tiroir.
7. _Mes_ enfants sont à la plage.
8. _Ma_ téléphone est en panne.
9. _Mon_ école est fermée.
10. _Mon_ appartement est minuscule.

2 Refaites l'exercice précédent avec « son », « sa » ou « ses ».

_____

_____

3 Complétez le texte avec « son », « sa », « ses », « leur » ou « leurs ».

Marc et Sylvie sont prêts à partir en voyage de noces : *leurs* places d'avion sont réservées, _____ valises sont faites, _____ arrivée à Venise est prévue pour le 15 février. Sylvie est nerveuse parce que _____ cheveux sont trop longs (_____ coiffeur est malade), _____ habits sont trop grands (depuis _____ régime) et _____ amie Nathalie n'est pas à Paris. _____ excitation est mauvaise pour _____ ligne (_____ appétit est terrible), mais _____ attitude incohérente est excusable car c'est un moment très spécial dans _____ vie…

4 Complétez à la forme négative ou affirmative.

– Ces clés sont à Cathy ? – Oui, *ce sont les siennes.* /Non, *ce ne sont pas les siennes.*

1. – Cette écharpe est à Marie ? – Oui, _____ - 2. – Ces lunettes sont au professeur ? – Non, _____ - 3. – Ces papiers sont à la secrétaire ? – Oui, _____ - 4. – Ces livres sont aux étudiants ? – Non, _____ - 5. – Ces gants sont à vous ? – Oui, _____ - 6. – Cette voiture est la vôtre ? – Non, _____ - 7. – Ce stylo est à Vincent ? – Non, _____ - 8. – Ce livre est à vous ? – Oui, _____.

5 Complétez selon le modèle.

Ton professeur est français, *le mien* est belge.

1. Ta mère est brune, _____ est blonde. - 2. Tes sœurs sont petites, _____ sont grandes. - 3. Vos yeux sont noirs, _____ sont bleus. - 4. Votre voiture est verte, _____ est blanche. - 5. Votre père est dentiste, _____ est plombier. - 6. Vos enfants sont sages, _____ sont des démons.

7

LES NOMS de PARENTÉ
et de GROUPE

LA PARENTÉ

Le père/La mère = Les parents
Le fils/La fille = Les enfants
L'oncle/La tante
Le neveu/La nièce = Les neveux
Le grand-père/La grand-mère = Les grands-parents
Le petit-fils/La petite-fille = Les petits-enfants
Le grand-oncle/La grand-tante
Le petit-neveu/La petite-nièce = Les petits-neveux

- « **Grand** » qualifie les ascendants au deuxième degré, « **petit** » les descendants.

- « **Les** » parents = le père et la mère, « **des** » parents = autre parenté (cousins, oncles, tantes, etc.).

■ Pour la parenté par alliance, on utilise :

Le mari	*La femme*
Le beau-père	*La belle-mère*
(père ou mère du mari ou de la femme)	
Le beau-frère	*La belle-sœur*
(frère ou sœur du mari ou de la femme)	
Le mari de la fille = le gendre	*La femme du fils = la belle-fille*

- La « belle-mère » est aussi la femme du père et le « beau-père » le mari de la mère en cas de remariage.

- « **Beau** » est une ancienne marque de respect.

LES NOMS DE GROUPE

- « **Des gens** » = nombre indéterminé d'individus :

  *Il y a **des gens** dans la rue.*
  Les gens pensent que…

- « **Des personnes** » = nombre déterminé d'individus :

  *Il y a **dix personnes** dans la rue.*
  Quelques personnes pensent que…

- « **Tout le monde** » = « Les gens » :

  Tout le monde aime les vacances…

- « **Le monde entier** » = « Tous les pays » :

  *Max voyage dans **le monde entier**.*

1 Complétez avec le terme de parenté correspondant, selon le modèle.

Pierre + Marie

Élisabeth (+ François) Catherine (+ Bernard) Jean (+ Corinne)

Gilles Guillaume Clément Quentin Élise Manon Jérémie

– Qui est Élise pour Jean ? – *C'est sa nièce.*

– Qui est Quentin pour Jean ? – _____

– Qui est Pierre pour Bernard ? – _____

– Qui sont Élisabeth, Catherine et Jean pour Pierre et Marie ? – _____

– Qui est François pour Jean ? – _____

– Qui sont Pierre et Marie pour Gilles et Manon ? – _____

2 Complétez les phrases avec « fils », « fille », « enfants », etc.

1. – Qui étaient _____ de Louis XIII ? – Je crois que Marie de Médicis était sa mère et Henri IV était son père.

2. – Napoléon Iᵉʳ n'était pas le père de Napoléon III ? – Non, c'était le frère de son père, c'est-à-dire son

_____ .

3. Frédéric Mitterrand est le fils du frère de François Mitterrand ? – Oui, je crois que c'est son _____ .

4. Le cinéaste Jean Renoir était le _____ du peintre impressionniste Auguste Renoir ? – Oui, Auguste Renoir était son père.

3 Complétez le texte avec « gens », « personnes », « tout le monde » ou « le monde entier ».

Mon beau-père est un grand journaliste : il voyage dans _____ . Il parle souvent à la télévision et, dans la rue, _____ le reconnaît. Il parle cinq ou six langues couramment et il peut interviewer plusieurs _____ à la fois en plusieurs langues. Les _____ pensent en général qu'il est français, mais en réalité il est roumain. Il connaît très bien plusieurs _____ du monde de la politique et du spectacle et il a des amis dans _____ .

4 Présentez votre famille, selon le modèle.

C'est Chris : c'est mon frère. Il est ingénieur. C'est Anne : c'est ma sœur. Elle est lycéenne.
Ce sont mes parents, Monique et André. Mon père est assureur. Ma mère est diététicienne.

_____

_____

_____

8

LES DÉMONSTRATIFS

ce garçon	**cette** fille	**ces** enfants
ce fauteuil	**cette** chaise	**ces** meubles

L'ADJECTIF DÉMONSTRATIF s'accorde avec le nom :

ce garçon   *cette* fille   *ces* enfants

■ Les démonstratifs désignent, en général, des objets **présents** :

Ce bâtiment est le Panthéon.   *Cette* église est Notre-Dame.

■ Le même démonstratif peut désigner un objet **proche** ou **lointain** :

Cette planète (où nous sommes) est la Terre.
Cette planète (dans le ciel) est Vénus.

• Pour marquer l'éloignement dans l'espace, on utilise souvent « là-bas » :

Cette planète, **là-bas**, c'est Jupiter.

♪ • **La liaison** avec les noms est obligatoire, sauf devant « h » aspiré :

ce**s** oiseaux   ce**s** étudiants   ces / **h**éros
  ‿   ‿
  z   z

• « Ce » devant voyelle ou « h » muet devient **« cet »** :

ce ami → **cet a**mi   ce acteur → **cet a**cteur

LE PRONOM DÉMONSTRATIF permet d'éviter la répétition :

– *Tu veux ce gâteau ? – Non, je préfère* │ **celui-ci.** (« -ci » et « -là » sont souvent
                                           │ **celui-là.**   interchangeables)

■ On utilise l'alternance adjectif/pronom pour distinguer deux objets présents :

Adjectifs démonstratifs		Pronoms démonstratifs	
masculin	**Ce** monument est l'Opéra.	**Celui-ci/là** est la Madeleine.
féminin	**Cette** église est Notre-Dame.	**Celle-ci/là** est la Sainte-Chapelle.
pluriel {	**Ces** tableaux sont de Klee.	**Ceux-ci/là** sont de Braque.
	Ces sculptures sont de Moore.	**Celles-ci/là** sont de Miró.

E X E R C I C E S

1 **Complétez les phrases avec « ce », « cette », « cet » ou « ces ».**

Ce café est excellent !

1. _____ problème est complexe.

2. _____ poires sont trop mûres.

3. _____ acteur est insupportable.

4. _____ bijoux sont très beaux !

5. _____ histoire est terrible !

6. _____ homme est dangereux.

7. _____ livre est passionnant.

8. _____ alcool est trop fort.

2 **Complétez avec un adjectif démonstratif.**

Je connais bien *ce* garçon et *cette* fille.

1. – Regarde _____ petit chat et _____ petit chien : ils sont adorables ! - **2.** – _____ chaussures et _____ chapeau, au fond, dans la vitrine, sont horribles ! - **3.** – Je voudrais _____ tarte aux pommes et _____ éclair au café. - **4.** – Mets _____ assiettes dans le placard et _____ couteaux dans le tiroir.

3 **Mettez les phrases suivantes au féminin.**

1. Cet homme charmant est veuf. _____

2. Ce nouveau vendeur est très sérieux. _____

3. Cet homme est doux et chaleureux. _____

4. Ce garçon est un peu fou ! _____

5. Ce danseur est merveilleux. _____

4 **Refaites l'exercice précédent au pluriel.**

5 **Complétez avec l'adjectif ou le pronom, selon le modèle.**

J'adore *cette* maison, là, à gauche ; moi, je préfère *celle-là*, à droite !

1. – N'achète pas _____ vin, il est trop fort, achète _____ . - **2.** – Prenez _____ chaise, moi, je prends _____ . - **3.** – Faites développer _____ photos, mais pas _____ . - **4.** – J'adore _____ livre. – Moi, je préfère _____ . - **5.** – _____ enfants sont mes amis et _____ sont mes cousins.

6 **Faites des phrases selon le modèle.**

livre   cassette   cartes postales   stylo   dossier

Je voudrais ce livre et celui-ci. / Je voudrais ce livre et celui-là.

_____

_____

9 « IL Y A » et « C'EST »

> Dans la rue, **il y a** une voiture verte : **c'est** une Jaguar.

À la différence d'autres langues (comme l'anglais, l'italien, etc.), le français n'utilise pas le verbe « être » pour signaler l'existence d'une chose ou d'une personne, mais la construction impersonnelle « il y a ».

L'EXISTENCE et L'IDENTIFICATION

■ « IL Y A » signale l'existence d'une personne ou d'une chose **dans un lieu** :

> *Dans la rue,*
> *Sur la place,*   *il y a des arbres en fleurs.*
> *Dans mon jardin,*

- Dites :   Ne dites pas :

  Dans la rue, il y a un…   *Dans la rue, c'est un…*

- « **Il y a** » + **nom** est une construction impersonnelle, toujours au **singulier** :

  *Dans la rue, **il y a*** | ***un** homme.*
  | ***dix** hommes.*

- Le lieu n'est pas nécessairement exprimé.

  À huit heures, il y a un film (à la télévision, au cinéma…)

■ « **C'EST** » (singulier) et « **CE SONT** » (pluriel) identifient une chose ou une personne présentes ou présentées par « **il y a** » :

> – *Regarde,* | – ***c'est un** cerisier du Japon.*
> | – ***ce sont des** danseurs du Bolchoï.*

> *À Budapest, **il y a** un fleuve : **c'est** le Danube.*
> *Dans le bureau, **il y a** une dame blonde, **c'est** la secrétaire.*

(Pour « il y a » et la négation, voir p. 48.)

1 Complétez par « il y a » ou « c'est »/« ce sont », selon le modèle.

Dans le journal, *il y a* la photo d'une très belle femme : *c'est* une actrice américaine.

1. Dans la cour, _____ deux enfants : _____ les enfants de la concierge. - **2.** Dans mon quartier, _____ un restaurant très connu : _____ un restaurant russe. - **3.** Au musée d'Art moderne, _____ une très belle exposition : _____ une exposition sur les impressionnistes allemands. - **4.** Devant l'hôtel, _____ une dizaine de personnes : _____ des touristes italiens.

2 Complétez les phrases selon le modèle.

Dans mon portefeuille, *il y a une photo : c'est la photo de ma fille.*
il y a des photos : ce sont les photos de mes enfants.

Sur mon bureau, _____
_____

Dans ma chambre, _____
_____

Dans mon sac, _____
_____

3 Complétez les phrases selon le modèle.

Au centre de Londres, *il y a* un très grand parc : *c'est* Hyde Park.

1. À New York, _____ un musée très important : _____ le musée Guggenheim.
2. En Grèce, _____ des trésors archéologiques : _____ des monuments de l'époque classique.
3. En Suisse, _____ beaucoup de stations de ski : _____ des stations très animées en hiver.
4. Sur la Seine, _____ des bateaux pour la promenade : _____ les bateaux-mouches.
5. Près de Paris, à Marne-la-Vallée, _____ un grand parc d'attraction : _____ Euro-Disney.

4 Sur le modèle précédent, donnez quelques informations sur votre ville, votre région, votre pays.

5 Complétez avec « c'est/ce sont », « il y a », « il est », « elle est », selon le cas.

Dans ma rue, _____ un hôtel. _____ un petit hôtel. Il n'est pas très moderne, mais _____ vraiment très charmant. Dans certaines chambres, _____ un balcon et sur la table, _____ toujours des fleurs, _____ en général des roses. L'hôtel est souvent complet car _____ très connu et _____ toujours beaucoup d'étudiants français et étrangers. La propriétaire est une vieille dame, _____ un peu bavarde mais _____ très gentille.

10 LA SITUATION dans L'ESPACE (1)

LES VILLES, LES PAYS, LES CONTINENTS

> Je suis **à** Madrid, **en** Espagne.   Vous êtes **à** Tokyo, **au** Japon.

■ **Les villes** n'ont, en général, **pas d'article :**

> *Paris*
> *Vienne*   Mais : *Le Havre, Le Caire, La Haye…*
> *Tokyo*

■ **Les pays** et **les continents** ont, en général, **un article :**

> *la France*
> *le Japon*   Mais : *Chypre, Haïti, Israël, Cuba…*
> *les États-Unis*
> *l'Afrique*

■ En général, les **pays** qui se terminent par « **-e** » sont **féminins :**

> *la Suisse*   *le Japon*   Mais : *le Mexique,*
> *la Russie*   *le Canada*   *le Zaïre, le Cambodge,*
> *la Hollande*   *le Brésil*   *le Mozambique…*

■ « **À** », « **EN** » et « **AU(X)** » indiquent la ville, le pays, le continent où on est/où on va :

● « **à** » + ville ou pays sans article :

Je suis **à**	*Paris.*
	Lisbonne.
	Madrid.
à	*Cuba*
	Hawaï

Mais :   **en** *Israël*

● « **en** » + pays féminin ou continent :

Je suis **en**	*France.*
	Italie.
	Russie.
en	*Europe.*
	Afrique.

● « **au** » + pays masculin, « **aux** » + pays pluriel :

Je suis **au**	*Brésil.*
	Canada.
	Japon.
aux	*États-Unis.*
	Pays-Bas.

♪ ● Devant tous les pays singuliers qui commencent par une **voyelle**, on utilise « **en** » :

~~au~~ *Iran* → **en** *Iran*   ~~au~~ *Angola* → **en** *Angola*
　　　　　　 ‿n　　　　　　　　　　　　　　　　　　 ‿n

1 Complétez avec l'article défini, si nécessaire.

Le Maroc.

_____ France, _____ Japon, _____ Chine, _____ Chili, _____ États-Unis, _____ Russie, _____ Pakistan, _____ Canada, _____ Tahiti, _____ Tibet, _____ Suède, _____ Bulgarie, _____ Portugal, _____ Hongrie, _____ Monaco, _____ Finlande, _____ Pérou, _____ Grèce.

2 Faites des phrases selon le modèle.

Pise (Italie) : *Pise est en Italie.*

1. Caracas (Venezuela)

_____

2. Athènes (Grèce)

_____

3. Osaka (Japon)

_____

4. Copenhague (Danemark)

_____

5. Oslo (Norvège)

_____

6. Bahia (Brésil)

_____

7. Munich (Allemagne)

_____

8. Bagdad (Irak)

_____

3 Complétez le texte avec « à », « en » ou « au(x) ».

1. Le Grand Canyon est _____ États-Unis, _____ Amérique du Nord. - **2.** Le Fuji-Yama est _____ Japon, _____ Asie. - **3.** Les Chutes du Niagara sont _____ Amérique du Nord, _____ Canada et _____ États-Unis. - **4.** Le Kilimandjaro est _____ Afrique, _____ Kenya et _____ Tanzanie. - **5.** Le Canal de Suez est _____ Égypte, _____ Afrique du Nord. - **6.** Le « Pain de sucre » est _____ Rio de Janeiro, _____ Brésil.

4 Complétez avec les possessifs, « être », et « à », « en », « au(x) », si nécessaire.

Mes parents *sont à* Madrid, *en* Espagne.

1. _____ frère _____ _____ Alexandrie, _____ Égypte. - **2.** _____ sœur et moi, nous _____ _____ Boston, _____ États-Unis. - **3.** _____ oncle _____ _____ La Havane, _____ Cuba. - **4.** _____ cousine Beth _____ _____ Nicosie, _____ Chypre.

5 Faites des phrases selon le modèle.

Inde : Le Taj Mahal (tombeau célèbre) – Pérou : Machu Picchu (site archéologique très connu) – Italie : Etna et Vésuve (deux grands volcans) – Paris : Seine (fleuve).

En Inde, il y a un tombeau célèbre, c'est le Taj Mahal. _____

QUELQUES EXPRESSIONS DE LIEU

> **Dans** le bus, il y a des enfants. **Sur** le bus, il y a des affiches.

■ « DANS, « SUR » et « SOUS »

- « **Dans** » = à l'intérieur d'un espace fermé :

    dans *la maison*
    dans *le tiroir*

- « **À l'extérieur de** » ≠ « dans »

    À l'extérieur *de la maison*

- « **Sur** » = posé sur une surface :

    sur *le toit*
    sur *la photo*

- « **Sous** » ≠ « sur »

    sous *le parapluie*

 • Dites : *Je suis dans le train.*   Ne dites pas : *Je suis* ~~sur~~ *le train.*

- « **Dedans** » (« **dehors** »), « **dessus** » et « **dessous** » ne sont pas suivis d'un nom :

    – *L'adresse est sur l'enveloppe ?*   – *Oui, elle est* ***dessus.***
    – *La balle est sous le divan ?*   – *Oui, elle est* ***dessous.***
    – *Le chat est dans l'appartement ?*   – *Oui, il est* ***dedans.*** *(Non, il est* ***dehors****.)*

■ « AU-DESSUS (DE) » et « AU-DESSOUS (DE) »

- « **Au-dessus** » = plus haut, sans contact :

    Au-dessus du *5ᵉ étage, au 6ᵉ.*
    Nous volons ***au-dessus de*** *l'Atlantique.*

- « **Au-dessous** » = plus bas, sans contact :

    Au-dessous du *5ᵉ étage, au 4ᵉ.*
    Au-dessous de *nos pieds, coule la Seine.*

- « **Sous** » peut signifier aussi « au-dessous » :

    Le chat est ***sous*** *la table.*

■ Quelques expressions :

dans la rue   sur la place   sur le boulevard   dans un fauteuil
sur une chaise   dans le journal   à la télévision   à la radio

 • Dites :   Ne dites pas :

   À la *télévision, il y a Bill Clinton.*   ~~Sur~~ *la télévision, il y a Bill Clinton.*

■ « À CÔTÉ (DE) »/« PRÈS (DE) » indique la proximité, « LOIN (DE) » l'éloignement :

Bruxelles est ***près de*** *Paris.*   *Moscou est* ***loin de*** *Paris.*

E X E R C I C E S

1 Faites des phrases avec « dans », « sur » et « à la », selon le modèle.

Enveloppe (adresse, lettre) : *Sur l'enveloppe, il y a une adresse. Dans l'enveloppe, il y a une lettre.*

1. Bouteille (étiquette, cognac) _____

_____

2. Lac (bateaux, poissons) _____

_____

3. Télévision (livre, reportage) _____

_____

4. Avion (voyageurs, James Bond) _____

_____

5. Radio (foulard, concert de jazz) _____

_____

2 Complétez avec « dans », « sur », « sous », « à la », etc.

L'église Saint-Étienne-du-Mont est *sur* la place du Panthéon.

1. Le chat est _____ la cuisine ou _____ le balcon ? - **2.** Il y a beaucoup de galeries de peinture _____ la rue Dauphine. - **3.** Le père de Charles est toujours assis _____ un gros fauteuil en cuir jaune et sa mère _____ une petite chaise en paille. - **4.** Regarde, il y a Kim Basinger _____ télévision. - **5.** Le cinéma Le Champo est _____ la rue des Écoles ou _____ le boulevard Saint-Michel ? - **6.** Nous déjeunons souvent dehors _____ l'herbe, _____ les arbres. - **7.** Ce soir, il y a un bon concert _____ radio.

3 Complétez avec « dessus », « dessous », « dedans » ou « dehors ».

– Les enfants sont dans la maison ? – Oui, ils sont *dedans.*

1. – Le prix est marqué sous le vase : regardez, il est collé _____

2. – Ma veste n'est pas dans l'armoire ! – Mais si, regarde bien, elle est _____

3. – Il y a une étiquette sur ta valise ? – Oui, regarde, elle est collée _____

4. – Le chien n'a pas le droit d'entrer dans ce restaurant, laissez-le _____

5. – Un cadeau est caché sous ta serviette : regarde vite _____

6. – La balle est sur le lit ? – Non, elle est _____

4 Faites des phrases en utilisant des expressions de lieu.

Table/Vase/Lustre/Tapis/Chat   Lit/Balle/Veste/Pantoufles

Le vase est sur la table, _____

Le tapis _____

11

LE VERBE « AVOIR »

J'	**ai**	un passeport.
Tu	**as**	une carte d'identité.
Il **Elle** **On**	**a**	vingt ans.
Nous	**avons**	un garçon et une fille.
Vous	**avez**	des enfants ?
Ils **Elles**	**ont**	froid.

Après le verbe « avoir », on utilise en général un **nom** :

J'ai une moto.   Vous avez un vélo.

L'ÂGE

• Pour indiquer l'âge, on utilise le verbe « **avoir** » :

*J'**ai** vingt ans.*
*Mon père **a** quarante ans.*

 • *Il **est** jeune.* (« être » + adjectif)   *Il **a** vingt ans.* (« avoir » + nom)

« AVOIR FAIM », « AVOIR FROID », etc.

• Pour exprimer une sensation de **manque** ou de **douleur**, on utilise le verbe « **avoir** » suivi d'un **nom sans article** :

*J'**ai***	chaud. froid. faim. soif. sommeil. peur (de)…	*J'**ai***	besoin (de)… envie (de)…	*J'**ai** mal*	à la tête. au dos…

 • Avec ces expressions, on utilise « **très** » au lieu de « beaucoup ».
Dites :   Ne dites pas :
  J'ai très faim.   *J'ai ~~beaucoup~~ faim.*

1 Répondez aux questions au choix.

– Vous avez un appartement ou une maison ? – *J'ai un appartement.*

1. – Vous avez une, deux ou trois chambres ? – _____

2. – Vous avez des meubles anciens ou modernes ? – _____

3. – Vous avez un grand ou un petit salon ? – _____

4. – Vous avez un chauffage électrique ou à gaz ? – _____

5. – Vous avez des voisins calmes ou bruyants ? – _____

2 Complétez les phrases avec « avoir » et les articles manquants.

– Vous *avez un* stylo bleu ? – Non, *j'ai un* stylo noir.

1. – Cathy _____ moto ? – Oui, _____ Yamaha. - **2.** – Les voisins _____ chien ? – Oui,
_____ chien et deux chats. - **3.** – Jean _____ appartement à Paris ? – Non, _____
appartement en banlieue. - **4.** – Les étudiants _____ examen en décembre ? – Non, _____
examen en mars. - **5.** – Paul et toi, vous _____ diplômes ? – Oui, _____ licence d'histoire.

3 Complétez les phrases avec les verbes ci-dessous.

avoir faim, avoir sommeil, avoir peur, avoir mal (à).
Il est tard, le bébé est fatigué : *il a sommeil.*

1. Il est midi : nous _____ .

2. Mon chien n'est pas très courageux : il _____ des souris !

3. Les enfants sont chez le dentiste : _____ aux dents.

4. Mon mari est chez le kiné : _____ au dos.

4 Répondez librement.

1. – Quel âge avez-vous ?

– _____

2. – Quel âge a Tintin d'après vous ?

– _____

3. – Quel âge a l'humanité ?

– _____

5 Faites des phrases selon le modèle, en utilisant « avoir besoin de ».

grammaire/apprendre le français - dictionnaire/faire les exercices - argent/partir en vacances
visa/partir en voyage - faire du sport/rester en forme - parler français/travailler en France

Pour apprendre le français, j'ai besoin d'une grammaire. _____

_____

_____

6 Faites des phrases selon le modèle, en utilisant « avoir envie de ».

jus d'orange ; café ; glace//aller voir une exposition ; aller au théâtre ; aller au cinéma//manger au
restaurant ; manger chez sa mère ; manger au MacDonald

J'ai envie d'un jus d'orange. Mon mari a envie d'un café. Les enfants ont envie d'une glace.

_____

> J'ai **l'**habitude d'aller au bureau en taxi.
> Je n'ai **pas de** voiture. Je n'ai **pas le** permis de conduire.

« AVOIR LE TEMPS », « AVOIR L'HABITUDE », etc.

● Le verbe « avoir » suivi d'un article déterminé exprime, en général, une **disposition** :

| Avoir | *le temps (de)* | Avoir | *l'intention (de)* | Avoir *du mal (à)* |
| | *l'habitude (de)* | | *l'occasion (de)* | |

● **Autres expressions :**

*Elle **a** l'air en forme (fatigué, triste).*
*Vous **avez** de la chance.*

*Il **a** raison.*   *Elle **a** tort.*

*La réunion **a** lieu | vendredi.*
| à Londres.

« AVOIR » et LA NÉGATION

● Dans une phrase négative avec « avoir », on remplace « un », « une », « des » par « **de** » :

– *Vous avez **un** chien ? – Non, je n'ai **pas de** chien.*
– *Vous avez **une** voiture ? – Non, je n'ai **pas de** voiture.*
– *Vous avez **des** enfants ? – Non, je n'ai **pas d'**enfants.*

– *Il y a **un** livre dans le tiroir ? – Non, il n'y a **pas de** livre.*
– *Il y a **une** lampe sur la table ? – Non, il n'y a **pas de** lampe.*
– *Il y a **des** fruits dans le frigo ? – Non, il n'y a **pas de** fruits.*

● Quand on apporte une **précision**, on conserve l'article indéfini :

– *Vous avez une Citroën ? – **Pas une** Citroën, mais une Renault !*

● On conserve l'article **défini** à la forme négative :

– *Vous avez **le** permis de conduire ? – Non, je n'ai **pas le** permis.*
– *Vous avez **les** Pages jaunes ? – Non, je n'ai **pas les** Pages jaunes.*

1 **Répondez aux questions, selon le modèle.**

– Vous avez l'occasion de parler français dans votre pays ?

– *Oui, j'ai l'occasion de parler français.*

1. – Vous avez vraiment l'intention de partir en Égypte en août ?

– _____

2. – Avez-vous l'habitude de la chaleur ?

– _____

3. – Est-ce que vous avez l'intention de prendre un charter ?

– _____

4. – Est-ce que vous avez le temps de préparer votre voyage ?

– _____

2 **Répondez à la forme négative.**

– Vous avez une voiture ?   – Vous avez le permis de conduire ?

– *Non, je n'ai pas de voiture.*   – *Non, je n'ai pas le permis (de conduire).*

1. – Vous avez un chien ? – _____

2. – Vous avez un jardin ? – _____

3. – Vous avez le téléphone ? – _____

4. – Il y a un square près de chez vous ? – _____

5. – Est-ce qu'il y a une agence de voyages ? – _____

3 **Complétez les phrases selon le modèle.**

– J'ai une lithographie de Dali.

– *Ah, vous aussi, vous avez*
une lithographie de Dali !

1. – J'ai la double nationalité.

– _____

2. – J'ai un permis international.

– _____

3. – J'ai une 404 coupé.

– _____

4. – J'ai des lentilles de contact.

– _____

5. – J'ai du cholestérol.

– _____

4 **Posez les questions selon le modèle, en utilisant une expression avec « avoir ».**

– Il fait seulement 15 °.

– *Vous n'avez pas froid ?*

1. – Il est midi passé !

– _____

2. – Ce plat est trop salé !

– _____

3. – Il est deux heures du matin.

– _____

4. – Il fait très sombre dans cette rue.

– _____

5. – Il fait plus de 30 ° !

– _____

LE VERBE « AVOIR »

1 Complétez le texte avec le verbe « avoir ».

Franck et Brigitte sont mes voisins. Ils *ont* deux enfants : Lou et Marcus. Marcus _____ huit ans, comme mon fils, Antoine. Il _____ les yeux bleus et les cheveux noirs, comme lui. Lou _____ trois ans. Elle _____ aussi les yeux bleus, mais elle _____ les cheveux blonds. Brigitte et moi, nous _____ la même baby-sitter, Virginie. Elle _____ seulement dix-neuf ans, mais elle _____ beaucoup d'expérience, car elle _____ cinq frères et sœurs. Mon fils _____ un petit chien, Bill. Les enfants de Brigitte _____ un chat, un singe et un perroquet, mais Virginie _____ beaucoup de patience et elle _____ bon caractère.

2 Répondez aux questions à partir du texte précédent.

1. – Franck et Brigitte ont des enfants ? – _____

2. – Quel âge ont Antoine et Marcus ? – _____

3. – Quel âge a la baby-sitter ? – _____

4. – Les enfants ont des animaux domestiques ? – _____

5. – La baby-sitter a mauvais caractère ? – _____

3 Répondez selon le modèle en utilisant les verbes « être » et « avoir ».
En général, vous êtes nerveux/nerveuse, quand vous avez un examen ?
Oui, quand j'ai un examen, je suis toujours nerveux/nerveuse.

1. – Vous êtes à l'heure, en général, quand vous avez un rendez-vous ?

– _____

2. – Quand vous êtes en retard, vous avez toujours une bonne excuse ?

– _____

3. – Est-ce que vous êtes de mauvaise humeur, quand vous êtes fatigué(e) ?

– _____

4. – Vous avez de la température, quand vous êtes enrhumé(e) ?

– _____

4 Complétez les phrases avec le verbe « être » et « avoir », selon le modèle.
Paul *est* blond, il *est* grand et *il a* les yeux bleus.

1. Je _____ marié, je _____ trente ans et _____ deux enfants.

2. Mon fils et ma fille _____ à la maison : _____ la grippe.

3. Eva _____ très riche : _____ une Rolls et un chauffeur.

4. Je _____ pressée : _____ rendez-vous à 10 heures chez le dentiste.

5. Il _____ minuit, je _____ fatiguée et _____ sommeil.

1 Mettez le texte à la forme affirmative puis négative, selon le modèle.

un petit studio	une maison de campagne
une vieille voiture	un garage
des jeans	un costume
des écharpes	une cravate
des meubles en pin	des meubles en acajou
le temps de lire	le temps d'écrire à sa famille
envie de voyager	envie de travailler dans un bureau
besoin de faire du sport	besoin de maigrir

Il a un petit studio. Il n'a pas de maison de campagne. _____

_____

_____

_____

_____

_____

_____

_____

2 D'après ces « offres d'emploi », faites des phrases selon le modèle.

Secrétaire commerciale. Bilingue. 30 ans environ. 5 ans minimum d'expérience en entreprise. Organisée. Sens des responsabilités. Autonome. Disponible.

Directeur des ventes. 40 ans environ. Expérience internationale. Dynamique. Goût des relations humaines.

Comédien. 25 ans environ. Petit. Brun. Yeux clairs. Cheveux longs. Athlétique.

1. *Vous êtes secrétaire commerciale, vous êtes bilingue, vous avez environ trente ans,* _____

_____

_____

2. _____

_____

_____

3. _____

_____

_____

3 Dans la salle où vous êtes, est-ce qu'il y a des plantes vertes ? un téléphone ? un canapé ? des rideaux ? un fauteuil ? une armoire ? un miroir ?

_____

12

L'ADJECTIF (2)

> un **jeune** homme **brun** avec une bicyclette **verte**

LA PLACE DE L'ADJECTIF

■ Règle générale : on place l'adjectif **après** le nom :

> *une chemise **blanche***   *un livre **intéressant***   *un exercice **difficile***

■ Quelques adjectifs fréquents et assez courts se placent **devant** le nom : bon/mauvais beau/joli petit/grand/gros nouveau/jeune/vieux double/demi autre/même

> *une **petite** maison*   *une **jolie** robe*   *un **gros** livre*

- **Les nombres** se placent toujours **devant** le nom :

> *Les **trois** mousquetaires*   *Les **sept** nains*   *Le **septième** art*

- Quand il y a plusieurs adjectifs, les chiffres se placent **avant** les autres :

> *Les **deux derniers** films de Fellini*   *Les **trois premiers** exercices*

■ « Premier », « dernier » et « prochain » se placent **devant** le nom pour les « **séries** » :

> *Le **premier** candidat*   *Le **prochain** candidat*   *Le **dernier** candidat*

⚠️ - « Dernier » et « prochain » se placent **après** le nom pour les **dates** :

> *Mardi* | ***dernier***
> | ***prochain***
>
> *Le mois* | ***dernier***
> | ***prochain***

■ **Remarques :**

♪ - « Beau », « vieux », « nouveau » deviennent « bel », « vieil », « nouvel » devant voyelle ou « h » muet :

> *un ~~beau~~ acteur* → *un **bel** acteur*   *un ~~vieux~~ homme* → *un **vieil** homme*
> *un ~~nouveau~~ ordinateur* → *un **nouvel** ordinateur*

- Devant un adjectif « des » devient « **de** » :

> *des~~beaux~~ livres* → ***de** beaux livres*   *des~~bons~~ amis* → ***de** bons amis*

♪ - Quand l'adjectif est placé devant le nom, on doit faire la liaison :

> *un petit‿enfant*   *des petits‿enfants*
>   t   z

1 Faites des phrases selon le modèle.

garçon (petit)   yeux (immenses)
un petit garçon avec des yeux immenses

1. monsieur (vieux)   barbe (blanche)

_____

2. fille (belle)   jambes (longues)

_____

3. dame (brune)   lunettes (noires)

_____

4. poisson (gros)   ventre (jaune)

_____

5. appartement (beau)   terrasse (petite)

_____

6. voiture (grosse)   coffre (grand)

_____

7. livres (précieux)   illustrations (belles)

_____

8. whisky (double)   glaçons (deux)

_____

9. pantalons (bleus)   chemises (blanches)

_____

10. exercices (trois)   exemples (faciles)

_____

2 Mettez les adjectifs à la bonne place.

Le *vieil* oncle _____✕_____ de Charles est encore un *bel* homme _____✕_____ (vieux/beau).

1. Mon _____ appareil photo _____ est un _____ appareil _____ (nouveau/très bon).
2. Le _____ jour _____ de la semaine est un _____ jour _____ (premier/difficile).
3. Les _____ premières _____ parties sont des _____ chapitres _____ (deux/intéressants).
4. Les _____ trois _____ exercices sont des _____ exercices _____ (derniers/difficiles).
5. La _____ station de métro _____ est la _____ station _____ (prochaine/dernière).

3 Répondez selon le modèle.

– Cet immeuble est très vieux ? *– Oui, c'est un vieil immeuble.*

1. – Cet acteur est très beau ! – _____
2. – Ces chaussures sont neuves ? – _____
3. – Cet ordinateur est nouveau ? – _____
4. – Votre professeur est jeune ? – _____
5. – Ces œufs sont très gros ! – _____

4 Complétez avec « des », « de » ou « d' ».

1. La styliste Emmanuelle Kahn a toujours _____ grosses lunettes. - 2. Les contes de Leo Perutz sont _____ histoires étranges. - 3. Les contes de Perrault sont _____ belles histoires. - 4. Apportez-moi _____ autres photos de votre famille. - 5. Les vieux bistrots de Paris sont _____ endroits magnifiques.

ADJECTIFS PARTICULIERS

■ Certains adjectifs changent de sens selon leur **place**. Les adjectifs placés avant le nom sont en général, plus subjectifs :

*un très **grand** homme* (valeur morale)	*un homme très **grand*** (valeur physique)
*un **curieux** voisin* (bizarre)	*un voisin **curieux*** (indiscret)
*une **seule** femme* (pas d'autres)	*une femme **seule*** (sans amis)
*mon **ancien** immeuble* (précédente adresse)	*un immeuble **ancien*** (époque passée)

■ Parfois « **grand** », « **petit** » et « **vieux** » ont une valeur quantitative :

*un **grand** voyageur*
(= qui voyage beaucoup)

*un **petit** consommateur*
(= qui consomme peu)

*un **vieux** client*
(= client depuis longtemps)

« NEUF » ou « NOUVEAU » ?

● « **Neuf** » = de fabrication récente :
(se place après le nom)

   – *Paul a une voiture **neuve** ?*
   – *Oui, c'est la dernière Citroën.*

● « **Nouveau** » = différent d'avant :
(se place avant le nom)

   – *Paul a une **nouvelle** voiture ?*
   – *Oui, c'est une vieille Jaguar magnifique.*

● On utilise « neuf » pour les **objets** :

   un stylo neuf
   des chaussures neuves

● On utilise « nouveau » pour tout **changement** :

   une nouvelle adresse
   un nouveau mari

● neuf/neuve ≠ vieux/vieille :

   une vieille voiture
   de vieilles chaussures

● nouveau/nouvelle ≠ ancien/ancienne :

   un ancien professeur
   une ancienne adresse

● Mais pour avoir des « nouvelles », on dit :

   « *– Quoi de **neuf** ?* » = « *Qu'est-ce qui est nouveau dans votre vie ?* »

E X E R C I C E S

1 Faites l'exercice selon le modèle.

Médor (chien, animal/gros, très doux)

Médor est un gros chien, mais c'est un animal très doux.

1. Dustin Hoffman (homme, acteur/petit, grand)

_____

2. Alexandre (enfant, écolier/agité, studieux)

_____

3. Madame Claude (femme, voisine/seule, bruyante)

_____

4. Les ordinateurs portables (objets, appareils/pratiques, chers)

_____

5. Le mari de Nadia (mari, sculpteur/mauvais, bon)

_____

6. Kitty (femme, actrice/belle, mauvaise)

_____

7. Monsieur Barlou (maire, voyou/respecté, ancien)

_____

8. Mademoiselle Éléonore (voisine, femme/réservée, curieuse)

_____

2 Complétez les phrases avec « neuf », « nouveau », « vieux », « ancien » ou « grand ».

Ma voiture est une Peugeot de 1962 : c'est une *vieille* voiture !

1. Je dois vous donner mon _____ numéro de téléphone.
2. J'ai mal aux pieds parce que mes chaussures sont _____ .
3. Je connais Patricia depuis hier : c'est ma _____ copine !
4. Ma grand-mère est une _____ dame de quatre-vingt-dix ans.
5. Marie a 25 ans et on se connaît depuis 15 ans : c'est une _____ amie.
6. Estelle lit beaucoup, romans et poésie : c'est une _____ lectrice.
7. Je regrette souvent mon _____ travail, si agréable.
8. – Quoi de _____ aujourd'hui, Monsieur Duranton ?

3 Décrivez les appartements à partir de la fiche de l'agence immobilière.

appartement : 250 m²	immeuble : 1800	ascenseur : non	terrasse : oui
studio : 30 m²	immeuble : 1995	ascenseur : oui	concierge : non

13 LES NOMBRES

LES NOMBRES CARDINAUX

0   Zéro

1	Un	11 Onze	
2	Deux	12 Douze	
3	Trois	13 Treize	
4	Quatre	14 Quatorze	
5	Cinq	15 Quinze	
6	Six	16 Seize	
7	Sept	17 Dix-sept	
8	Huit	18 Dix-huit	
9	Neuf	19 Dix-neuf	
10	Dix		

20	Vingt	Vingt **et** un	Vingt-deux, vingt-trois…
30	Trente	Trente **et** un	Trente-deux…
40	Quarante	Quarante **et** un	Quarante-deux…
50	Cinquante	Cinquante **et** un	Cinquante-deux…
60	Soixante	Soixante **et** un	Soixante-deux…
70	Soixante-**dix**	Soixante **et onze**	Soixante-**douze**…
80	Quatre-vingt**s**	Quatre-vingt-un	Quatre-vingt-deux…
90	Quatre-vingt-**dix**	Quatre-vingt-**onze**	Quatre-vingt-**douze**…

100	Cent	Cent dix
200	Deux cent**s**	Deux cent cinquante
300	Trois cent**s**	Trois cent vingt

1 000	Mille	1 000 000	Un million
10 000	Dix mille	10 000 000	Dix million**s**
100 000	Cent mille	1 000 000 000	Un milliard
200 000	Deux cent mille	10 000 000 000	Dix milliard**s**

- En Suisse romande et en Belgique, on dit septante (70) et nonante (90). Plus rarement octante ou huitante (80).

1 Écrivez en lettres les numéros de téléphone suivants.

Pharmacies (24 h/24) : 45 62 02 41   Police :   17   SAMU (médecins) :   15
Gares parisiennes :   45 82 50 50   Pompiers : 18   Cartes bleues volées : 42 77 11 90
Aéroport de Roissy :   48 62 22 80   Heure :   36 99   Radio Taxi :   47 39 47 39

Le numéro des gares parisiennes, *c'est le quarante-cinq, quatre-vingt-deux, cinquante, cinquante.*

_____

_____

_____

2 Écrivez en lettres, votre numéro de téléphone, le numéro de vos parents, etc.

_____

3 Complétez les phrases selon le modèle.

Dans une année, *il y a douze mois.*

1. Dans un mois, _____

2. Dans une semaine, _____

3. Dans un jour, _____

4. Dans une heure, _____

5. Dans une minute, _____

4 Écrivez en lettres, selon le modèle.

France Culture (94.3) : *France Culture, c'est quatre-vingt-quatorze point trois.*

1. RFI (89.4) : _____

2. France Inter (87.8) : _____

3. France Info (105.9) : _____

4. France Musique (92.6) : _____

5. Radio Classique (101.5) : _____

5 Faites les opérations (addition, soustraction, multiplication et division) selon les modèles.

6	*six*
+ 25	*plus vingt-cinq*
= 31	*égale trente et un*

125	_____
+ 51	_____
= 176	_____

45	*quarante-cinq*
– 15	*moins quinze*
= 30	*égale trente*

69	_____
– 18	_____
= 51	_____

75	*soixante-quinze*
× 2	*multiplié par deux*
= 150	*ça fait cent cinquante*

26	_____
× 3	_____
= 78	_____

44	*quarante-quatre*
: 4	*divisé par quatre*
= 11	*ça fait onze*

72	_____
: 6	_____
= 12	_____

■ À L'ÉCRIT

■ Les nombres cardinaux sont, en général, invariables :

*« Les **Quatre** Saisons »*   *« Les **Sept** Samouraïs »*

■ **« VINGT »** et **« CENT »** **multipliés** pas un autre nombre prennent un **« -s »** :

quatre**-vingt**s   ***trois** cents*

 • La liaison met en évidence le pluriel :

*quatre-vingt**s** **a**ns*   *trois cent**s** **h**eures*

      z   z

• « Vingt » et « cent » sont invariables s'ils sont **suivis** d'un autre nombre :

*quatre-vingt-**trois***   *trois cent **cinquante***

■ **« MILLE »** est toujours invariable, **« MILLION »** et **« MILLIARD »** s'accordent :

trois mille hommes
*trois million**s** de marks*   *dix milliard**s** de francs*

■ Jusqu'à cent, les dizaines et les unités sont reliées par un **tiret** ou par **« et »** :

dix-sept   *cinquante-cinq*   *soixante-douze*   *vingt **et** un*

■ À L'ORAL

 • Pour « cinq », « sept », « huit », « neuf », on prononce la consonne finale ; pour « six » et « dix », le « -x » se prononce « s ».

• Devant une voyelle ou un « h » muet, la prononciation peut changer avec la liaison :

six adultes   *dix amis*   *dix - huit jours*

    z   z   z

 • La finale de « cinq », « six », « huit » et « dix » est muette devant une consonne :

cinq cents   *six livres*   *huit jours*   *dix personnes*   Mais : *dix-neuf*

                                               z

• « Neuf » devient « neuv » devant « heures » et « ans » :

neuf heures   *neuf ans*

    v   v

• La consonne finale de « vingt » est muette, sauf de 21 à 29.

1 Écrivez les chèques correspondants aux achats, selon le modèle.

Gants (320) : *Trois cent vingt francs*

1. Chaussures (845) : _____

2. Écharpe (300) : _____

3. Manteau (1 500) : _____

4. Pull (399) : _____

5. Chemisier (440) : _____

6. Robe (895) : _____

2 Écrivez en lettres, selon le modèle.

« Les (39) *Trente-Neuf Marches* » est un film d'Alfred Hitchcock.

1. « Les (400) _____ Coups » est un joli film de François Truffaut.

2. « Les (24) _____ Heures du Mans » est une compétition automobile.

3. « Les (4) _____ Saisons » de Vivaldi est une musique très joyeuse.

4. « Les (101) _____ Dalmatiens » est un dessin animé de Walt Disney.

5. « (20 000) _____ Lieues sous les mers » est un roman de Jules Verne.

3 Complétez les phrases selon le modèle.

En France, il y a seulement (6) *six* chaînes de télévision.

1. En France, il y a environ (57 000 000) _____ de Français.

2. En moyenne les Français partent à la retraite à (65) _____ ans.

3. Il y a plus de (200) _____ cinémas à Paris.

4. Un bon repas dans un restaurant parisien coûte environ (300) _____ francs.

5. Le journal « Le Monde » est tiré à (600 000) _____ exemplaires.

4 Prononcez les phrases suivantes.

Le 5 et le 9 sont mes numéros fétiches. Neuf enfants de 9 ans, le 9 août à 9 heures.
10 personnes vous attendent depuis 10 heures. Il y a 6 erreurs à la page 6.
Le 23 juin, pour mes 21 ans, je reçois 82 personnes !

5 Décrivez la monnaie de votre pays, selon le modèle.

En France, il y a des pièces de cinq, dix, vingt et cinquante centimes, mais il n'y a pas de pièces de vingt-cinq centimes.

LES NOMBRES ORDINAUX

1er Premier	11e Onzième	21e Vingt et unième
2e Deuxième	12e Douzième	30e Trentième
3e Troisième	13e Treizième	31e Trente et unième
4e Quatrième	14e Quatorzième	40e Quarantième
5e Cinquième	15e Quinzième	50e Cinquantième
6e Sixième	16e Seizième	60e Soixantième
7e Septième	17e Dix-septième	70e Soixante-dixième
8e Huitième	18e Dix-huitième	71e Soixante et onzième
9e Neuvième	19e Dix-neuvième	80e Quatre-vingtième
10e Dixième	20e Vingtième	91e Quatre-vingt-onzième

100e : centième   1 000e : millième   1 000 000e : millionième

- 1/2 : un demi   1/3 : un tiers   1/4 : un quart   1/1 000e : un millième

- 10 % : dix pour cent   50 % : cinquante pour cent

■ NOMBRE et NUMÉRO

- « **Nombre** » = quantité comptable :

    – *Quel est le **nombre** d'abonnés ?*
    – *Quel est le **nombre** de joueurs ?*

- « **Numéro** » = élément d'une série :

    – *Quel est votre **numéro** de téléphone ?*
    – *Quel est le **numéro** du gardien de but ?*

■ AN et ANNÉE

- « **An** » est une unité de temps et s'utilise après des nombres cardinaux :

    *Il a quarante **ans**.*
    *Cette église a deux cents **ans**.*
    *Je vais en Belgique deux fois par **an**.*

- « **Année** » met l'accent sur la durée et s'utilise avec des adjectifs et des ordinaux :

    *Je suis là toute l'**année**.*
    *Cette **année** est une bonne **année** pour le vin.*
    *C'est la septième **année** que je vais en Italie à Noël.*
    *L'homme est sur la Terre depuis des millions d'**années**.*

- **Remarque :** on dit :

    *trois **jours**   toute la **journée***
    *ce **matin**   toute la **matinée***
    *ce **soir**   toute la **soirée***

1 Complétez les phrases selon le modèle.

– La concierge est au 1er étage ? – *Oui, elle est au premier.*

1. – Le docteur est au 2e étage ?

   – _____

2. – Les bureaux sont au 32e étage ?

   – _____

3. – Le directeur est au 41e étage ?

   – _____

4. – L'île Saint-Louis est dans le 4e arrondissement ?

   – _____

5. – C'est la 61e page du livre ?

   – _____

6. – C'est le 122e exercice ?

   – _____

7. – C'est la 250e représentation de « Hamlet » ?

   – _____

8. – C'est la 5e femme de Paul ?

   – _____

9. – La Sorbonne est dans le 5e arrondissement ?

   – _____

10. – La tour Eiffel est dans le 7e ?

   – _____

2 Complétez les phrases avec « nombre » ou « numéro ».

– Quel est votre *numéro* de téléphone, s'il vous plaît ?

1. – J'habite au _____ 46 de la rue Henri-Barbusse.

2. – Quel est le _____ de personnes prévu pour le dîner ?

3. – Un grand _____ d'animaux sauvages est en voie d'extinction.

4. – Quel est le _____ de votre passeport ?

5. – Le _____ de naissances diminue en Europe.

6. – C'est fou le _____ de choses qu'il faut emporter en voyage.

7. – Le _____ gagnant est le 23 !

8. – Nous avons les places _____ 12 et 13, en deuxième classe.

3 Complétez le texte avec « an »/« année », « jour »/« journée », etc.

Nous allons en Grèce chaque an*née*.

1. Je connais Isabelle depuis sept an ____ . - 2. Je passe le/la soir ____ avec mes voisins. - 3. Mon fils a douze an ____ . - 4. Elle reste chez elle toute le/la jour ____ . - 5. Passez me voir dans le/la matin ____ . - 6. Je vous souhaite un(e) très bon(ne) an ____ . - 7. Je reste trois an ____ en France.

4 Complétez le texte avec « an »/« année », « nombre »/« numéro », « il y a »/« c'est ».

Notre magazine a vingt _____ cette _____. Dans le _____ 1000 du 6 septembre, _____ un supplé-ment de 20 pages : _____ notre album souvenir qui commence par la rencontre de trois vieux amis, un 14 juillet, au milieu d'un grand _____ d'inconnus.

14 LE TEMPS (1)

> Aujourd'hui, **nous sommes le** 3 février. **C'est** l'hiver.

LE JOUR, LA DATE et LES SAISONS

■ Pour indiquer **une date,** on utilise « **nous sommes** » ou « **on est** » + date :

Nous sommes le 21 juin.   À l'oral, on dit souvent :
On est lundi.   *C'est lundi.*

• L'article précède toujours la date :
Chambéry, le 8 novembre 1988

• Quand on précise le jour et la date, l'article se place **avant** le jour :
Nous sommes le mercredi 18 août.

• On dit « **le premier** », mais « **le deux** », « **le trois** », etc. :
Nous sommes le premier ou le deux ?

■ **Les jours de la semaine :** lundi, mardi, mercredi, jeudi, vendredi, samedi, dimanche.

• **Lundi** = un lundi précis :   • « **Le** » **lundi** = tous les lundis :
Lundi, je suis à Berlin.   *Le lundi et le jeudi, je suis à Lyon.*

• « **Le** » + **matin/après-midi/soir** = pendant :
Demain, je serai chez moi le matin. (= toute la matinée)

■ **Les mois de l'année :** janvier, février, mars, avril, mai, juin, juillet, août, septembre, octobre, novembre, décembre.

Nous sommes | *en juillet.*   *Nous sommes* | *au mois de juillet.*
               | *en août.* | *au mois d'août.*

■ **Les saisons :** le printemps, l'été, l'automne, l'hiver.

• On utilise « **au** » devant consonne, mais « **en** » devant voyelle ou « h » muet :
Nous sommes au printemps, en été, en automne, en hiver.

■ Pour les **années,** on utilise « **en** », pour les **siècles,** on utilise « **au** » :
Nous sommes en 1995, au XXᵉ siècle / en 1789, au XVIIIᵉ siècle.

1 **Écrivez la date selon le modèle.**

mardi 25/06   jeudi 12/01   dimanche 15/08   vendredi 12/12   lundi 27/02

Aujourd'hui, c'est mardi. Nous sommes le vingt-cinq. Nous sommes en juin.

_____

_____

2 **Écrivez en lettres selon le modèle.**

Paris, 5/10/1983 : *Fait à Paris, le cinq octobre mille neuf cent quatre-vingt-trois.*

1. Marseille, 19/11/1978 : _____

2. Nice, 3/01/1925 : _____

3. Aix, 12/08/1990 : _____

3 **Complétez le texte avec les éléments manquants « le », « en », « au », si nécessaire.**

Ma mère n'est pas jeune (elle est née _____ 31 août 1930), mais c'est une excellente nageuse et, _____ été, nous

passons _____ dimanche au bord de la mer. _____ fin août, il y a beaucoup de monde, surtout _____ week-end :

nous partons _____ matin et nous rentrons _____ soir après la chaleur. En revanche, _____ printemps et _____

automne, nous sommes seules sur la plage.

4 **Écrivez en lettres selon le modèle.**

Simone de Beauvoir (9/01/1908) : *Elle est née en janvier, au vingtième siècle.*

1. Marcel Proust (10/07/1871) : _____

2. J.-J. Rousseau (28/06/1712) : _____

3. Marilyn Monroe (1/6/1926) : _____

4. Albert Einstein (14/03/1879) : _____

5. Napoléon (15/08/1769) : _____

5 **Répondez aux questions selon le modèle.**

– Quel jour êtes-vous né(e) ?

– *Je suis né(e) le dix février mille neuf cent soixante-dix.*

1. – Quel jour sommes-nous ? – _____

2. – Nous sommes au début ou à la fin du mois ? – _____

3. – Donnez la date complète avec le jour, le mois, l'année et le siècle : _____

_____

L'HEURE et **LE TEMPS** (la météo)

> – Quelle heure **est-il** ? – **Il est** 10 heures.
> – Quel temps **fait-il** ? – **Il fait** chaud.

■ L'HEURE

- Pour dire l'heure, on utilise la construction impersonnelle, « **il est** », toujours au singulier.

  Il est | ***une*** *heure.*
  | ***dix*** *heures.*

- On indique les minutes après l'heure :

8 h 00	*huit heures*	9 h 00	*neuf heures*
8 h 05	*huit heures cinq*	8 h 55	*neuf heures moins cinq*
8 h 10	*huit heures dix*	8 h 50	*neuf heures moins dix*
8 h 15	*huit heures **et** quart*	8 h 45	*neuf heures moins **le** quart*
8 h 30	*huit heures **et** demie*	9 h 45	*dix heures moins **le** quart*

  12 h = *midi*   24 h = *minuit*

- Pour les horaires officiels, on dit :

  20 h 45 : *vingt heures quarante-cinq* 17 h 33 : *dix-sept heures trente-trois*

- Avec l'heure, on utilise « **à** » :

  *J'ai rendez-vous **à** 8 heures.*   *Je travaille **à** 10 heures.*

- **Expressions utiles :**

  J'ai rendez-vous à 8 heures. < *Il est 7 h 45, je suis **en avance**.*
  *Il est 8 heures : je suis **à l'heure**.*
  *Il est 8 h 15, je suis **en retard**.*

  *Il est 5 heures du matin : il est **tôt**.* *Il est minuit et demie : il est **tard**.*

■ LE TEMPS (la météo)

- Pour décrire le temps, on utilise les constructions impersonnelles :

+ adjectif		+ nom		+ verbe
Il fait	*chaud.*	***Il y a***	*du soleil.*	***Il***	*pleut.*
	froid.		*du vent.*		*neige.*
	beau.		*des nuages.*		*fait 10°.*
	mauvais.		*du brouillard.*		

- Dites :   Ne dites pas :

  Aujourd'huit, il fait froid.   *Aujourd'hui, c'est froid, il est froid.*

1 Transcrivez l'heure selon le modèle.

7 h 45 : *Il est sept heures quarante-cinq. / Il est huit heures moins le quart.*

1. 9 h 10 : _____

2. 4 h 15 : _____

3. 12 h 25 : _____

4. 0 h 15 : _____

5. 15 h 45 : _____

6. 20 h 50 : _____

7. 6 h 30 : _____

8. 24 h 00 : _____

9. 3 h 12 : _____

10. 2 h 30 : _____

2 Complétez les phrases avec « tard » ou « tôt », « en retard » ou « en avance », etc.

1. – Il est une heure et demie, viens te coucher : _____

2. – Couvrez-vous bien : dehors, _____

3. – Faites bien attention sur les routes : _____ du brouillard.

4. – Pierre n'est pas encore là ! Il _____ comme d'habitude.

5. – Nous sommes en retard, Paul ? – Non, au contraire, _____

6. – Le bébé se réveille très _____ : à 5 heures du matin !

3 Complétez les phrases avec « il y a », « il fait », « il est », etc.

1. Quand _____ 8 heures à Paris, _____ 4 heures à São Paulo.

2. Aujourd'hui, _____ très froid et _____ du brouillard.

3. Dans les îles grecques, en été, _____ chaud, mais _____ toujours du vent.

4. C'est l'heure du journal télévisé : _____ huit heures.

5. C'est le premier jour du printemps : _____ pleut mais _____ très doux.

4 Répondez aux questions (exercice libre).

1. – Quelle heure est-il ? _____

2. – Quelle heure est-il à New York ? _____

3. – Quel temps fait-il ? _____

4. – Nous sommes en quelle saison ? _____

5. – Nous sommes en quelle année ? _____

6. – Il fait froid ou il fait chaud, dans votre pays, en janvier ? _____

7. – Il fait froid au Brésil en février ? _____

8. – En août, dans votre pays, quel temps fait-il ? _____

9. – Quelle est la température de la salle ? _____

15 LES INDÉFINIS

J'ai **tous** les disques des Beatles. Je connais **toutes** leurs chansons. **Quelques-unes** sont fantastiques.

L'ADJECTIF INDÉFINI est suivi d'un nom :

■ « **Quelques** », « **plusieurs** », « **certain(e)s** », « **différent(e)s** » sont toujours au pluriel :

quelques exercices
plusieurs possibilités
certaines difficultés
différentes solutions

■ « **Chaque** » est toujours au singulier :

Chaque jour est nouveau.

■ « **Tout** », « toute », « tous », « toutes » s'accordent avec le nom qui suit :

Tout le texte est clair.   *Tous les textes sont clairs.*
Toute la page est claire.   *Toutes les pages sont claires.*

• « **Tous** » et « **toutes** » suivis d'une expression de temps signifient « chaque » :

tous les jours (= chaque jour)   *toutes les nuits* (= chaque nuit)

 • Dites :   Ne dites pas :

tous les deux jours   ~~chaque deuxième jour~~

LE PRONOM INDÉFINI s'utilise quand le nom n'est pas mentionné :

■ « **Quelque-un(e)s** », « **plusieurs** », « **certain(e)s** » sont pluriel, « **chacun(e)** » est singulier :

*Voilà vos photos : **quelques-unes** sont réussies, **plusieurs** sont ratées, **certaines** sont originales. **Chacune** coûte deux francs.*

■ « **Tout** » renvoie à des **choses** :

Tout est prêt.

♪ • On prononce le « s » du pronom « tous », mais pas le « s » de l'adjectif :

*Tou$ les étudiants sont là. Ils sont tou**s** là.*

1 **Complétez au choix par « quelques », « plusieurs », « différent(e)s » ou « certain(e)s ».**
J'ai encore *quelques* disques 33 tours.

1. Ma machine à écrire a _____ types d'écriture. - **2.** _____ parties du livre sont très complexes. - **3.** Je fais du tennis _____ fois par semaine. - **4.** La bibliothèque a _____ manuscrits du XVIᵉ siècle. - **5.** Dans _____ pays, il y a encore des régimes dictatoriaux. - **6.** _____ médicaments ont _____ contre-indications.

2 **Complétez par « quelques » ou « quelques-uns », « chaque » ou « chacun ».**
Nous avons *quelques* produits nouveaux. *Quelques-uns* sont révolutionnaires.

1. _____ produit est écologique. _____ a un label de qualité. - **2.** J'ai _____ pièces de monnaie anciennes. _____ sont de 1850. - **3.** Mes enfants ont _____ leur chambre. _____ chambre a un bureau. - **4.** Attendez ! _____ son tour ! _____ passager a un ticket avec un numéro ! - **5.** Il y a beaucoup de détails dans votre article. _____ est important. _____ explication est utile. - **6.** _____ passages du livre sont ennuyeux. _____ sont même illisibles.

3 **Complétez par « tout », « toute », « tous » ou « toutes ».**
Tous les documents et *toutes* les lettres sont sur votre bureau.

1. _____ vos idées et _____ vos propositions sont intéressantes. - **2.** J'ai lu _____ les livres de Balzac ! - **3.** Je suis _____ la journée à la bibliothèque. - **4.** Je suis _____ le temps très calme. - **5.** Vous êtes _____ les matins chez vous ? - **6.** Je passe une visite médicale _____ les deux ans. - **7.** Je suis abonné : j'ai le journal _____ les jours dans ma boîte aux lettres. - **8.** J'ai mal à la tête : je prends un cachet _____ les 2 heures. - **9.** _____ les vendredis après-midi, je suis chez le coiffeur. - **10.** _____ les employés ont une augmentation de salaire. _____ le monde est content.

4 **Répondez selon le modèle.**
– Tous les magasins sont fermés ? – *Ils sont tous fermés.*

1. – Tous les étudiants sont inscrits ? _____
2. – Tous nos clients sont satisfaits ? _____
3. – Tous vos produits sont recyclables ? _____
4. – Tous les documents sont dans l'armoire ? _____

5 **Faites des descriptions selon le modèle.**
Dans mon salon, il y a plusieurs tableaux : j'ai quelques lithographies…

1 Complétez le texte avec les mots manquants (avec élision si nécessaire).

1. Je m'appelle Roberto Bastos. Je _____ brésilien. Je _____ trente-quatre ans. Je _____ grand, brun, et je _____ les yeux noirs. Je _____ professeur de littérature. Je _____ marié et je _____ trois enfants. Ma femme _____ vingt-huit ans. Elle _____ dessinatrice publicitaire. _____ une artiste connue dans notre pays.

2. Ma femme et moi, nous _____ de Rio, mais actuellement, nous _____ Paris pour un an. Je _____ en congé sabbatique : les vacances à Paris, _____ merveilleux ! Nous _____ un petit appartement dans le quartier du Marais. Dans ce quartier, _____ beaucoup de choses intéressantes. À côté de _____ nous, _____ le musée Picasso. _____ un très beau musée.

3. Quand _____ beau, nous allons pique-niquer _____ la place des Vosges, _____ un banc, avec les pigeons (_____ des pigeons partout à Paris, _____ des pigeons très parisiens et très mondains…).

4. En ce moment, _____ midi à Paris et _____ huit heures à Rio. Nous sommes _____ février, _____ l'hiver. _____ France, _____ froid, mais _____ Brésil, _____ très chaud : _____ 35 ° en moyenne, dans la journée. Dans les rues de Rio, _____ beaucoup de monde : _____ le Carnaval.
La nuit, _____ les places, _____ des orchestres très populaires. _____ les Écoles de Samba. _____ les plages, _____ matin, _____ beaucoup de surfistes et de jeunes footballeurs.

2 Complétez le texte avec les éléments manquants (avec élision si nécessaire).

1. Mon anniversaire est le seize novembre et _____ , Paul ? Ah ! tu es taureau comme _____ mari : il est né _____ dix-huit mai. Il _____ trente ans comme toi.

2. Cette année, je fête mon anniversaire dans le Midi, en Provence. _____ souvent très beau en novembre : _____ l'été de la Saint-Martin.

3. Dans les vignes, _____ beaucoup de monde : _____ l'époque des vendanges. Mon oncle _____ agriculteur. _____ aussi apiculteur (_____ un très bon apiculteur : _____ miel est connu dans toute la région). Oh : comme je _____ envie de partir. Je _____ besoin de retrouver tout cela. Mais je n'ai pas _____ vacances avant le mois prochain…

1 **Écrivez les chiffres en lettres.**

1. La tour Eiffel date de la fin du (XIXᵉ) _____ siècle. Elle se com-

pose de (2,5 millions) _____ de rivets, assemblés par (300) _____

_____ monteurs acrobates, de (1887) _____

à (1889) _____ .

2. La tour Eiffel mesure (300) _____ mètres de hauteur. Avec l'antenne de télévision ins-

tallée en (1959) _____ , elle mesure (320,75) _____

mètres. La tour pèse plus de (7 000) _____ tonnes.

3. Le Pont-Neuf est le plus vieux pont de Paris : commencé au (XVIᵉ) _____

siècle, il a été achevé en (1604) _____ .

4. Au (XVIᵉ) _____ siècle, les Champs-Élysées sont encore des champs et des

marais. La reine Marie de Médicis y fait planter des arbres en (1616) _____

pour ses promenades royales. En (1709) _____ , on baptise cette

allée les « Champs-Élysées ».

2 **Complétez les phrases (avec élision si nécessaire).**

1. Christian _____ pédiatre : _____ très bon médecin et _____ très doux avec

les enfants.

2. Je _____ enrhumée : je _____ froid, _____ de la fièvre et je _____

mal à la tête.

3. En général, les musées sont fermés _____ mardi, mais aujourd'hui, exceptionnellement,

_____ ouverts.

4. Regarde : il y a Buster Keaton _____ télévision. Il est magnifique avec _____ grands

yeux tristes : _____ un très grand acteur.

5. Je téléphone souvent à _____ mère, _____ deux jours environ.

6. J'adore _____ veste, là, dans la vitrine. – Moi, je préfère _____, mais _____

est très chère !

7. Regarde _____ oiseau dans _____ cage, _____ vraiment magnifique !

8. Je suis _____ restaurant, à côté _____ cinéma Le Rex, avec _____ cousine.

9. _____ grand-père _____ soixante-dix ans. _____ un peintre très connu.

10. J'ai beaucoup _____ amis _____ France.

16

LES VERBES en « -ER » au PRÉSENT

Je	dîn-**e**	tôt.
Tu	dîn-**es**	tard.
Il Elle On	dîn-**e**	à neuf heures.
Nous	dîn-**ons**	au restaurant.
Vous	dîn-**ez**	chez Pierre.
Ils Elles	dîn-**ent**	à dix heures.

Les verbes en « -er » sont très nombreux en français. (La plupart des verbes « récents » appartiennent à ce groupe : *téléphoner, faxer, photocopier*, etc.)

CONJUGAISON

- La conjugaison des verbes du premier groupe est très régulière. Elle se forme à partir d'un seul **radical** : l'infinitif, sans « -er » :

  Dîn-er :   *je **dîn**-e*   *vous **dîn**-ez*
  Parl-er :   *je **parl**-e*   *vous **parl**-ez*

PRONONCIATION

♪
- Pour toutes les personnes, sauf « nous » et « vous », la finale est muette et on prononce seulement le radical :

  *Je **parl**-é*   *Tu **parl**-es*   *Il **parl**-é*   *Ils **parl**-ent*

♪
- Pour « nous » et « vous », la finale est sonore :

  *Nous **parl**-ons*   *Vous **parl**-ez*.

⚠
- Attention à ne pas oublier le « i » des verbes qui se terminent par « ier » :

  Étudi-er : ***j'étudi**-e*   **Appréci**-er : ***j'appréci**-e*

♪
- « Je » devient « j' » devant une voyelle ou un « h » muet :

  ***J'**arrive*   ***J'**habite*

EXERCICES

1 **Répondez personnellement aux questions selon le modèle.**

– Vous parlez français ? anglais ? espagnol ? grec ?

– *Je parle allemand.*

1. – En général, vous déjeunez à midi, à une heure, à deux heures ?

– _____

2. – En général, vous dînez à sept heures et demie, à huit heures, à neuf heures ?

– _____

3. – Vous habitez à Paris, à Londres, à Amsterdam ?

– _____

4. – Vous habitez dans le centre, en banlieue, à la campagne ?

– _____

5. – Vous étudiez le français seul ou avec un professeur ?

– _____

2 **Posez les questions selon le módèle.**

En général, je marche beaucoup, et vous, *vous marchez beaucoup ?*

1. En général, je commence le travail à 9 heures, et vous, _____

2. Normalement, je termine à 18 heures, et vous, _____

3. En général, je dîne pendant le journal télévisé, et vous, _____

4. D'habitude, je mange très légèrement le soir, et vous, _____

5. En général, je regarde la télévision après le dîner, et vous, _____

3 **Complétez le dialogue à la forme affirmative, puis négative.**

– Paul travaille avec Annie ?

– Oui, il *travaille avec Annie.*

– *Non, il ne travaille pas avec Annie.*

1. – Les enfants dînent avec nous, ce soir ?

– Oui, ils _____

– _____

2. – Votre mari rentre tôt du travail ?

– Oui, il _____

– _____

3. – Paule habite loin d'ici ?

– Oui, elle _____

– _____

4. – Vous restez ici ce week-end ?

– Oui, nous _____

– _____

5. – Vos filles passent les vacances avec vous ?

– Oui, elles _____

– _____

LES VERBES en « -ER » : ÉCRIT et PRONONCIATION

> Je jette tout et je recommence à zéro.
> Nous jetons tout et nous recommençons à zéro.

■ **À L'ÉCRIT,** les finales muettes varient même si la prononciation est identique :

– Je parle mal français. – Et toi, tu parles bien ?
– Je parle assez bien, mais mes parents parlent très bien.

● Quand un radical se termine par « g » ou « c », il s'écrit « **-ge** » ou « **-ç** » devant « **-o** » :

Voya**g**-er : *Nous voya**ge**ons*
Commen**c**-er : *Nous commen**ç**ons*

■ **LA PRONONCIATION** et **L'ÉCRIT** peuvent varier selon les **finales** :

Infinitif	Finales sonores (« nous », « vous »)	Finales muettes (« je », « tu », « il(s) », « elle(s) »)	
Ache**t**er	*Vous achetez*	*J'achète*	
Le**v**er	*Nous levons*	*Elle lève*	(accent grave)
Pré**f**érer	*Vous préférez*	*Il préfère*	
Esp**é**rer	*Nous espérons*	*Elle espère*	
Appe**l**er	*Vous appelez*	*J'appelle*	(consonne double)
Je**t**er	*Nous jetons*	*Je jette*	
Envo**y**er	*Vous envoyez*	*J'envoie*	(y → i)
Essu**y**er	*Nous essuyons*	*J'essuie*	
Verbes en « **-ayer** »	*Nous payons* / *Vous essayez*	*Je paie/Je paye* / *J'essaie/J'essaye*	(deux formes possibles)

E X E R C I C E S

1 Complétez avec les terminaisons manquantes.

Nous dans*ons*.

1. Vous fum _____ ? - **2.** Elles travaill _____ . - **3.** Ils bavard _____ . - **4.** Tu pleur _____ ? - **5.** Elles étud _____ . - **6.** Nous écout _____ . - **7.** Je chant _____ . - **8.** Tu dessin _____ . - **9.** Elle regard _____ .

2 Mettez le texte au pluriel.

Mon fils aime beaucoup la musique. Il achète deux à trois disques par semaine. Il mange et il travaille avec la radio allumée. Il chante des airs d'opéra sous la douche et il joue du rock dans le garage.

Mes enfants aiment beaucoup la musique. _____

_____

_____

_____

3 Remplacez « je » par « nous », et « nous » par « je ».

Je commence un roman. Je change d'adresse. J'espère avoir du succès.

Nous *commençons un roman. Nous changeons d'adresse. Nous espérons avoir du succès.*

1. Je partage un appartement. Je nettoie la cuisine. Je jette les vieux papiers.

Nous _____

2. Nous rejetons ces propositions. Nous suggérons des modifications. Nous appelons un juriste.

Je _____

3. Je dirige une entreprise. J'engage des employés. Je place de l'argent.

Nous _____

4. Nous essayons un nouvel ordinateur. Nous changeons notre matériel. Nous payons par chèque.

Je _____

5. Nous voyageons. Nous emmenons des amis. Nous envoyons des cartes postales.

Je _____

4 Complétez le texte avec les verbes manquants.

1. Je parle seulement français, mais mes enfants _____ français, anglais et italien. - **2.** Vous commencez le travail à 9 heures, mais nous, nous _____ à 7 h 30 ! - **3.** Nous achetons souvent des roses et vous, vous _____ parfois des fleurs ? - **4.** Ma cousine et moi, nous avons le même prénom, nous nous _____ « Éléonore » toutes les deux. - **5.** Mon père change de voiture chaque année, mais nous, nous _____ de voiture tous les cinq ans.

E X E R C I C E S

1 **Répondez aux questions selon le modèle.**

– Vous travaillez le samedi, en ce moment, Annette ?

– Oui, *en ce moment, je travaille le samedi.*

1. – Vous aimez la cuisine chinoise, François ? – Oui, _____

2. – Vous cherchez un appartement dans le centre, Julie ? – Oui, _____

3. – Vous restez deux mois à Paris, Roger ? – Oui, _____

4. – Vous jouez aux échecs, Antoine ? – Oui, _____

5. – Vous fumez beaucoup, Jacqueline ? – Oui, _____

6. – Vous étudiez le chinois, John ? – Oui, _____

7. – Vous parlez italien, Christine ? – Oui, _____

8. – Vous copiez tous vos dossiers sur disquette, Marie ? – Oui, _____

2 **Mettez les terminaisons manquantes.**

1. Je regard _____ rarement la télévision : je préf _____ écouter la radio.

2. Mes enfants ador _____ jouer au tennis et parfois ils jou _____ tout le weed-end.

3. Tu travaill _____ beaucoup trop et tu ne mang _____ pas assez.

4. Les voisins parl _____ fort et se disput _____ souvent.

5. À midi, nous mang _____ souvent à la cantine et nous bavard_____ entre amis.

6. Mon mari fum _____ le cigare, et moi, je fum _____ des cigarillos.

7. Tu cherch _____ un appartement ? Tu regard_____ les petites annonces ?

8. J'invit _____ des amis français et ils me corrig _____ quand je prononc _____ mal.

9. Vous pass _____ vos vacances à Moscou ou vous rest _____ à Paris ?

10. Nous étud _____ la règle et nous recommen _____ les exercices.

3 **Répondez librement aux questions selon le modèle.**

– Où déjeunez-vous en général ? – *En général, je déjeune à la cafétéria.*

1. – Où habitez-vous, actuellement ? – _____

2. – Quelle langue parlez-vous, habituellement ? – _____

3. – En général, où dînez-vous, le soir ? – _____

4. – Où passez-vous les vacances, d'habitude ? – _____

5. – Quel journal achetez-vous, normalement ? – _____

6. – En ce moment, vous travaillez ou vous étudiez ? – _____

7. – Vous payez le loyer en liquide ou par chèque ? – _____

8. – Vous gardez ou vous jetez les vieux journaux ? – _____

E X E R C I C E S

1 Complétez les phrases avec les verbes manquants.

1. Je joue mal aux échecs, mais toi, tu _____ bien ! - **2.** Mon mari travaille dans le centre, mais moi je _____ en banlieue. - **3.** Ma mère cuisine très bien, et vous, vous _____ ? - **4.** Mes amis apprécient le calme de la campagne mais moi, _____ l'animation de la ville. - **5.** Vous étudiez le français, mon fils _____ le chinois.

2 Complétez le texte avec les verbes ci-dessous (avec l'élision si nécessaire).

dîner   écouter   téléphoner   regarder   jouer
rentrer   préférer   préparer   aimer   enlever

Le soir, quand je *rentre* à la maison, je _____ mon manteau et mes chaussures et je _____ mon répondeur téléphonique. Ensuite, je _____ à un ou deux amis, puis je _____ quelque chose pour le dîner. Mon mari et mes enfants _____ manger des pâtes, moi, je _____ la soupe. Nous _____ rapidement dans la cuisine, puis nous _____ la télévision quand il y a quelque chose d'intéressant ou nous _____ au scrabble en famille.

3 Répondez aux questions selon le modèle.

Pharmacie   (9 h 15 - 20 h)   Bus   (6 h 05 - 23 h 55)   Séance   (20 h 15)
Film   (20 h 35 - 22 h 15)   Musée   (10 h - 19 h 45)

– La pharmacie ouvre à huit heures ? – *Non, elle ouvre à neuf heures et quart.*

1. – La pharmacie ferme à sept heures ? – _____

2. – Le premier bus passe à cinq heures ? – _____

3. – La séance commence à quelle heure ? – _____

4. – Le film se termine à quelle heure ? – _____

5. – Le musée ferme à quelle heure ? – _____

4 Commentez ce sondage (Sofres) sur les préférences alimentaires des Français en écrivant les pourcentages.

	Gigot	Steak au poivre	Bœuf bourguignon	Cassoulet
Hommes	41 %	27 %	31 %	23 %
	Gigot	Sole	Turbot	Pot-au-feu
Femmes	45 %	31 %	28 %	22 %

Quarante et un pour cent des hommes aiment le gigot. _____

_____

_____

_____

_____

17 LE TEMPS (2)

LA DURÉE AU PRÉSENT

> Je travaille **depuis** 1982.   Je suis à Paris **pour** trois mois.

■ **« DEPUIS »** indique l'origine d'une action ou d'une situation toujours actuelle :

Je suis professeur | *depuis 1981.*   (avec une date
                     | *depuis 15 ans.* ou une durée)

- En début de phrase, on utilise « **il y a ... que** »/« **ça fait ... que** » + durée chiffrée :

Il y a deux heures que je suis là.
Ça fait deux heures que je suis là.

■ **« POUR »** indique une durée **prévue** :

Je suis en stage pour trois ans.
J'ai un traitement pour six mois.

PASSÉ	PRÉSENT	FUTUR
« Depuis »	*« Pour »*	
Je suis à Paris depuis deux mois.	*Je suis à Paris pour six mois.*	

■ **« PENDANT »** indique la **durée** d'une action.

Le matin, je me brosse les cheveux pendant cinq minutes.

- « Pendant » + durée chiffrée n'est pas obligatoire, sauf en début de phrase :

Je dors huit heures, je travaille dix heures, je fais deux heures de sport.
Pendant deux heures, je ne pense à rien, je fais du sport.

■ **« EN »** indique une durée de **réalisation** :

Je fais six kilomètres en une heure.
En général, je déjeune en dix minutes.

(Voir aussi p. 188.)

1 Répondez personnellement aux questions.

– Vous êtes en France depuis un mois ? six mois ? un an ?

– *Je suis en France depuis trois mois.*

1. – Vous êtes au lycée (à l'université) depuis 1989 ? 1993 ? 1995 ?

– _____

2. – Vous êtes à la même adresse depuis dix ans, cinq ans, trois ans ?

– _____

3. – Vous êtes dans cette salle depuis dix minutes ? deux heures ? une demi-heure ?

– _____

4. – Vous avez ce livre depuis combien de temps ?

– _____

2 Faites des phrases selon le modèle.

ONU (1945)   Espèce humaine (2 millions d'années)   La Banque mondiale (1944)
Le globe terrestre (4 milliards d'années)   Le tunnel sous la Manche (1994)

L'ONU existe depuis mille neuf cent quarante-cinq. _____

_____

3 Refaites les deux exercices précédents en utilisant « ça fait … que » ou « il y a … que » (quand c'est possible).

Ça fait trois mois que je suis en France. _____

4 Complétez les phrases avec « depuis », « pour », « pendant » ou « en » (si nécessaire).

Ma mère cuisine *(pendant)* cinq ou six heures et elle fait à manger *pour* trois jours.

1. _____ deux heures, tous les matins, j'étudie le français. - **2.** Mon mari ne fume plus _____ trois semaines, c'est un record ! - **3.** Mon fils travaille comme serveur _____ huit jours et il est déjà fatigué. - **4.** Certains enfants regardent la télévision _____ deux à trois heures par jour ! - **5.** Nous n'avons pas de chance : _____ notre arrivée, il pleut sans interruption. - **6.** Cette promotion est valable _____ les deux mois à venir. - **7.** Si vous louez une voiture _____ plus de dix jours, vous avez un tarif spécial.

5 Faites des phrases en utilisant les expressions de temps étudiées.

trois exercices (5 minutes)   de la gymnastique (2 heures)   du rock acrobatique (1993)

Je fais _____

_____

18 L'ADVERBE

L'ADVERBE et L'ADJECTIF

> Il comprend **vite** et il parle **bien**. Il travaille **beaucoup**.

■ En général, l'adjectif accompagne le nom ou le verbe « être » et l'adverbe accompagne les autres verbes, les adjectifs ou les adverbes.

- « **Rapide** » (≠ « **lent** ») est un adjectif :

  *C'est un train **rapide**.*
  *Ces trains sont **lents**.*

- « **Vite** » (≠ « **lentement** ») est un adverbe :

  *Il roule **vite**.*
  *Ils roulent **lentement**.*

- « **Bon** » (≠ « **mauvais** ») est un adjectif :

  *Alain est un **bon** acteur.*
  *Lili est une **mauvaise** actrice.*

- « **Bien** » (≠ « **mal** ») est un adverbe :

  *Il joue **bien**.*
  *Elle joue **mal**.*

 • « C'est bon » : goût et sensation **physique** et « c'est bien » : tout le reste :

C'est bon, | *le chocolat.*
             | *le soleil.*

C'est bien, | *le cinéma.*
              | *le français.*

- **Autres sens :**

  – *Vous pouvez venir demain?* — Oui, **c'est bon**. (= ça va)
  – *Le Louvre est fermé aujourd'hui.* — **Ah bon !** (= surprise)
  – *Ça fait **bien** trente francs ?* — Oui, c'est **bien** ça ! (= confirmation)

- « **Beaucoup** » (adverbe) accompagne un verbe :

  *Il parle **beaucoup**.*
  *J'aime **beaucoup** Pierre.*

- « **Très** » (adverbe) accompagne un adjectif ou un adverbe :

  *Il est **très** bavard.*
  *Il parle **très** vite.*

 • « Beaucoup » et « très » sont incompatibles.

Dites :   – *Il dort beaucoup.*
Ne dites pas : – *Il dort t̶r̶è̶s̶ beaucoup.*

- « Très » s'utilise avec « avoir peur », « avoir froid », etc. (voir p. 46).

  Dites :   – *J'ai très froid.*
  Ne dites pas : – *J'ai b̶e̶a̶u̶c̶o̶u̶p̶ froid.*

- Les adverbes « beaucoup » et « bien » atténuent la valeur du verbe « aimer » :

  *J'aime **bien** Marie.*   *J'aime **beaucoup** Marie.*   *J'aime Marie.*
  (sympathie)   (amitié)   (amour)

1 **Répondez en utilisant « vite », « rapide », « lent » ou « lentement ».**

Le service dans ce restaurant n'est pas très *rapide.*

1. Ce journaliste parle trop _____, je ne le comprends pas. - **2.** Dans une partie de Ping-Pong, les joueurs sont très _____. - **3.** Il est interdit de conduire _____ dans les villes. - **4.** Épelez _____ votre nom, je vais le noter. - **5.** Parfois il est plus _____ de prendre le train que l'avion. - **6.** Les trains de campagne sont très _____.

2 **Complétez le texte avec « bon », « mauvais », « bien » ou « mal ».**

Votre idée de transformer mon studio en deux pièces est une *bonne* idée.

1. J'ai envie d'aller voir un _____ film et de dîner dans un _____ restaurant. - **2.** Ne mélangez pas le vin rouge et le vin blanc : c'est _____ pour l'estomac. - **3.** Mettez le basilic dans un bocal au frigo : c'est un _____ truc pour le conserver. - **4.** Je vous félicite pour vos _____ résultats, continuez, c'est _____ ! - **5.** Sébastien danse _____ : attention à vos pieds, Mademoiselle ! - **6.** Gérard est un _____ ami, mais il a _____ caractère.

3 **Complétez les phrases avec « beaucoup » ou « très » (si nécessaire).**

Dans les Alpes, en hiver, il fait *très* froid en altitude.

1. Le matin, je mange _____ peu, mais je bois _____ beaucoup de lait. - **2.** Gérard Depardieu est un acteur _____ populaire et _____ sympathique. - **3.** Marc est _____ enrhumé et il tousse _____ beaucoup. - **4.** La nuit, je rêve _____ et le matin, je suis _____ fatiguée ! - **5.** Le TGV roule _____ vite et c'est un train _____ confortable. - **6.** Il fait _____ chaud et j'ai _____ soif. - **7.** À Paris, les gens sont toujours _____ pressés et _____ tendus.

4 **Complétez la lettre avec « bon », « bien », « mal », « vite », « lent » et « lentement ».**

Chers parents,   Capri, le 15.05.95

Je vais _____ et je m'amuse _____. Giorgio a plein de _____ copains et de _____ idées ! On fait des concours de vélo et de natation : Giorgio nage _____ mais je suis plus _____ à vélo (on chronomètre !). La mère de Giorgio est napolitaine : elle parle très _____ et je ne comprends presque rien de ce qu'elle dit. Mais elle est gentille et elle cuisine _____ : la cuisine italienne, c'est _____ ! J'apprends l'italien mais je ne suis pas doué, mes progrès sont _____, j'apprends _____ et je parle très _____. Ce n'est pas grave, tout le reste va _____. Je termine _____ ma lettre parce qu'il y a un match à la télé.

                                                              Grosses bises, Loulou.

> Je mange **rarement** chez moi. Je dîne **souvent dehors**.

LES ADVERBES EN « -MENT »

■ Un grand nombre d'adverbes se terminent par « **-ment** ».

- En général, on les forme à partir du **féminin** des adjectifs :

lent	*lente*	***lente**ment*
doux	*douce*	***douce**ment*
heureux	*heureuse*	***heureuse**ment*
sec	*sèche*	***sèche**ment*

Mais : *gentil* → *gentiment*

- Quand l'adjectif masculin se termine par une **voyelle**, on ajoute « **-ment** » :

poli	***poli**ment*
absolu	***absolu**ment*
modéré	***modéré**ment*
vrai	***vrai**ment*

Mais : *gai* → *gaiement*

- Quand l'adjectif masculin se termine par « **-ent** » ou « **-ant** », l'adverbe se termine par « **-emment** » ou « **-amment** ».

récent	*réc**emment***
fréquent	*fréqu**emment***
suffisant	*suffis**amment***

♪ On prononce : a-ment

■ **Cas particuliers :**

précis	*préci**s**ément*
profond	*profond**é**ment*
énorme	*énorm**é**ment*

DES ADVERBES de TEMPS et de LIEU

*Je travaille **toujours** le samedi.*
*Je regarde **souvent** la télévision.*

*J'achète **quelquefois** des magazines.*

*Je ne travaille **jamais** le samedi.*
*Je regarde **rarement** la télévision.*

*Je mange **de temps en temps** au restaurant.*

*Il fait chaud **dedans**, mais **dehors** il fait froid.*

*– Paul est **ici** ? – Oui, il est **là**.*

1 Transformez les adjectifs en adverbes, selon le modèle.

Doux → *doucement*

Chaud _____	Long _____	Poli _____	Léger _____	Fou _____
Sec _____	Sincère _____	Pauvre _____	Passif _____	Absolu _____
Rare _____	Vrai _____	Discret _____	Tranquille _____	Méchant _____
Régulier _____	Mou _____	Franc _____	Secret _____	Récent _____
Gentil _____	Énorme _____	Simple _____	Fréquent _____	Rapide _____

2 Complétez les phrases selon le modèle.

Ce camion est très lent. Il roule *lentement.*

1. Cet enfant est tranquille. Il joue _____

2. Cet élève est attentif. Il écoute _____

3. Cette femme est patiente. Elle attend _____

4. Ce garçon est très sérieux. Il travaille _____

5. Ce chauffeur est prudent. Il conduit _____

3 Transformez les phrases selon le modèle.

Roulez avec prudence. *Roulez prudemment.*

1. Parlez avec franchise. _____

2. Agissez avec discrétion. _____

3. Répondez avec fermeté. _____

4. Parlez-lui avec gentillesse. _____

4 Répondez librement aux questions.

tôt, tard, souvent, rarement, de temps en temps, quelquefois

– Vous dînez tard le soir ? – *Non, je dîne tôt. (Oui, je dîne tard.)*

1. – Vous dansez souvent ? – _____

2. – Vous regardez souvent la télévision ? – _____

3. – Vous parlez de temps en temps français ? – _____

4. – Vous regardez parfois la BBC ? – _____

5 Faites des phrases avec les adverbes suivants :

rarement, rapidement, fréquemment, vite, beaucoup, bien.

19

L'EXPRESSION
de LA QUANTITÉ

LES QUANTITÉS INDÉTERMINÉES

Je mange **du** poisson avec **de la** salade et **des** légumes.

■ LES PARTITIFS

- Pour désigner une **partie indéterminée** d'un ensemble on utilise « **de** » +
article défini, c'est-à-dire un « partitif » :

J'achète
de la	viande.
de l'	huile.
du	poisson. (de + le → « du »)
des	légumes. (de + les → « des »)

- L'article défini désigne un ensemble, une totalité, le partitif désigne **une
partie** de l'ensemble.

Le lait est bon pour la santé.
*Je bois **du** lait.*

 Dites :   Ne dites pas :

*Le matin, je bois **du** thé.*   *Le matin, je bois ~~le~~ thé.*
*À midi, je mange **des** pâtes.*   *À midi, je mange ~~les~~ pâtes.*

- Le partitif s'utilise devant tous les noms qui indiquent une quantité globale
non comptable :

*En Afrique du Sud, il y a **du** pétrole, **de l'**or et **des** diamants.*
*Dans la rue, il y a **des** gens, **du** bruit et **de la** musique.*
*Quand j'ai **de la** fièvre, je bois **de l'**eau.*

- « Des » peut être un article indéfini (pl. de « un ») ou un partitif (« de » + « les ») :

*Il y a **des** bananes dans le frigo.*   (deux, trois…)
*Il y a **des** rillettes dans le frigo.*   (« de » + « les » rillettes)

♪ - « De » se contracte avec « le » et « les » mais pas avec « la » et « l' » :

*Je mange **de la** salade avec **de l'**huile, **du** vinaigre et **des** épices.*
~~de le~~   ~~de les~~

1 **Complétez le texte avec les partitifs manquants.**

Je mange *de la* viande avec *de la* salade.

Le matin, je mange _____ pain avec _____ beurre et _____ confiture. Mon mari boit _____ café et

mange _____ fromage ! Ma fille mange seulement _____ biscuits. À midi, nous mangeons _____

poisson ou _____ viande avec _____ légumes et _____ fruits. Je bois _____ vin, mon mari

boit _____ eau et ma fille boit _____ Coca. Le soir, nous mangeons _____ riz, _____ pâtes ou

_____ soupe. Ma fille mange _____ frites avec _____ ketchup, ou _____ crêpes avec

_____ chocolat et _____ bananes. D'après elle, il y a _____ magnésium dans le chocolat, _____ cal-

cium dans les crêpes et _____ potassium dans les bananes : ça donne _____ force et _____

tonus (mais aussi _____ kilos !).

2 **Faites des phrases selon le modèle.**

MENU

Entrées : Potage

Salade mixte

Poireaux vinaigrette

– Qu'est-ce que vous avez comme entrées ?
– *Nous avons du potage, de la salade*
et des poireaux vinaigrette.

Viandes : Steak tartare _____

Faux-filet grillé _____

Poulet basquaise _____

Poissons : Sole meunière _____

Morue à la provençale _____

Filets de daurade _____

Desserts : Tarte aux pommes _____

Crème caramel _____

Salade de fruits _____

3 **Décrivez les ressources agricoles des pays, selon le modèle.**

France : blé, orge, raisins... Brésil : sucre, café, maïs, bananes... Grèce : raisins, olives, tabac...
Japon : riz, sucre, mandarines... Togo : manioc, coton, cacao.

En France, il y a du blé. _____

_____

_____

_____

LES QUANTITÉS « DÉTERMINÉES »

> Je mange beaucoup **de** viande. Je bois un peu **de** vin.
> Je ne mange pas **de** gâteaux. Je ne bois jamais **de** café.

■ « **De** » remplace les partitifs avec des expressions de quantité :

*Je mange **cent grammes de** viande.*
*Je bois **beaucoup de** café.*
*J'achète **deux bouquets de** fleurs.*

⚠ Dites :   Ne dites pas :

Il a beaucoup d'amis.   *Il a beaucoup ~~des~~ amis.*

LA NÉGATION

■ « **De** » remplace les partitifs avec une négation :

*Je ne mange **pas de** fromage.*
*Je ne bois **jamais de** thé.*
*Il n'y a **plus de** vin.*

• Mais on utilise toujours le partitif avec une opposition :

*– C'est **du** miel ? – Non, ce n'est **pas du** miel, c'est **de la** confiture.*

RÉSUMÉ

Il y a	*de la* viande ? *du* café ? *des* pommes ?		Quantité non déterminée
Il y a	*un kilo* *une tasse* *beaucoup*	*de* viande. *de* café. *de* pommes.	Quantité déterminée ou négation
Il n'y a pas		*de* viande. *de* café. *de* pommes.	

E X E R C I C E S

1 Complétez les phrases avec les partitifs manquants.

1. Le panaché, c'est *de la* bière avec un peu _____ limonade. Le café liégois, c'est _____ café avec _____ glace au café et un peu _____ chantilly. La moresque, c'est _____ pastis avec un peu _____ sirop d'orgeat et beaucoup _____ eau.

2. Dans la soupe au pistou, il y a un demi-kilo _____ courgettes, quatre cents grammes _____ haricots verts, trois cents grammes _____ haricots blancs et rouges, 200 grammes _____ carottes, six cuillerées _____ huile d'olive, _____ sel, _____ poivre, _____ basilic et quatre gousses _____ ail ; dans ma recette, il n'y a pas _____ pommes de terre.

3. Dans la pizza « Quatre Saisons », il y a _____ jambon, _____ sauce tomate, _____ champignons et _____ fromage ; dans la « Marinara », il y a seulement _____ sauce tomate et _____ ail, il n'y a pas _____ jambon.

2 Répondez aux questions selon le modèle.

SANDWICHS
« Fermier » :
Jambon, cornichons, beurre
« Chef » :
Rosbif, carottes, mayonnaise
« Mixte » :
Salade, tomates, jambon, beurre

SALADES
« Niçoise » :
Tomates, olives, thon, huile d'olive
« Frisée » :
Salade frisée, lardons, croûtons, vinaigrette
« Indienne » :
Poulet, maïs, soja, tomates

– Qu'est-ce qu'il y a dans la salade « Frisée » ?
– *Il y a de la salade frisée, des lardons et des croûtons.*

1. – Est-ce qu'il y a du fromage dans la « Frisée » ? _____

2. – Qu'est-ce qu'il y a dans la salade « Niçoise » ? _____

3. – Est-ce qu'il y a du beurre dans le « Fermier » ? _____

4. – Il y a de la mayonnaise dans le sandwich « Mixte » ? _____

5. – Qu'est-ce qu'il y a dans le « Chef » ? _____

6. – Il y a du vinaigre dans l'« Indienne » ? _____

3 Dites ce que vous mangez dans la journée et en quelle quantité.

_____

_____

_____

_____

20

LE PRONOM « EN »

> – Vous mangez du fromage ?   – Oui, j'**en** mange beaucoup.
> – Vous avez des enfants ?   – Oui, j'en **ai trois.**

« **EN** » remplace les noms précédés de la préposition « **de** ».

■ On utilise « **en** » pour les quantités indéterminées (+ partitif) :

> – *Vous buvez du café ?*   – *Oui, j'**en** bois.*
> – *Vous mangez de la salade ?*   – *Oui, j'**en** mange.*

• Quand la quantité est précisée, elle est **ajoutée** en fin de phrase :

> – *Vous avez des enfants ?*   – *Oui, j'**en** ai **deux.***
> – *Il y a trente étudiants ?*   – *Oui, il y **en** a **trente.***
> – *Il y a assez de pain ?*   – *Oui, il y **en** a **assez.***

• À la question : – *Vous avez un stylo ?*
Répondez :   – *Oui, j'en ai un.*   Ne répondez pas : – *Oui, j'ai̶ ̶u̶n̶.*

■ On utilise « **en** » avec les verbes qui se construisent avec « **de** » :

> – *Il parle **de** son travail ?*   – *Oui, il **en** parle souvent.*
> – *Ils s'occupent **de** ce projet ?* – *Oui, ils s'**en** occupent.*
> – *Elle revient **de** la piscine ?* – *Oui, elle **en** revient.*

■ Pour les noms de personnes, on utilise « de » suivi d'un pronom tonique (voir p. 130) :

> – *Vous parlez de votre père ?*   – *Oui, je parle de lui.*

LA NÉGATION

• La négation se place **avant et après** le bloc formé par les pronoms et les verbes :

> *Vous **n**'en achetez **pas** ?*   *Il **n**'y en a **plus.***

• Expressions idiomatiques avec « en » :

> *Au revoir : **je m'en vais.***
> *Je ne supporte plus cette situation,* | ***j'en ai assez** !*
> | ***j'en ai marre** !* (français familier)
>
> *Je suis fatigué, **je n'en peux plus.***
> *Je ne lui pardonne pas : **je lui en veux.***
> *Tout cela n'est pas grave, **ne vous en faites pas.***

1 Répondez aux questions selon le modèle.

– Vous mangez souvent de la viande ? – *Oui, j'en mange souvent.*

1. – Vous mangez du pain à tous les repas ? _Oui, j'en mange à tous les repas._
2. – Vous achetez quelquefois du pain complet ? _Oui, j'en achete quelquefois._
3. – Vous avez beaucoup de livres de grammaire ? _Oui, j'en ai beaucoup_
4. – Vous parlez souvent de votre travail ? _Oui, je j'en parle souvent_
5. – Vous parlez quelquefois de votre passé ? _Oui, j'en parle quelquefois._

2 Répondez aux questions.

– Vous avez quatre enfants ? – Oui, *j'en ai quatre.*

1. – Votre mari a neuf sœurs ? – Oui, _il en a neuf._
2. – Vous avez beaucoup de neveux et nièces ? – Oui, _j'en ai beaucoup._
3. – Est-ce que les enfants parlent souvent de leurs cousins ? – Oui, _Oui, ils en parlent souvent._
4. – Est-ce que vous achetez beaucoup de cadeaux ? – Oui, _j'en achete beaucoup._
5. – Est-ce que vous racontez parfois des histoires ? – Oui, _j'en raconte parfois._
6. – Est-ce que vos enfants ont un chien ? – Oui, _ils en ont un._
7. – Il y a un parc près de votre immeuble ? – Oui, _il y en a près._
8. – Il y a beaucoup de jardins dans Paris ? – Oui, _il y en a beaucoup_

3 Répondez à la forme négative, selon le modèle.

– Vous avez un ordinateur ? – *Non, je n'en ai pas.*

1. – Paul parle de sa vie privée ? _Non, il n'en parle pas._
2. – Vos parents ont un jardin ? _Non, ils n'en ont pas._
3. – Votre fils mange du fromage ? _Non, ils n'en mange pas._
4. – Votre professeur a des lunettes ? _Non, il n'en a pas._
5. – Vous avez de la monnaie ? _Non, je n'en ai pas._
6. – Il y a une bouteille d'eau dans le frigo ? _Non, il n'y en a pas plus_
7. – Il y a une poste près d'ici ? _Non, il n'y en a pas._
8. – Les voisins ont des enfants ? _Non, ils n'en ont pas._

4 Posez la question et répondez selon le modèle.

| tomates (2) | beurre (un peu) | lait (0) | jambon (2 tranches) |
| yaourts (beaucoup) | viande (100 grammes) | œufs (0) | |

– *Est-ce qu'il y a des tomates dans le frigo ? – Oui, il y en a deux.*

Est-ce qu'il y a des beurre dans le frigo ? - Oui, il y en a peu.
Est-ce qu'il y a du lait dans le frigo ? Non, il n'y en a plus.
Est-ce qu'il y a des yaourts dans le frigo Oui, il y en a beaucoup.
Est-ce qu'il y a de la viande dans le frigo Oui, il y en a 100 grammes.
Est-ce qu'il y a des oeufs dans le frigo ? Non, il n'y en a pas

21

LA SITUATION
dans L'ESPACE (2)

Je passe mes vacances **en** Provence ou **en** Angleterre.
Je viens **de** Marseille. Mon mari vient **du** Devonshire.

LES RÉGIONS

■ « **EN** » ou « **DANS LE(S)** » indique, en général, la région ou l'État **où on se trouve** :

- « **En** » + nom **féminin** de région ou d'État :

en	Bretagne
	Bavière
	Californie

- « **Dans le** » + nom **masculin** de région ou d'État :

dans le	Cantal
	Wisconsin
	Devonshire

- « **Dans les** » + nom **pluriel** de région :

dans les	Alpes
	Abruzzes
	Andes

L'ORIGINE GÉOGRAPHIQUE : « DE » ou « DU »

- « **De** » + nom de **ville** :

Je viens **de**	Rome.
	Prague.
	Madrid.

- « **De** » + nom **féminin** : de pays, de région ou d'État

Je viens **de**	Belgique.
	Californie.
	Provence.

- « **Du** » + nom **masculin** de pays, de région ou d'État :

Je viens **du**	Maroc.
	Mexique.
	Poitou.

- On dit aussi :

le café **de** Colombie	le café **du** Brésil
les fruits **de** Provence	le fois gras **du** Périgord
l'ambassade **de** Russie	l'ambassade **du** Japon
la reine **d'**Angleterre	le roi **du** Maroc

♪ - « **De** » et « **du** » deviennent « **d'** » devant voyelle :
les ambassades **d'**Égypte et **d'**Iran

- On ne fait pas d'élision devant « h » aspiré :
les ambassades de / **H**ollande et de / **H**ongrie

1 Complétez avec « en », « dans le » ou « dans les ».

1. Beaucoup d'Anglais ont des résidences secondaires *en* Normandie ou _____ Dordogne, les Américains préfèrent s'installer _____ Bourgogne ou _____ Bretagne, les Belges, eux, vont _____ Provence, _____ Vaucluse ou _____ Bouches-du-Rhône.

2. Nous avons un châlet _____ Tyrol, et une petite maison _____ Abruzzes, _____ Italie.

3. Gene passe ses vacances _____ Mississippi et Peter _____ Ohio.

4. Les coureurs du Tour de France sont aujourd'hui _____ Cévennes, ils vont aller aussi _____ Alpes, _____ Massif Central et _____ Alsace.

5. Le Mont-Saint-Michel est _____ Bretagne ou _____ Normandie ?

2 Répondez selon le modèle.
 – Vos parents sont suédois ?
 – Oui, ils viennent *de Suède.*

1. – Panaït est roumain ? – Oui, il vient _____

2. – Votre cousin est espagnol ? – Oui, il vient _____

3. – Vos amis sont brésiliens ? – Oui, ils viennent ____

4. – Michael est australien ? – Oui, il vient _____

5. – Carole est canadienne ? – Oui, elle vient _____

3 Indiquez l'origine du produit.
 Poires (Provence)
 Ce sont des poires de Provence.

Café (Colombie) Morue (Portugal)

_____

Avocats (Israël)   Tomates (Maroc)

_____

Riz (Thaïlande)   Beurre (Normandie)

_____

4 Complétez le texte avec « du », « de », « d' » ou « des ».

1. Ma cousine vient *du* Maroc et son mari vient _____ Tunisie. - **2.** L'actuel directeur vient _____ Hollande et le chef du personnel vient _____ Espagne. - **3.** Notre société exploite le gaz _____ Norvège, _____ Nigeria et _____ Italie. - **4.** L'ambassade _____ Allemagne se trouve près du consulat _____ Brésil. - **5.** Les oranges _____ Maroc coûtent moins cher que les oranges _____ Espagne. - **6.** D'après moi, les mangues _____ Antilles et _____ Brésil sont les meilleures.

5 Complétez les phrases avec « du », « de », « d' », « à », « en » ou « au ».

1. Je cherche des tapis anciens *d'*Afganistan, _____ Chine et _____ Pakistan. - **2.** L'équipe _____ Hongrie doit rencontrer l'équipe _____ Zaïre dimanche. - **3.** Albert est un médecin anglais qui a soigné les Indiens _____ Amazonie, les Aborigènes _____ Australie et les Esquimaux _____ Groënland. - **4.** L'ambassadeur _____ États-Unis a rencontré l'ambassadeur _____ Russie _____ Helsinki _____ Finlande avant d'aller _____ Pékin, _____ Chine. - **5.** Les coureurs du Tour de France sont aujourd'hui _____ Angleterre, ils viennent _____ Portugal et ils vont aller _____ Belgique.

22

LE COMPARATIF
et LE SUPERLATIF

Paul est **plus** riche **que** Jean, mais il travaille **moins**.

LE COMPARATIF

- On place « **plus** », « **aussi** » ou « **moins** » devant un **adjectif** ou un **adverbe** et « **que** » devant le terme comparé :

   *Jean est **plus** rapide **que** Pierre.*   *Jean travaille **plus** vite **que** Pierre.*
   *Jean est **aussi** rapide **que** Paul.*   *Jean travaille **aussi** vite **que** Paul.*
   *Jean est **moins** rapide **que** Jim.*   *Jean travaille **moins** vite **que** Jim.*

- Avec un **verbe** et un **nom,** on utilise :

   Alain gagne $\left\{ \begin{array}{c} plus \\ \textbf{\textit{autant}} \\ moins \end{array} \right\}$ *que Jean.*   *Alain a* $\left\{ \begin{array}{c} plus \\ \textbf{\textit{autant}} \\ moins \end{array} \right\}$ ***d'**argent que Jean.*

- La deuxième partie de la comparaison peut être sous-entendue :

   *Paul travaille **moins,** mais il est **plus** riche (que Jean).*

⚠ - Dites :   *Jean est aussi dynamique que Pierre.*
   Ne dites pas :   *Jean est aussi dynamique comme Pierre.*

- Pour « comme », dites :

   *Elle est belle **comme** le jour.*
   ***Comme** toi, j'aime la neige.*

LE SUPERLATIF se forme en plaçant « **le** », « **la** » ou « **les** » devant le comparatif et « **de** » devant le groupe de comparaison (facultatif) :

   *Zoé est **la** plus grande **de** la classe.*
   *Marc est **le** moins grand (de la classe).*

- On utilise très souvent le superlatif avec « c'est » ... « qui » :

   ***C'est** Paul **qui** est le plus grand.*
   ***C'est** Annie **qui** écrit le mieux.*

♪ - On prononce le « **s** » de « **plus** » en fin de phrase et dans « **plus que** » :

   *C'est Jean qui gagne le plu**s**, mais il travaille plu**s** que les autres.*

E X E R C I C E S

1 Comparez aujourd'hui et autrefois en utilisant les comparatifs manquants.

(–) Aujourd'hui, les travaux ménagers sont *moins* durs *qu'*autrefois.

1. (+) Le niveau de vie est _plus_ élevé _que_ autrefois.

2. (–) Les aliments sont _moins_ naturels _qu'_ avant.

3. (+) Les femmes sont _plus_ indépendantes _qu'_ autrefois.

4. (–) Les voyages sont _moins_ dangereux _que_ dans le passé.

5. (–) La nature est _moins_ sauvage _qu'_ avant.

6. (=) L'être humain est _aussi_ mystérieux _qu'_ autrefois.

7. (+) Les informations circulent _plus_ vite _qu'_ au siècle dernier.

8. (+) Les gens vivent _plus_ longtemps _qu'_ avant.

9. (=) Les hommes se battent _aussi_ aveuglément _qu'_ autrefois.

2 Complétez le texte avec « aussi » ou « autant de ».

Les chiens ne sont pas *aussi* indépendants *que* les chats.

1. Philippe achète _autant de_ vêtements _que_ sa femme.

2. Il n'y a pas _autant de_ touristes _que_ l'année dernière.

3. Ma fille est _aussi_ grande _que_ moi.

4. Les Italiens ne mangent pas _autant de_ beurre _que_ les Français.

5. Souvent, au bar, l'eau coûte _aussi_ cher _que_ le vin !

3 Faites des phrases au comparatif puis au superlatif, selon le modèle.

	Salaire	Temps de travail
Marie	10 000 F/mois	35 heures/semaine
Claire	8 000 F/mois	44 heures/semaine
Julie	12 000 F/mois	35 heures/semaine
Rachel	10 000 F/mois	39 heures/semaine

Claire gagne moins que Rachel, mais elle travaille plus (qu'elle).

_____

_____

_____

_____

C'est Julie qui gagne le plus.

_____

_____

_____

LE COMPARATIF ET LE SUPERLATIF

E X E R C I C E S

1 **Créez des phrases selon le modèle, en utilisant le vocabulaire ci-dessous.**

chaud   tôt   près   vieux   cher   vite

Il fait 25 ° à Paris et il fait 20 ° à Lisbonne.

Il fait plus chaud à Paris qu'à Lisbonne.

1. Pierre arrive au bureau à 8 h 30 et Claire à 10 heures.

_____

2. La voiture roule à 150 km/heure et la moto à 180 km/heure.

_____

3. Alain a 50 ans et Adrien 40 ans.

_____

4. La pizzeria est à environ 300 mètres et le restaurant à 500 mètres.

_____

5. Le disque compact coûte 150 francs et la cassette 80 francs.

_____

2 **Répondez avec « plus (que) », « moins (que) » ou « autant (que) ».**

Jean dort huit heures, Marie six : *Jean dort plus (que Marie).*

1. Catherine travaille vingt heures, Alain trente-cinq : _____

2. Gilles mange deux croissants et un yaourt, Julie un yaourt : _____

3. Pierre gagne 10 000 F par mois. Anaïs gagne aussi 10 000 F : _____

4. Michael lit un livre par semaine, Suzanne quatre livres par mois : _____

3 **Faites des comparatifs, en accordant les adjectifs, selon le modèle.**

l'huile/l'eau   (+ lourd)   *L'huile est beaucoup plus lourde que l'eau.*

1. l'argent/l'or   (– précieux)   _____

2. l'acier/le fer   (+ résistant)   _____

3. la soie/le lin   (+ léger)   _____

4. l'essence/l'électricité (+ polluant)   _____

5. le pétrole/l'uranium   (– rare)   _____

6. les roses/les œillets   (+ fragile)   _____

7. la laine/le polyester   (+ chaud)   _____

8. les pommes/les pêches (– cher)   _____

9. la couleuvre/la vipère (– dangereux)   _____

10. la fusée/l'avion   (+ rapide)   _____

1 Complétez avec « plus » ou « moins », selon le modèle.

– L'argent, c'est important. – Oui, mais la santé, *c'est encore plus important.*

1. – La mer, c'est reposant. – Oui, mais la montagne, _____

2. – Le lin, ce n'est pas chaud. – Oui, mais le coton, _____

3. – La soie, c'est doux. – Oui, mais le satin, _____

4. – Le veau, ce n'est pas gras. – Oui, mais le poisson, _____

5. – Les hommes, c'est compliqué. – Oui, mais les femmes, _____

2 Faites des phrases avec les comparatifs de supériorité et les pronoms toniques.

– André est très beau. – Oui, mais Julien *est plus beau que lui.*

1. – Anne est très intelligente. – Oui, mais Estelle _____

2. – Jim et Bill sont désordonnés. – Oui, mais Léo _____

3. – Le voisin est vraiment gentil. – Oui, mais sa femme _____

4. – Christophe est un peu fou ! – Oui, mais Charlotte _____

3 Répondez en utilisant un superlatif, selon le modèle.

– Gérard Depardieu est un acteur français très connu.

– *Oui, je pense que c'est l'acteur français le plus connu.*

1. – Le Pont-Neuf est un très vieux pont.

– _____

2. – Le Marais est un quartier très intéressant.

– _____

3. – La rue de Vaugirard est une rue très longue.

– _____

4. – Les magasins de la rue Saint-Honoré sont très chers.

– _____

5. – Les restaurants de Montmartre sont très touristiques.

– _____

4 Faites des phrases au superlatif selon le modèle.

chanteur connu   bel acteur   belle ville   livre passionnant   profession intéressante
homme politique célèbre   événement marquant   beau prénom de fille (de garçon)

À mon avis, Jacques Brel est le chanteur français le plus connu…

_____

_____

« MIEUX » et « MEILLEUR »

> Le gâteau est **meilleur** que la tarte.   Julie cuisine **mieux** que Paula.

■ « **MEILLEUR** » est le comparatif de supériorité de « **bon** » :

> *Le bordeaux blanc est **bon**.*   *Le bordeaux rouge est **meilleur**.*
> *La tarte de Sonia est **bonne**.*   *La tarte de Magda est **meilleure**.*
>
> *Les sorbets au citron sont **bons**.*   *Les sorbets à la fraise sont **meilleurs**.*
> *Les glaces au café sont **bonnes**.*   *Les glaces au chocolat sont **meilleures**.*

- Les comparatifs d'égalité et d'infériorité de « bon » et leurs contraires sont réguliers :

> *aussi bon/moins bon*   *aussi mauvais/moins mauvais*
>
> mais on peut dire :   *plus mauvais* ou ***pire***

- « **Le** meilleur » est le superlatif de « **bon** » :

> *Ce vin est **le** meilleur.*   *Ces fruits sont **les** meilleurs.*
> *≠ Ce vin est **le** plus mauvais.*

■ « **MIEUX** » est le comparatif de supériorité de « **bien** » :

> *John chante **bien**.*   *Cathy chante **mieux**.*
> *≠ John chante **mal**.*   *≠ Cathy chante **plus mal**.*

- Les comparatifs d'égalité et d'infériorité de « bien » et leurs contraires sont réguliers :

> *aussi bien/moins bien*   *aussi mal/moins mal*

- « **Le** mieux » est le superlatif de « **bien** » :

> *C'est Luis qui parle **le** mieux.*
> *≠ C'est Bruno qui parle **le** plus mal.*

- « **Il vaut mieux** » s'utilise de préférence à « **c'est mieux** » en début de phrase :

> *– Réserver avant de partir, **c'est mieux**.*
> *– Oui, **il vaut mieux** réserver avant de partir.*

(Voir « bon » et « bien », p. 78.)

1 Complétez les phrases avec « bon », « bien », « mieux » ou « meilleur ».
La crème caramel, *c'est bon,* mais les profiteroles, *c'est meilleur.*

1. Le poisson congelé, _____ , mais le poisson frais, _____ .

2. Visiter Paris en bus, _____ , mais visiter Paris à pied, _____ .

3. Le vin blanc, _____ , mais le champagne, _____ .

4. Les crêpes au sucre, _____ , mais les crêpes au chocolat, _____ .

5. Parler deux langues, _____ , mais parler trois langues, _____ .

2 Donnez le superlatif, selon le modèle.
Selon Michel, l'alcool de poire est le digestif *le meilleur du monde.*

1. D'après Federico, les rigatoni sont les pâtes _____

2. À mon avis, la vodka polonaise est la vodka _____

3. D'après Philip, le whisky irlandais est le whisky _____

4. Selon moi, le Dom Pérignon est le champagne _____

3 Complétez les phrases avec « mieux », « le mieux » ou « meilleur », « le meilleur ».

1. Selon Pierre, on mange *mieux* à la cafétéria qu'au restaurant : le steak est _____ et les frites sont _____ . - **2.** Mon père danse _____ que moi : de toute la famille, c'est lui qui danse _____ . - **3.** Le café italien est sans aucun doute _____ . - **4.** Pierre travaille _____ que Paul et ses résultats sont _____ . - **5.** Votre gâteau est _____ que le mien, vous cuisinez _____ que moi ! - **6.** De tous les étudiants, c'est John qui parle _____ français, mais c'est Ann qui a _____ accent. - **7.** Cette année, les cerises sont _____ que l'année dernière. - **8.** La pizza de « Pietro » est vraiment _____ de Paris !

4 Complétez les phrases selon le modèle.
– Partir quinze jours, *c'est bien, mais partir un mois, c'est mieux.*
– Oui, *il vaut mieux partir un mois.*

1. – Dormir six heures par nuit, _____
– Oui, _____

2. – Faire une heure de gymnastique, _____
– Oui, _____

3. – Partir en week-end le samedi, _____
– Oui, _____

4. – Utiliser une machine à écrire, _____
– Oui, _____

LE VERBE « ALLER »

Je	**vais**	à Paris.
Tu	**vas**	à Rome.
Il Elle On	**va**	en Grèce.
Nous	**allons**	au Maroc.
Vous	**allez**	au cinéma.
Ils Elles	**vont**	à la piscine.

- Comme beaucoup de verbes usuels, le verbe « aller » est **irrégulier** et varie avec les personnes :

    *Je **vais** à Rome.*   *Vous **allez** à Madrid.*   *Ils **vont** à Berlin.*

« ALLER » + LIEU

- Le verbe « **aller** » est, en général, suivi d'un nom de **lieu** :

    *Je vais **à** Berlin.*
    *Ils vont **chez** des amis.*
    *Vous allez **dans** la salle douze.*

- Quand on ne donne pas de nom de lieu, on utilise le pronom « **y** » :

    *– On **y** va ? – Allons-**y** !*

« EN TRAIN », « EN AVION », etc.

- Avec la plupart des moyens de transports, on utilise la préposition « **en** » :

    Je vais à Madrid | ***en** voiture.*
    | ***en** train.*
    | ***en** avion.*

- Pour les autres, on utilise « **à** » :

    Il va au village | ***à** pied.*
    | ***à** bicyclette.*
    | ***à** cheval.*

1 **Répondez aux questions selon le modèle.**

– Vous allez à la montagne, en hiver ? – *Oui, je vais à la montagne en hiver.*

1. – Vous allez à la mer en été ? – _____

2. – Vous allez parfois au théâtre ? – _____

3. – Vous allez régulièrement au cinéma ? – _____

4. – Vous allez au restaurant, le samedi ? – _____

5. – Vous allez quelquefois à la campagne ? – _____

2 **Faites des phrases en utilisant « avoir » et « aller », selon le modèle.**

mal à la gorge/médecin   mal aux dents/dentiste   mal aux yeux/oculiste   mal au dos/kiné

Quand j'ai mal à la gorge, je vais chez le médecin. _____

3 **Complétez les phrases, selon le modèle.**

Je *vais au* Danemark *en* avion.

1. Ils _____ _____ Angleterre _____ ferry.

2. Vous _____ _____ Belgique _____ train ?

3. Il_____ _____ Angola _____ bateau.

4. Elles_____ _____ Mexique _____ avion.

5. Tu_____ _____ Hollande _____ car ?

4 **Complétez le texte suivant avec le verbe « aller » et les prépositions manquantes.**

1. Ma femme et moi, nous *allons au* bureau _____ voiture, mon fils _____ université _____ bus et ma fille _____ école _____ pied.

2. Quand nous _____ Grèce, nous _____ d'Athènes à Héraklion _____ avion, d'Héraklion à Santorin _____ bateau et, à Santorin, nous _____ au village _____ cheval, ou plutôt _____ dos d'âne. Ensuite, nous circulons dans l'île _____ jeep, _____ bicyclette ou _____ pied.

3. – Est-ce que vous _____ Norvège avec toute la classe la semaine prochaine ? – Oui, les professeurs et les étudiants _____ Oslo _____ charter et ensuite, ils _____ quelques jours à la montagne _____ voiture, avec leurs amis.

5 **Décrivez vos déplacements habituels dans la journée, selon le modèle.**

À huit heures, je vais au bureau.
À midi, _____

_____

LE PRONOM « Y »

> – Vous allez **à** Rome en train ? – Non, j'**y** vais en avion.

« Y » remplace les compléments de **lieu** :

Paul va à Lyon.	*Il **y** va en voiture.*
Anne habite à Lisbonne.	*Elle **y** habite depuis un an.*
Jean est sur les Champs-Élysées.	*Il **y** est depuis midi.*

« Y » remplace les noms de **choses** précédés de la préposition « **à** » :

*Je pense **à** mon pays.*	*J'**y** pense souvent.*
*Je participe **à** ce projet.*	*J'**y** participe.*
*Je réfléchis **à** sa proposition.*	*J'**y** réfléchis.*

■ Pour les noms de **personnes,** on utilise le pronom tonique (voir p. 130) :

Je pense à mon père.	*Je pense à **lui**.*
Je pense à mes amis.	*Je pense à **eux**.*

• Pour les verbes de communication, « **lui** », « **leur** »... sont placés devant le verbe :

Je téléphone à Paul.	*Je **lui** téléphone.*

(Voir p. 118.)

LA NÉGATION se place avant et après le bloc formé par le(s) pronom(s) et le verbe :

*Je **n'**y vais **pas**. Je **n'**y pense **pas**. Il **n'**y en a **plus**.*

■ Expressions idiomatiques :

*Paul est un connaisseur en vin : **il s'y connaît**.*
*Je ne suis pas responsable : **je n'y suis pour rien**.*
*Voilà, **ça y est**, c'est fini !*

1 **Répondez aux questions au choix.**

– Vous restez à Genève deux ou trois jours ?

– *J'y reste trois jours.*

1. – Vous allez à l'aéroport à cinq heures ou à six heures ?

– *J'y vais à six heures.*

2. – Vous êtes à Paris pour deux ou trois mois ?

– *J'y suis deux mois.*

3. – Vous allez chez le dentiste mardi ou mercredi ?

– *J'y vais mardi.*

4. – Vous retournez à Berlin la semaine prochaine ou le mois prochain ?

– *J'y retourne le mois prochain.*

5. – Vous restez en Allemagne deux ou trois jours ?

– *J'y reste trois jours.*

2 **Répondez en utilisant « y », selon le modèle.**

– Je vais à la piscine à 16 heures, et vous ? – *J'y*

1. – Nous allons au théâtre jeudi soir, et vous ? *Nous y*

2. – Mon frère va en Grèce en juillet. Et vos enfants ?

3. – Mes amis vont aux États-Unis pour Noël. Et votre fils ?

4. – Je vais chez le coiffeur vendredi. Et vous ? *J'y vais*

5. – Nous allons au cinéma samedi soir. Et Paula ? *Elle*

④ ① Nous n'y allons pas
② Ils n'y vont pas
③ Ils n'y vont pas.
④ Je n'y vais pas.
⑤ Elle n'y va pas

3 **Répondez aux questions à partir du texte en utilisant « y ».**

Ce soir, Antoine va au Grand Palais avec son amie Isabelle. Ils s'intéressent tous les deux à la peinture et ils vont toujours ensemble voir les expositions. Il fait beau aujourd'hui, Antoine et Isabelle vont marcher le long de la Seine jusqu'au Grand Palais. La femme d'Antoine, Gloria, ne s'intéresse pas à l'art. En général, elle s'intéresse plutôt à la science et aux techniques. Ce soir, Gloria va à La Villette à bicyclette avec François, le mari d'Isabelle.

1. Antoine va au Grand Palais avec Gloria ? *Non, il y va avec Isabelle.*

2. Gloria s'intéresse à la science ? *Oui, elle y s'intéresse.*

3. Elle s'intéresse à la peinture ? *Non, Elle y ne s'intéresse pas.*

4. Antoine va au Grand Palais en voiture ? *Non, il y va en pieds*

5. Gloria et François vont à La Villette en métro ? *Non, ils y vont à bicyclette*

4 **Répondez négativement à l'exercice n° 2 :** *Je n'y vais pas.*

25

LA SITUATION
dans L'ESPACE et LE TEMPS (3)

> Je travaille **environ** dix heures : **de** huit heures **à** dix-huit heures.

■ « **À** » indique un **point** dans l'espace ou dans le temps :

*Nous sommes **à** Paris (**à** l'école, **au** deuxième étage).*
*Je termine mon travail **à** dix-huit heures.*

■ « **DE ... À** » indique une **distance,** d'un point à un autre, dans l'espace ou le temps :

*Il y a huit cents kilomètres **de** Paris **à** Avignon.*
*Je travaille **de** 8 heures **à** midi, **du** lundi **au** vendredi.*

■ « **JUSQU'À** » indique une **limite** dans l'espace ou le temps :

*Le TGV Atlantique va **jusqu'au** Croisic.*
*En France, on travaille en général **jusqu'à** soixante ans.*

■ « **À PARTIR DE** » indique un **point de départ** dans l'espace ou dans le temps :

*Il y a des embouteillages **à partir de** Versailles.*
*L'horaire d'hiver commence **à partir du** 22 septembre.*

■ « **ENVIRON** » et « **VERS** » indiquent une **approximation** :

• En général, on utilise « **environ** » avec les **durées** et les **quantités** :

*Je mets **environ** 5 minutes pour rentrer chez moi.*
*Il y a **environ** soixante millions de Français.*

 • On utilise « **vers** » avec l'heure. Mais avec « il est + heure », on utilise « environ » :

*Nous dînons **vers** huit heures.*   *Il est **environ** minuit.*

■ « **ENTRE** » et « **PARMI** »

• « **Entre** » deux éléments :

« *B* » *est **entre** « A » et « C ».*

***Entre** des roses et des tulipes, j'hésite.*

• « **Parmi** » plusieurs éléments :

« *B* » *est une lettre **parmi** les lettres de l'alphabet.*

*Les roses sont **parmi** mes fleurs préférées.*

• « **Entre nous** », « **entre eux** » signifie « à l'exclusion d'autres personnes » :

***Entre nous,** je vais vous dire un secret : parmi nous, il y a un espion.*

1 Complétez avec « à », « de », « jusqu'à » ou « à partir de », avec les contractions si nécessaire.

Je suis en vacances *jusqu'à* mercredi.

1. Je suis au bureau _____ neuf heures _____ vingt heures. - **2.** Thierry me donne toujours rendez-vous _____ cinq heures _____ Café de la gare. - **3.** Nous sommes à Paris _____ la semaine prochaine. - **4.** Est-ce que ce bus va _____ la gare de Lyon ? - **5.** Les soldes d'hiver commencent en général _____ 15 janvier.

2 Complétez le texte avec les prépositions « à », « de », « environ », « vers », etc.

Je travaille *à* Orly, _____ l'aéroport, _____ premier étage, _____ guichet n° 7. Je commence _____ 5 heures pile et je termine _____ minuit, minuit et quart. Parfois, je travaille sans interruption _____ 7 heures du soir le lundi _____ 7 heures du soir le mardi. Je n'ai pas de voiture : je vais _____ Denfert _____ Orly en bus. Je mets _____ trois quarts d'heure pour rentrer chez moi et le mardi j'arrive _____ neuf heures. Quand j'ai fini de dîner, il est _____ onze heures. Je me couche _____ minuit.

3 Complétez les phrases avec « environ » ou « vers ».

Je déjeune *vers* treize heures.

1. Le matin, je me lève _____ 7 heure et demie : je dors _____ sept heures. - **2.** Appelez-moi _____ huit heures, après le travail, ou _____ l'heure du déjeuner. - **3.** Ici, à Rio, il est _____ midi et il fait _____ quarante-cinq degrés ! - **4.** Je me suis promené _____ la rue Saint Honoré et j'ai dépensé _____ 800 dollars !

4 Complétez les phrases avec « parmi » ou « entre ».

Est-ce qu'il y a un médecin *parmi* les spectateurs ?

1. Choisissez au hasard _____ ces cartes. - **2.** Des bateaux-mouches circulent en permanence _____ la tour Eiffel et Notre-Dame. - **3.** S'il faut choisir _____ la ville et la campagne, je préfère la ville. - **4.** À Paris, le métro ne circule plus _____ 1 h 15 et 5 h 30 du matin.

5 Complétez le texte avec « à », « environ », « jusqu'à », « entre » ou « parmi ».

Il est _____ seize heures. Paul est dans un petit cinéma _____ droite de la fontaine Saint-Michel, _____ cinquante mètres du métro. Il est assis _____ deuxième rang _____ une dame rousse et un monsieur barbu. En attendant le film, il prépare son programme de la soirée. Il hésite _____ un concert de jazz et une pièce de théâtre. Il est _____ Paris seulement _____ mardi prochain et il a du mal à choisir _____ tous les spectacles qui passent actuellement.

26

LES VERBES en « -IR », « -OIR » et « -RE »

> Je **finis** de travailler, je **mets** mon manteau et je **sors**.
> Vous **finissez** de dîner, vous **mettez** un pull et vous **sortez**.

Les verbes en « -ir », « -re » et « -oir » – moins nombreux que les verbes en « -er », mais très fréquents – se conjuguent à partir de **deux ou trois radicaux**.

VERBES à DEUX RADICAUX

	singulier	pluriel	
ÉCRIRE	J' **écri**-s Tu **écri**-s Il **écri**-t	Nous **écriv**-ons Vous **écriv**-ez Ils **écriv**-ent	(Et : transcrire, inscrire)
PARTIR	Je **par**-s	Vous **part**-ez	(Et : sortir, sentir, dormir, vivre…)
METTRE	Je **met**-s	Vous **mett**-ez	(Et : battre, promettre…)
ENTENDRE	J' **entend**-s	Vous **entend**-ez	(Et : répondre, vendre, perdre…)
LIRE	Je **li**-s	Vous **lis**-ez	(Et : suffire, élire + v. en « -uire » et « -dire »)
VOIR	Je **voi**-s	Vous **voy**-ez	(Et : prévoir, revoir, croire, fuir…)
ÉTEINDRE	J' **étein**-s	Vous **éteign**-ez	(Et : craindre, peindre, joindre…)
FINIR	Je **fini**-s	Vous **finiss**-ez	(Et : choisir, réfléchir, ralentir, jaunir, rougir, blanchir…)
CONNAÎTRE	Je **connai**-s	Vous **connaiss**-ez	(Et : naître, paraître)
SAVOIR	Je **sai**-s	Vous **sav**-ez	

- Pour les verbes du **type « partir »,** la consonne finale du radical tombe au singulier :

    Dites : *Je dors*   *Je vis*   Ne dites pas : *Je dorm̸*   *je vi̸*

- Pour beaucoup de verbes (en « **-tre** » et « **-dre** »), on ne prononce pas la consonne finale du radical au singulier, mais on l'écrit :

    Je mets   *J'entends*

- Les verbes « **ouvrir** », « **offrir** » et « **cueillir** » se conjuguent comme les verbes en « **-er** » :

    J'ouvre/Vous ouvrez   *J'offre/Vous offrez*   *Je cueille/Vous cueillez*

(Tableau récapitulatif des conjugaisons, voir p. 248.)

1 Répondez à la première personne.

– Vous partez tout de suite ? – *Oui, je pars tout de suite.*

1. – Vous vivez à Paris ? – Oui, _____

2. – Vous dormez bien la nuit ? – Oui, _____

3. – Vous suivez des cours de français ? – Oui, _____

4. – Vous partez à sept heures ? – Oui, _____

2 Complétez les phrases avec les verbes manquants.

Marie ferme les volets pour dormir, mais moi, je *dors* la fenêtre ouverte.

1. Le matin, je pars à neuf heures, mais Marie et les enfants _partent_ à huit heures. - 2. Je vis en France depuis cinq ans, mais mes parents _vivent_ aux États-Unis. - 3. Nous sortons très peu : tous nos amis _sortent_ plus que nous. - 4. Je suis un cours de yoga et mes enfants _suivent_ un cours de karaté.

3 Complétez les phrases suivantes (avec l'élision si nécessaire).

attendre   conduire   battre   entendre   lire   éteindre

1. – Vous *attendez* depuis longtemps ? – Je ___attends___ depuis un quart d'heure. - 2. – On conduit à gauche, en Norvège ? – Non, les Scandinaves ___conduis___ à droite. - 3. – Mes enfants me battent aux échecs, mais je les ___bats___ au Scrabble. - 4. – Vous entendez bien au fond de la salle ? – Non, nous ___entendons___ très mal. - 5. – Thierry lit « Le Monde » mais ses amis ___lisent___ « Libération ». - 6. – Vous ___et___ la lumière s'il vous plaît, il faut tout éteindre avant de partir.

4 Complétez les phrases avec les verbes ci-dessous selon le modèle.

guérir   choisir   grossir   vieillir   salir   rougir   applaudir   réfléchir

Vous *choisissez* toujours très bien vos cravates.

1. Attention les enfants : vous _____ la moquette avec vos chaussures. - 2. Certaines plantes _____ parfaitement les douleurs d'estomac. - 3. Les vins rouges _____ mieux que les vins blancs. - 4. Quand tu joues aux échecs, tu _____ vraiment trop longtemps. - 5. Nous _____ toujours quand nous passons une semaine chez ta mère. - 6. Quand les comédiens saluent, les gens _____. - 7. Les jeunes filles d'aujourd'hui ne _____ plus comme avant, elles sont beaucoup moins timides !

5 Complétez le texte.

Les feuilles jaun _____,   le ciel pâl _____,

les raisins mûr _____,   les colchiques fleur _____,

les jours raccourc _____,   l'été fin _____.

VERBES à TROIS RADICAUX

> – Vous **prenez** une salade et vous **buvez** de l'eau ?
> – Non, mes filles **prennent** une salade et **boivent** de l'eau,
>   moi, je **prends** un steak et je **bois** du vin.

	singulier		pluriel
BOIRE	Je **boi**-s Tu **boi**-s Il **boi**-t	Nous **buv**-ons Vous **buv**-ez	Ils **boiv**-ent

PRENDRE	Je **prend**-s	Vous **pren**-ez	Ils **prenn**-ent
VENIR	Je **vien**-s	Vous **ven**-ez	Il **vienn**-ent
VOULOIR	Je **veu**-x	Vous **voul**-ez	Ils **veul**-ent
POUVOIR	Je **peu**-x	Vous **pouv**-ez	Ils **peuv**-ent
DEVOIR	Je **doi**-s	Vous **dev**-ez	Ils **doiv**-ent
RECEVOIR	Je **reçoi**-s	Vous **recev**-ez	Ils **reçoiv**-ent

VERBES IRRÉGULIERS

ÊTRE	AVOIR	ALLER	FAIRE	DIRE
Je **suis**	J' **ai**	Je **vais**	Je **fais**	Je **dis**
Tu **es**	Tu **as**	Tu **vas**	Tu **fais**	Tu **dis**
Il **est**	Il **a**	Il **va**	Il **fait**	Il **dit**
Nous **sommes**	Nous **avons**	Nous **allons**	Nous **faisons**	Nous **disons**
Vous **êtes**	Vous **avez**	Vous **allez**	Vous **faites**	Vous **dites**
Ils **sont**	Ils **ont**	Ils **vont**	Ils **font**	Ils **disent**

À L'ÉCRIT, les verbes en « -ir », « -oir » et « -re » se terminent par :

-s / (-x)	**-ons**
-s / (-x)	**-ez**
-t / (-d)	**-ent**

(Tableau récapitulatif des conjugaisons, p. 248.)

1 Répondez et posez des questions selon le modèle.

– Qu'est-ce que vous buvez le matin ?   (jus d'orange)

– *Je bois du jus d'orange, et vous, qu'est-ce que vous buvez ?*

1. – Qu'est-ce que vous prenez à la pause ?   (un chocolat)

– _____

2. – Où allez-vous après le cours ?   (à l'hôtel)

– _____

3. – Qu'est-ce que vous faites ce soir ?   (des exercices)

– _____

4. – Quand est-ce que vous venez nous voir ?   (en début de soirée)

– _____

2 Mettre le texte au pluriel.

Mon fils veut faire une petite fête pour son anniversaire. Il prend son carnet d'adresses et il choisit une

Mes jumeaux _____

quinzaine de personnes, mais comme il connaît plus de garçons que de filles, il dit à ses amis d'amener

_____

des copines. La veille de la fête, il reçoit beaucoup de coups de téléphone et le jour de la fête, il est tout

_____

excité : il attend une trentaine de personnes et il doit tout préparer ! Il descend au deuxième et au premier

_____

étage car il veut mettre un petit mot sur la porte des voisins pour s'excuser du bruit. Ensuite, il met des

_____

disques d'ambiance, il fait des cocktails de fruits et il attend les premiers invités.

3 Complétez cet extrait de « La Vie en rose » d'Édith Piaf.

Quand il me _____ dans ses bras,   (prendre)

Qu'il me _____ tout bas,   (parler)

Je _____ la vie en rose ;   (voir)

Il me _____ des mots d'amour,   (dire)

Des mots de tous les jours,

Et ça me _____ quelque chose...   (faire)

Et lorsque je l' _____   (apercevoir)

Alors je _____ en moi,   (sentir)

Mon cœur qui _____ .   (battre)

E X E R C I C E S

1 **Faites des phrases selon le modèle.**
Vouloir faire des crêpes

Les enfants veulent faire des crêpes.

Avoir du lait, de la farine et des œufs

Ils _____

Prendre un grand saladier

_____

Mettre d'abord la farine

_____

Faire un puits au milieu

_____

Casser les œufs au centre

_____

Battre longtemps les œufs

_____

Mettre le lait petit à petit

_____

Faire chauffer l'huile

_____

Mettre une petite louche dans la poêle

_____

Faire frire cinq minutes

_____

Faire flamber au Grand Marnier

_____

Mettre du sucre

_____

2 **Répondez avec les verbes « sortir », « partir », « venir », « faire », « prendre », « aller » ou « mettre ».**
– Quand vous sortez de chez vous, vous prenez le métro ?
– *Oui, quand je sors de chez moi, je prends le métro.*

1. – Quand vous allez au bureau, vous partez de chez vous à huit heures ?

– _____

2. – Quand vous venez ici, à l'école, vous prenez l'autobus ?

– _____

3. – Quand vous prenez l'autobus, vous mettez moins de temps ?

– _____

4. – Quand vous allez à Nice, vous prenez le train ?

– _____

5. – Quand vous faites un exercice, vous mettez environ cinq minutes ?

– _____

3 **Mettez au pluriel.**

1. Il peut venir ce soir.

Ils _____

2. Elle sait conduire une moto.

Elles _____

3. Elle connaît le russe.

Elles _____

4. Il doit rentrer tôt.

Ils _____

5. Il boit du thé.

Ils _____

1 Complétez avec les verbes ci-dessous.

« prendre », « apprendre », « comprendre » ; « venir », « revenir », « se souvenir ».

1. Qu'est-ce que vous _____ comme dessert ?

2. Mes amis _____ le train à cinq heures.

3. Marie _____ un poème par cœur.

4. Mes amies _____ à conduire.

5. Nous ne _____ pas bien cette phrase.

1. Paul _____ chez nous ce soir.

2. Tu _____ au cinéma avec nous ?

3. Attendez-moi, je _____ tout de suite.

4. Vous vous _____ de votre rendez-vous ?

5. Je ne me _____ pas de son nom.

2 Mettez le texte au pluriel.

Le matin, Pierre va au bureau en autobus. Il attend parfois huit à dix minutes dans le froid et il met trente-cinq minutes environ pour arriver à l'Opéra, mais il n'est pas pressé car il a un horaire très flexible. Il prend toujours le même bus à la station Châtelet et avant de partir, il boit un café au Sarah-Bernhardt. Dans le bus, il lit presque entièrement le journal. Il peut même préparer sa journée de travail : il écrit quelques mots dans son agenda, il fait des calculs, il prend des notes. Quand il descend à l'Opéra, il a l'impression d'être en vacances. Il a envie de regarder les vitrines et les passants. Il ne se sent pas aussi fatigué que lorsqu'il est obligé de prendre le métro. Pierre prend le même bus que Marie et Laura, mais il ne les connaît pas, ou pas encore…

Marie et Laura _____

_____

_____

_____

_____

3 Complétez le dialogue avec les verbes « prendre », « vouloir », « pouvoir ».

Le serveur :   – Vous _____ un apéritif, Messieurs-dames ?

M. Duteil :   – Pas pour moi, et toi chérie ? Tu _____ quelque chose ?

Mme Duteil : – Est-ce que je _____ avoir un verre de sauternes ?

Le serveur :   – Sans problèmes. Vous _____ la carte des vins ?

M. Duteil :   – Oui, merci. Mais qu'est-ce que nous _____, Danièle ?

Mme Duteil : – J'ai envie d'une côte de bœuf mais c'est pour deux : est-ce que tu _____ partager avec moi ?

M. Duteil :   – D'accord, mais est-ce que je _____ avoir des légumes verts à la place des frites ?

Le serveur :   – Qu'est-ce que vous _____ : des haricots verts ou des épinards ?

4 Imaginez la suite du dialogue.

_____

_____

« METTRE », « PRENDRE », « FAIRE »

> Mon fils **fait du** patin à roulettes et il **joue du** saxophone.
> Ça **fait** un peu de bruit : nous **faisons isoler** sa chambre...

■ « PRENDRE » et « METTRE »

- **Prendre** + objet :

  *Je **prends** mon parapluie.*

- **Prendre** + moyen de transport :

  *Je **prends** le métro.*

- **Prendre** + repas ou boisson :

  *Je **prends** un steak.*
  *Il **prend** une bière.*

- Autres sens courants de « **prendre** » :

  *Je **prends** un bain, une douche.*
  *Elle **prend** une décision.*

- **Mettre** + vêtements :

  *Je **mets** une cravate
  pour aller au bureau.*

- **Mettre** + temps :

  *Je **mets** une heure pour aller
  au bureau.*

- On peut utiliser « **prendre** » + temps, au lieu de « mettre », avec « **ça** » impersonnel :

  *Les transports, **ça prend** du temps. Ça me **prend** une heure par jour.*

■ « FAIRE DU », « JOUER AU », « JOUER DU »

- Faire + **de** + tous les **sports** :

Je fais	**du** tennis.
	de la gymnastique.

- Jouer + **à** + certains **sports** :
  + tous les **jeux** :

Je joue	**au** tennis.
	aux cartes.

- Jouer + **de** + instrument de musique :

  *Je joue **du** piano*
  *Il joue **de la** guitare*

- Autres sens de « **faire** » :

  Faire la cuisine (cuisiner)   *Faire la vaisselle* (laver les plats, etc.)
  Faire les courses (faire des achats)   *Il fait beau* (météo)

■ « FAIRE » + INFINITIF s'utilise quand une autre personne fait l'action à la place du sujet :

  *– Je ne répare pas moi-même ma voiture : je la **fais réparer**.*
  *– Ma femme se coupe les cheveux elle-même, mais moi, je **me** les **fais couper**.*

- On utilise **deux fois** le verbe « faire » devant les constructions avec « **faire** » :

  *J'ai **fait faire** le ménage et j'ai **fait faire** les courses avant votre arrivée.*

1   **Complétez les phrases avec les verbes manquants.**

1. Il fait froid : je _mets_ un manteau et je _prends_ un parapluie. - **2.** Le trajet est très long : je _mets_ une heure pour arriver chez moi. - **3.** À midi, je _prends_ seulement une salade et un café. - **4.** Tous les soirs, je _fais du_ squash avec David. - **5.** Mon fils Mathieu _joue du_ piano et _de la_ guitare. - **6.** Toute la famille participe au ménage : mon mari _fait_ la vaisselle, ma fille _fait_ les lits, mon fils _fait_ les courses et je _fais_ la cuisine. - **7.** Quand Paul est invité chez Laura, il _met_ deux heures pour se préparer et il _met_ ses plus jolis vêtements.

2   **Complétez avec les verbes manquants.**

En été, toute la famille _fait_ du sport : mon mari et mes fils _____ du jogging le matin et l'après-midi, ils _____ au volley ou au foot. Ma fille et moi, nous _____ du tennis en fin de matinée et quelquefois, l'après-midi, nous _____ du cheval. Quand il _____ froid, nous _____ aux échecs ou nous écoutons de la musique. Parfois ma fille Béatrice _____ du piano, mon fils Julien _____ de la clarinette et leur amie Charlotte _____ du violoncelle.

3   **Répondez aux questions selon le modèle.**

     – Est-ce que vous repassez vos chemises vous-même ? – *Non, je les fais repasser.*

1. – Est-ce que vous lavez votre linge vous-même ?

     – _____

2. – Est-ce que c'est vous qui faites le ménage ?

     – _____

3. – Vous faites toutes vos traductions vous-même ?

     – _____

4. – C'est vous qui repeignez votre appartement ?

     – _____

5. – C'est vous qui vous coupez les cheveux ?

     – _____

4   **Répondez librement aux questions.**

1. – Est-ce que vous faites du sport ?

2. – Est-ce que vous jouez d'un instrument de musique ?

3. – Vous mettez combien de temps pour aller à l'université (au lycée, au bureau) ?

4. – Vous faites quelquefois la cuisine ? Vous faites souvent le ménage ?

5. – Vous vous faites couper les cheveux tous les mois ? Tous les deux mois ?

« POUVOIR », « DEVOIR », « FALLOIR »

> – Vous **pouvez** payer avec votre carte de crédit, mais vous **devez** faire votre code. (Maintenant, **il faut** toujours faire un code.)

■ **« POUVOIR » + INFINITIF** exprime une **capacité** physique ou intellectuelle :

> *Paul **peut** soulever cent kilos.*
> *Marie **peut** traduire trois langues en même temps.*

• **« Pouvoir » + infinitif** exprime aussi **l'autorisation** :

> *Vous **pouvez** rester dans cette salle.*
> *Vous ne **pouvez** pas fumer ici.*

• Dites :   Ne dites pas :

> – *Je peux rester.*   – *C'est possible ~~pour~~ moi de rester.*

• Quand on demande un service, on utilise le **conditionnel** de politesse (voir p. 126) :

> – ***Pourriez-vous** fermer la fenêtre, s'il vous plaît ?*

■ **« DEVOIR » + INFINITIF** exprime **l'obligation** :

> *Je **dois aller** à la préfecture.*
> *Mon fils **doit faire** le service militaire.*

• **« Devoir » + infinitif** exprime aussi la **supposition** :

> *Il est cinq heures à Paris : il **doit** être neuf heures à Rio.*
> *Il y a des embouteillages : il **doit** y avoir un accident.*

• Dites :   Ne dites pas :

> – *Je dois partir.*   – *C'est nécessaire ~~pour~~ moi de partir.*

■ **« FALLOIR »** s'utilise seulement à la troisième personne du singulier (« il » impersonnel) :

• **« Il faut » + infinitif** exprime une **nécessité générale** :

> *Il **faut manger** pour vivre.* = On doit (tous) manger pour vivre.

(Pour « il faut que » + subjonctif, voir p. 228).

1 Répondez avec le verbe « pouvoir », selon le modèle.

– Est-ce que vous pouvez lire sans lunettes ? – *Oui, je peux lire sans lunettes.*
(– Non, je ne peux pas lire sans lunettes.)

1. – Est-ce que vous pouvez courir très longtemps ?

– _____

2. – Est-ce que vous pouvez lire quelques mots d'anglais ?

– _____

3. – Est-ce que vous pouvez travailler dans le bruit ?

– _____

4. – Est-ce que vous pouvez faire vos calculs sans calculatrice ?

– _____

5. – Est-ce que vous pouvez toucher le plafond de la main ?

– _____

2 Complétez le texte avec « devoir » ou « pouvoir ».

– Excusez-moi Michèle, je suis pressée, je *dois* partir, est-ce que je _____ utiliser une minute votre téléphone : je _____ appeler un taxi et je ne _____ pas téléphoner de mon bureau parce qu'il y a une réunion. J'ai déjà installé mon répondeur : pendant mon absence, est-ce que vous _____ contrôler l'appareil ? Il s'arrête parfois inexplicablement (ça _____ être la prise électrique). Bon, je file, le taxi _____ déjà être en bas. Je vous appelle demain, si je _____ . Au revoir !

3 Mettez « on peut » ou « on doit » à la forme négative ou affirmative, selon le modèle.
Quand on prend l'avion...

1. *on doit* se présenter une heure avant le départ.
2. _____ avoir plus de vingt kilos de bagages.
3. _____ attacher sa ceinture au décollage.
4. _____ fumer pendant l'atterrissage.
5. _____ acheter des produits « hors taxe ».
6. _____ utiliser un ordinateur pendant le décollage.

4 Complétez le texte avec « pouvoir », « devoir » ou « falloir ».

1. En France, pour voter, _____ avoir dix-huit ans et _____ avoir un casier judiciaire vierge.
2. Les femmes _____ voter en France seulement depuis 1944 !
3. Pour être élu, le président de la République _____ rassembler la majorité des voix.
4. Pour être valables, les bulletins de vote ne _____ pas porter d'inscription.
5. Certains électeurs _____ voter par correspondance, mais ils _____ prouver qu'ils ne _____ pas se déplacer.

« SAVOIR », « CONNAÎTRE », « VOULOIR »

> Je **sais** parler plusieurs langues, je **connais** l'informatique et la gestion. Je **veux** travailler à l'étranger. J'**espère** trouver rapidement un poste.

■ « SAVOIR » et « CONNAÎTRE » expriment l'**habileté** et la **connaissance**.

- « Connaître » s'utilise toujours avec un **nom,** « savoir » s'utilise en général avec un **verbe** ou une construction verbale :

• « **Savoir** » + verbe :	• « **Connaître** » + nom :
*Je **sais** conduire.*	*Je **connais** le code de la route.*
*Je **sais** où il habite.*	*Je **connais** son adresse.*
*Je **sais** qu'il n'est pas d'accord.*	*Je **connais** ses opinions.*

- Mais on dit aussi : *il sait mon numéro de téléphone, elle sait sa leçon,* pour les choses apprises de mémoire (« par cœur »).

⚠ • Ne dites pas :　　　　　　　　　Dites :

　　　Je connais que̶...　　　　　　　　*Je sais que...*

■ « VOULOIR »

- Le verbe « **vouloir** » exprime le **désir** ou la **volonté** :

　　　*Je **veux** des enfants.*
　　　*Je **veux** réussir.*

- Quand on s'adresse à une personne, on utilise le **conditionnel** de politesse (voir p. 126) :

　　　*Je **voudrais** un paquet de cigarettes, s'il vous plaît.*
　　　*Je **voudrais** parler à Monsieur Dupond.*

- **Je veux bien** = avec plaisir :

　　　– Voulez-vous une tasse de café ?
　　　*– **Je veux bien,** merci !*

⚠ • Les verbes « de désir » se construisent sans préposition :

Je désire	
Je veux	*d̶e̶ partir en vacances.*
Je souhaite	
J'espère	

(Pour « vouloir que » + subjonctif, voir p. 232.)

1 Complétez les phrases avec « savoir » ou « connaître », selon le modèle.

– Je *sais* parler anglais et je *connais* un peu l'Angleterre.

1. Maria ——————— beaucoup de recettes et elle ——————— bien cuisiner.

2. Vous ——————— les parents de François ? – Non, je ——————— seulement sa sœur.

3. Ma fille ne ——————— pas conduire, mais elle ——————— le code de la route.

4. Mon fils ——————— nager sous l'eau et il ——————— tous les poissons.

5. Vous ——————— ce que veut dire ce mot ? – Non, je ne ——————— pas cette expression.

6. Est-ce que vous ——————— qu'il est très tard ? – Oui, je ——————— qu'il faut partir.

7. Je ——————— que le train arrive à trois heures mais je ne ——————— pas le numéro du quai.

8. Vos parents ——————— que vous êtes ici ? – Oui, ma mère ——————— que je suis là.

2 Complétez le texte avec « vouloir », « savoir » ou « connaître ».

– Maman : je ——————— être actrice. Regarde : je ——————— danser. Je ——————— la valse, le rock, le tango et le cha-cha-cha. Je ——————— chanter, je ——————— au moins cent chansons ! Je ——————— devenir célèbre et je ——————— épouser un roi ou le président d'Amérique : je ——————— beaucoup de mots anglais !

3 Complétez le dialogue avec : « vouloir », « pouvoir », « connaître », « savoir ».

– Bonjour madame, je ——————— parler à Monsieur Pernod, s'il vous plaît.

– Il n'est pas là, mais je suis Mme Pernod, est-ce que vous ——————— laisser un message ?

– Oui, voilà, je suis Jules Porteau, un ami : je ——————— que M. Pernod ——————— acheter une BMW d'occasion. Je ——————— un très bon garage où il y a plusieurs bonnes affaires. S'il ———————, il ——————— me contacter chez moi, mais il ——————— aller directement sur place, au garage Campioni, 15 rue Bréal.

– Ah oui, je ——————— : c'est sur la nationale 8 ?

– Oui, c'est ça. S'il ———————, il ——————— dire qu'il vient de ma part.

4 Posez les questions selon le modèle.

1. Je viens d'Athènes.   *Vous venez d'Athènes ?*

2. Je connais plusieurs langues. ——————————————

3. Je comprends l'arabe. ——————————————

4. J'apprends le chinois. ——————————————

5. Je sais faire la cuisine indienne. ——————————————

6. Je connais la reine d'Angleterre. ——————————————

5 Imaginez un personnage, sur le modèle précédent.

Elle est française. Elle vient de Grenoble. Elle fait du parachutisme... ——————————————

27

LES VERBES PRONOMINAUX

> **Je me lève** à huit heures.
> **Nous nous connaissons** depuis cinq ans.

Les verbes pronominaux se construisent avec un pronom personnel :

se lever, se marier, se tromper

■ LES PRONOMINAUX RÉFLÉCHIS

- Le **sujet** et **l'objet** de l'action sont **identiques.** On utilise donc un **pronom réfléchi** :

  Je couche ma fille et je me couche. (me = moi-même)
  J'habille ma fille et je m'habille.

- Le pronom réfléchi varie avec les personnes :

Je	**me**	*couche*	*tôt.*
Tu	**te**	*couches*	*tard.*
Il			
Elle	**se**	*couche*	*à dix heures.*
On			
Nous	**nous**	*couchons*	*à minuit.*
Vous	**vous**	*couchez*	*à onze heures.*
Ils	**se**	*couchent*	*à huit heures.*
Elles			

■ LES PRONOMINAUX RÉCIPROQUES

- Le **sujet** et l'**objet** entretiennent une relation de **réciprocité** :

  ***Nous nous** connaissons bien.* (l'un, l'autre)
  ***Ils s'**aiment beaucoup.*

■ LES CONSTRUCTIONS PRONOMINALES sans valeur logique sont très nombreuses :

s'intéresser à, s'occuper de, se moquer de...

■ LA NÉGATION se place avant et après le bloc du pronom et du verbe :

*Je **ne** me lève **pas** tôt.*   *Nous **ne** nous connaissons **pas**.*

1 Répondez aux questions au choix, selon le modèle.

– Vous vous levez tôt ou tard, le samedi ? – *Le samedi, je me lève tard.*

1. – Vous vous réveillez tôt ou tard, le matin ? – _____

2. – Vous vous préparez vite ou lentement ? – _____

3. – Vous vous couchez avant ou après minuit ? – _____

4. – Vous vous endormez facilement ou avec difficulté ? – _____

5. – Vous vous souvenez de vos rêves ? Quelquefois ? Toujours ? – _____

2 Répondez selon le modèle.

– Paul se lève très tôt le lundi. Et vous ? – *Je me lève aussi très tôt.*

1. – Nous nous couchons plus tard le samedi.

Et vos enfants ? – _____

2. – Ma femme se promène sur la plage.

Et vos amis ? – _____

3. – Jacques s'intéresse à la politique.

Et François ? – _____

4. – Je me repose le dimanche.

Et vos étudiants ? – _____

3 Refaites l'exercice à la forme négative : – *Je ne me lève pas très tôt.*

4 Mettez à la forme négative.

1. Je m'intéresse au cricket. - **2.** Il se parfume beaucoup. - **3.** Nous nous arrêtons dans tous les bars. - **4.** Je me regarde souvent dans la glace. - **5.** Vous vous énervez facilement. - **6.** Elle se moque de vous. - **7.** Ils se trompent souvent. - **8.** Je me rappelle toutes les règles de grammaire.

_____

_____

_____

5 Complétez avec les pronoms et les négations manquants.

Je *m'* appelle Michel. Mon père _____ appelle André. _____ ressemblons beaucoup : _____ habillons de la même manière et _____ intéressons aux mêmes choses. Souvent, on _____ énerve quand on parle de politique, mais on _____ fâche pas longtemps. Comme je suis le plus têtu, je _____ arrête pas de discuter le premier et souvent, je _____ contrôle plus, mais si on _____ bagarre beaucoup, tous les deux, on _____ amuse aussi beaucoup !

28

LES PRONOMS COMPLÉMENTS

> Je **le** regarde. Je **la** regarde. Je **les** regarde.

Les pronoms compléments évitent de répéter un nom complément. On les place en général **devant** le verbe :

Je regarde le garçon.   *Je **le** regarde.*

LES PRONOMS DIRECTS remplacent des noms de **choses** ou de **personnes.** Ils répondent à la question « qui ? » ou « quoi ? » :

« Qui ? »/« Quoi ? »

Masc. sing.	*Je*	***le***	*regarde.*
Fém. sing.	*Je*	***la***	*regarde.*
Pluriel	*Je*	***les***	*regarde.*

■ Le pronom direct varie avec les personnes :

$$Paul \left\{ \begin{array}{l} \textit{\textbf{me}} \\ \textit{\textbf{te}} \\ \textit{\textbf{le, la}} \\ \textit{\textbf{nous}} \\ \textit{\textbf{vous}} \\ \textit{\textbf{les}} \end{array} \right\} regarde.$$

■ Avec « aimer » et « connaître », on utilise de préférence « le », « la », « les » pour des **personnes** :

J'aime Julie. Je l'aime comme une sœur.

• Aux questions :   Répondez :   Au lieu de :

– *Vous aimez le fromage ?*   – *Oui, j'aime ça.*   – ~~*Je l'aime.*~~

– *Tu connais le bordeau blanc ?*   – *Oui, je connais.*   – *Je ~~le connais~~.*

■ **La négation** se place avant et après le bloc du pronom et du verbe :

*Je **ne** le regarde **pas.***   *Je **ne** les connais **pas.***

■ **Remarque :**

♪   • « Me », « te », « le », « la » deviennent « m' », « t' » et « l' » devant voyelle ou « h » muet :

*Il **m'**écoute.*   *Elle **l'**adore.*   *Ils **t'**invitent.*

1 Remplacez le complément par un pronom, selon le modèle.

Je rencontre Paul tous les jours. *Je le rencontre tous les jours.*

1. Je connais Martine depuis quinze ans. _____

2. Ma mère arrose les fleurs le soir. _____

3. Je lis « Le Monde » de temps en temps. _____

4. Danièle emmène sa nièce au cinéma. _____

5. Judith invite Sophie et Clément au restaurant. _____

2 Répondez aux questions selon le modèle.

– Vous regardez le match chez Joseph ? – Oui, *je le regarde chez Joseph.*

1. – Vous achetez le journal le matin ? – Oui, _____

2. – Vous prenez le métro tous les jours ? – Oui, _____

3. – Vous faites les exercices le soir ? – Oui, _____

4. – Vous achetez les légumes au marché ? – Oui, _____

5. – Vous laissez vos clés à la concierge ? – Oui, _____

3 Répondez à l'exercice précédent à la forme négative (en complétant librement).

Non, je ne le regarde pas chez Joseph, je le regarde chez Éric. _____

_____

4 Complétez les réponses avec les verbes et les pronoms manquants.

– Vous achetez vos chaussures à Paris ? – Non, *je les achète* à Florence !

1. – Alex emporte ses dossiers chez lui ? – Oui, _____ pour le week-end.

2. – Marie nous invite ce soir ? – Non, _____ demain soir.

3. – Vous connaissez bien cet homme ? – Non, _____ seulement de vue.

4. – Attention : vous oubliez vos clés ! – Ah oui, _____ tout le temps !

5. – Ta mère nous attend à cinq heures ? – Non, _____ à six heures.

6. – Vous aimez le poulet au curry ? – Oui, _____ .

5 Répondez aux questions en utilisant un pronom complément.

1. – Vous achetez le journal le matin ou le soir ? _____

2. – Vous regardez tous les soirs la télévision ? _____

3. – Vous écoutez la radio de temps en temps ? souvent ? jamais ? _____

4. – Vous invitez vos amis quelquefois ? très souvent ? rarement ? _____

LES PRONOMS INDIRECTS

> Je téléphone **à ma mère**. Je **lui** téléphone le soir.

■ Les pronoms indirects remplacent des noms de **personnes** précédés de la préposition « **à** ». Ils répondent à la question « à qui ? » :

	« À qui ? »
Je téléphone à Jean.	*Je **lui** téléphone.*
Je téléphone à mes parents.	*Je **leur** téléphone.*

- « **Lui** » et « **leur** » remplacent des noms masculin ou féminin :

*Je parle **à** Jean/**à** Marie.*   *Je **lui** parle.*
*Je parle **aux** étudiants.*
*Je parle **aux** étudiantes.*   *Je **leur** parle.*

- Le pronom indirect varie avec les personnes :

$$Paul \begin{cases} \textbf{\textit{me}} \\ \textbf{\textit{te}} \\ \textbf{\textit{lui}} \\ \textbf{\textit{nous}} \\ \textbf{\textit{vous}} \\ \textbf{\textit{leur}} \end{cases} parle.$$

■ On utilise principalement les pronoms indirects avec les verbes de **communication,** qui se construisent en français avec la préposition « **à** » (mouvement « vers ») :

*parler **à***	*téléphoner **à***	*écrire **à***	*répondre **à***
*demander **à***	*emprunter **à***	*prêter **à***	*rendre **à***
*dire **à***	*offrir **à***	*sourire **à***	*souhaiter **à*** etc.

ressembler à   plaire à   penser à   aller à

■ Quelques autres verbes courants comme « **ressembler à** » quelqu'un, « **plaire à** » quelqu'un, « **aller à** » quelqu'un se construisent avec un pronom indirect :

*Sa fille **lui** ressemble.*   *Paris **lui** plaît.*   *Le rouge **lui** va bien.*

 - « **Penser à** » est suivi d'un pronom tonique (voir p. 130) :

Je pense à Martin.   *Je pense à **lui**.*   *Il pense à **moi**.*

■ La **négation** se place avant et après le bloc du pronom et du verbe :

*Je **ne** lui téléphone **pas**.*   *Je **ne** leur parle **plus**.*

1 **Répondez aux questions selon le modèle.**

– Vous parlez à votre professeur en français ? – *Oui, je lui parle en français.*

1. – Vous téléphonez à votre mère, le dimanche ? – _____

2. – Vous écrivez souvent à vos amis ? – _____

3. – Vous répondez rapidement à vos clients ? – _____

4. – Vous envoyez un cadeau à votre fille ? – _____

5. – Vous offrez des fleurs à votre femme ? – _____

2 **Lisez le texte et transformez-le selon le modèle.**

« Courrier des lecteurs »

Chaque année, Olivia me souhaite la fête des mères. Elle m'offre un petit cadeau et elle m'écrit une poésie. Elle me dit de jolies choses et elle me donne un paquet bien fermé, pour la surprise. (Chaque année, elle m'offre un collier de perles violettes.) Elle me sourit fièrement, elle me demande si ça me plaît, et elle me dit que le violet me va très bien ! Martine (Lyon).

Chaque année Olivia, la fille de Martine, lui souhaite la fête des mères. _____

_____

_____

_____

_____

3 **Mettez à la forme négative selon le modèle.**

Benoît m'invite chez lui. Il me présente ses sœurs. Il me fait visiter sa chambre. Il me prête ses livres. Il me raconte ses secrets. Il m'accompagne à la gare.

Benoît ne m'invite pas chez lui. _____

_____

_____

_____

4 **Refaites l'exercice précédent selon le modèle.**

Benoît l'invite chez lui. _____

_____

_____

_____

_____

RÉSUMÉ

■ Les pronoms compléments remplacent :

personne(s) ou chose(s)	**LE**	*Je*	*le*	*regarde.*
	LA	*Je*	*la*	*regarde.*
	LES	*Je*	*les*	*regarde.*
à + personne(s)	**LUI**	*Je*	*lui*	*téléphone.*
	LEUR	*Je*	*leur*	*téléphone.*
à + lieu ou chose(s)	**Y**	*J'*	*y*	*vais.*
		J'	*y*	*pense.*
de + chose(s)	**EN**	*J'*	*en*	*parle.*
quantité		*J'*	*en*	*ai trois.*

L'ORDRE DES PRONOMS COMPLÉMENTS

■ Quand on utilise deux pronoms compléments, on les place dans l'ordre suivant :

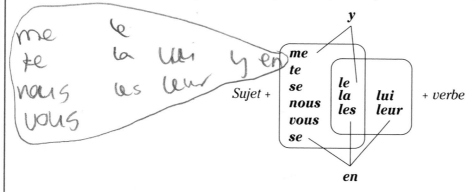

• Les compléments de personnes précèdent les compléments de choses :

    *Tu **me le** prêtes.*   *Je **te les** offre.*   *Elle **lui en** achète.*

• On remarque que l'ordre est inversé à la 3e personne :

    *Elle **le lui** explique.*   *Nous **les leur** apportons.*

(Place des pronoms à l'impératif, voir p. 124.)

1 **Répondez aux questions avec deux pronoms, selon le modèle.**

– Tu me prêtes ta moto, Frédéric ? – *Je te la prête* si tu es très prudente.

1. – Vous m'envoyez le dossier par fax ? – Non, _____ par la poste.

2. – Vous laissez les clés à la concierge ? – Oui, _____ tous les matins.

3. – Tu nous prêtes ta voiture, Paul ? – Oui, _____ si vous rentrez tôt.

4. – Vous donnez des livres aux étudiants ? – Oui, _____ au début du cours.

2 **Transformez les phrases avec deux pronoms, selon le modèle.**

– Jean envoie des lettres à Éric ? – *Oui, il lui en envoie.*

1. – Zoé présente ses amis à sa mère ? _____

2. – Aïsha te passe ses notes de cours ? _____

3. – Alex vous vend sa voiture ? _____

4. – Myriam donne des vitamines au bébé ? *elle les lui donne*

3 **Répondez à la forme affirmative, selon le modèle.**

– Le concierge vous apporte les lettres ? – *Oui, il nous les apporte.*

1. – Votre mari vous offre souvent des fleurs ?

– _____

2. – Les clients vous envoient du champagne chaque année ?

– _____

3. – Paul emprunte régulièrement de l'argent à sa sœur ?

– _____

4. – Le professeur donne une dizaine d'exercices aux étudiants ?

– _____

4 **Répondez à la forme négative, selon le modèle.**

– Vous prêtez votre stylo à votre petite fille ? – *Non, je ne le lui prête pas !*

1. – Vous montrez vos photos aux secrétaires ? _____

2. – Vous parlez de votre vie privée au professeur ? _____

3. – Vous laissez vos clés aux ouvriers ? _____

4. – Vous prêtez votre voiture à votre fils ? _____

5. – Vous envoyez des cartes postales à vos cousins ? _____

6. – Vous achetez beaucoup de bonbons à votre neveu ? _____

7. – Vous vous servez du Minitel du bureau ? _____

E X E R C I C E S

1 **Répondez selon le modèle.**

– Vous racontez votre journée à votre amie, quand vous la voyez ?

– *Oui, quand je la vois, je lui raconte ma journée.*

1. – Vous dites bonjour à la voisine, quand vous la rencontrez ?

– _____

2. – Vous posez des questions au professeur, quand vous le voyez ?

– _____

3. – Vous dites au revoir aux étudiants, quand vous les quittez ?

– _____

4. – Vous parlez en français à Isabelle, quand vous l'appelez ?

– _____

5. – Vous offrez à boire à vos amis, quand vous les invitez ?

– _____

6. – Vous racontez vos aventures à votre frère, quand vous le revoyez ?

– _____

7. – Vous répondez toujours à vos enfants, quand ils vous parlent ?

– _____

8. – Vous apportez des fleurs à Marie, quand elle vous invite à dîner ?

– _____

2 **Répondez selon le modèle.**

– Est-ce que Marc ressemble beaucoup à sa mère ? – *Oui, il lui ressemble beaucoup.*

1. – Est-ce que Patrick Bruel plaît beaucoup à votre grand-mère ?

– _____

2. – Cette robe va bien à votre femme, n'est-ce pas ?

– _____

3. – Est-ce que cette salle convient à vos étudiants ?

– _____

4. – Votre neveu ressemble beaucoup à votre frère, n'est-ce pas ?

– _____

5. – Cet exercice paraît compliqué aux étudiants, j'imagine ?

– _____

3 **Mettez les réponses de l'exercice précédent à la forme négative.**

Non, il ne lui ressemble pas beaucoup ! _____

E X E R C I C E S

1 **Répondez, à la forme affirmative ou négative.**

– Vous avez besoin du dictionnaire ? – *Oui, j'en ai besoin.* / – *Non, je n'en ai pas besoin.*

1. – Vous parlez de vos enfants pendant le cours de français ?

– Oui, _____ – Non, _____

2. – Vous prenez du café le soir ?

– Oui, _____ – Non, _____

3. – Vous mettez une cravate le week-end ?

– Oui, _____ – Non, _____

4. – Vous recevez beaucoup de prospectus ?

– Oui, _____ – Non, _____

5. – Vous avez une carte de crédit ?

– Oui, _____ – Non, _____

2 **Utilisez les pronoms compléments (« le », « la », « les », « lui », « leur », « en », « y »).**

– Est-ce que votre fils regarde souvent la télévision ?

– *Non, il ne la regarde pas souvent.*

1. – Est-ce que vous utilisez cette machine ?

– Oui, _____

2. – Est-ce que vous allez au cocktail, à quatre heures ?

– Oui, _____

3. – Est-ce que vous mettez du sucre dans votre café ?

– Non, _____

4. – Est-ce que les enfants vont à la piscine, aujourd'hui ?

– Non, _____

5. – Est-ce que vous téléphonez souvent à votre mère ?

– Oui, _____

6. – Est-ce que cette couleur va bien à la secrétaire, à votre avis ?

– Non, _____

7. – Est-ce que les étudiants parlent souvent de leur pays ?

– Oui, _____

3 **Répondez affirmativement ou négativement en utilisant des pronoms.**

1. – Faites-vous des mots croisés ?

2. – Souhaitez-vous toujours l'anniversaire de votre meilleur(e) ami(e) ?

3. – Parlez-vous en français avec vos parents ?

29

L'IMPÉRATIF

> **Viens !**   **Prends** ton manteau !   **Dépêche-toi !**

UTILISATION et FORMATION

■ On utilise l'impératif pour demander quelque chose, donner un conseil ou un ordre :

Écoutez attentivement !   ***Rappelez** plus tard !*   *Ne **bougez** pas !*

■ L'impératif est un présent **sans sujet.** On l'utilise seulement pour « tu », « nous », et « vous » :

*Tu pars. **Pars !***   *Nous partons. **Partons !***   *Vous partez. **Partez !***

- À l'écrit, le « **-s** » de la deuxième personne disparaît pour les finales en « **e** » et pour le verbe « **aller** ».

  Regarde !   *Écoute !*   ***Va** vite à l'école !*

♪ - Devant « **en** » et « **y** » on garde le « **s** » pour des raisons de prononciation :

  *Parle**s**-en à Paul !*   *Pense**s**-y !*   *Va**s**-y !*

- « **Être** », « **avoir** », « **savoir** » et « **vouloir** » ont un impératif irrégulier.

***Sois** tranquille !*	***Aie** confiance.*	***Sache** que je suis là.*
***Soyons** prudents !*	***Ayons** du courage.*	***Sachons** répondre.*
***Soyez** heureux !*	***Ayez** l'obligeance...*	***Sachez** accepter.*
***Veuillez** patienter...*		

LES PRONOMS COMPLÉMENTS changent de forme et de place à l'impératif.

■ À l'impératif **affirmatif,** le pronom est **après** le verbe et « **me** »/« **te** » deviennent « **moi** »/« **toi** » :

*Fais-**le** !*   *Prends-**en** !*   *Allons-**y** !*   *Regarde-**moi** !*   *Assieds-**toi** !*

■ À l'impératif **négatif,** les pronoms se placent **devant** le verbe et ne changent pas de forme :

*Ne **me** téléphone pas !*   *Ne **t'**inquiète pas !*   *Ne **le** regarde pas.*

E X E R C I C E S

1 **Faites des slogans publicitaires, selon le modèle.**

Boire de l'eau minérale. *Buvez de l'eau minérale !*

1. Prendre des vitamines. _____

2. Partir en vacances. _____

3. Profiter de la vie. _____

4. Faire de l'aérobic. _____

5. Être en forme. _____

6. Avoir confiance. _____

7. Aller de l'avant. _____

8. Prendre le temps de vivre. _____

2 **Refaites l'exercice à la deuxième personne du singulier :** *Bois de l'eau minérale !*

3 **Utilisez le verbe « donner » avec l'impératif et un pronom, selon le modèle.**

J'ai besoin d'un dictionnaire. *Donne-moi un dictionnaire.*

1. J'ai besoin d'une enveloppe. _____

2. Khaled a besoin d'un classeur. _____

3. Marie a besoin d'un cahier. _____

4. Les étudiants ont besoin d'une cassette. _____

4 **Donnez des ordres ou des conseils, selon le modèle.**

	Un professeur à un élève :	Un professeur à ses élèves :
S'asseoir	*Assieds-toi*	*Asseyez-vous*
1. Se concentrer	_____	_____
2. Se dépêcher	_____	_____
3. Ne pas se décourager	_____	_____
4. Se détendre	_____	_____

5 **Donnez des conseils selon le modèle.**

Je n'ai pas envie de téléphoner à Louis. *Ne lui téléphone pas !*

1. Je n'ai pas envie d'aller au cinéma. _____

2. Je n'ai pas envie de prendre de thé. _____

3. Je n'ai pas envie d'écrire à mes parents. _____

4. Je n'ai pas envie d'inviter les voisins. _____

30

LE CONDITIONNEL (1)

– Je **voudrais** parler à Monsieur Durand.
– Il n'est pas là. Vous **devriez** rappeler dans un quart d'heure.

L'EXPRESSION de la POLITESSE et du DÉSIR

■ On utilise le conditionnel pour demander **poliment** un service :

– *Je **voudrais** un renseignement.*   (verbes « vouloir »
– *Est-ce que je **pourrais** parler à Monsieur Bruni ?*   et « pouvoir »)

■ On utilise le conditionnel pour faire une suggestion, donner un **conseil** :

– *Vous **devriez** moderniser votre entreprise.*
– *Tu **devrais** te faire couper les cheveux.*   (verbe « devoir »)

■ On utilise le conditionnel présent pour exprimer un **désir** :

– *J'**aimerais** savoir dessiner.*   (verbes « aimer »
– *Je **voudrais** être en vacances.*   et « vouloir »)

■ On utilise le conditionnel passé pour exprimer des **regrets** :

– *J'**aurais aimé** faire des études scientifiques.*
– *J'**aurais voulu** être pianiste.*
– *J'**aurais dû** travailler davantage.*

FORMES COURANTES

	Présent		Passé	
VOULOIR	*je voudrais*	*vous voudriez*	*j'aurais voulu*	*vous auriez voulu*
AIMER	*j'aimerais*	*vous aimeriez*	*j'aurais aimé*	*vous auriez aimé*
DEVOIR	*je devrais*	*vous devriez*	*j'aurais dû*	*vous auriez dû*

(Autres usages et formation complète, voir pp. 220 et 224.)

1 **Répondez au choix en utilisant une forme de politesse.**

– Vous voulez un thé ou un café ?   – *Je voudrais un café.*

1. – Vous voulez un ou deux sucres ?   – _____

2. – Vous voulez une brioche ou un croissant ?   – _____

3. – Vous voulez faire une pause ou continuer ?   – _____

4. – Vous voulez sortir ou rester ici ?   – _____

5. – Vous voulez lire ou écouter une cassette ?   – _____

2 **Faites des phrases avec une forme de politesse, selon le modèle.**

une table près de la fenêtre   la carte   un peu de pain   une carafe d'eau
des haricots (à la place des frites)   le café avec le dessert   l'addition

– *Est-ce que je pourrais avoir une table, près de la fenêtre ?* _____

_____

_____

3 **Donnez des conseils, selon le modèle.**

Dormir en moyenne huit heures   Partir un mois en vacances   Faire de la marche à pied
Boire beaucoup d'eau   Faire 15 minutes de gymnastique Manger des légumes verts

Pour être en forme, *vous devriez dormir en moyenne huit heures.*

_____

_____

4 **Exprimez des désirs, selon le modèle.**

Parler couramment français   Avoir plus de temps libre
Avoir dix ans de moins (de plus) Être à la mer (à la montagne)

J'aimerais parler couramment français. _____

_____

_____

5 **Monsieur Dupond est vieux et il a des regrets. Exprimez-les.**

Voyager - Parler plusieurs langues - Être un artiste - Être célèbre - Avoir des enfants - Profiter davantage de la vie - Acheter une maison - Faire des économies

J'aurais aimé (voulu)... _____

J'aurais dû... _____

1 **Complétez le texte avec les verbes manquants (plusieurs possibilités).**

prendre, mettre, sortir, aller, faire, jouer, boire, lire, être, avoir, partir, couper.

1. Le matin, pour le petit déjeuner, Roger _____ seulement un café, mais ses enfants _____ un grand bol de café au lait avec des tartines. Ils _____ souvent du beurre ou de la confiture sur leurs tartines.

2. Roger _____ de la maison à sept heures trente, mais les enfants _____ seulement à huit heures. En général, ils _____ à l'école à pied : l'école se trouve seulement à huit cents mètres de la maison. Roger, lui, _____ au bureau en métro. Il _____ le métro à la station Étoile. En général, il _____ environ dix minutes pour arriver à La Défense où il travaille.

3. À quatre heures, les enfants _____ souvent du sport avec leurs copains : ils _____ au foot ou au basket sur le parking derrière la maison. Puis ils rentrent à la maison, ils _____ deux grands verres de jus d'orange et ils _____ tranquillement des magazines ou des bandes dessinées, ensuite _____ leurs devoirs. Ils _____ plus d'une heure pour faire leurs exercices.

4. Quand ils _____ malades, ils ne _____ pas à l'école, mais ils _____ des devoirs chez eux (s'ils n'_____ pas trop de fièvre). Le mercredi, ils _____ au gymnase (ils _____ du squash ou de la natation) ; de temps en temps, ils _____ chez le coiffeur pour se _____ les cheveux.

2 **Complétez les phrases avec les éléments manquants.**

1. Qu'est-ce que vous _____ pour le petit déjeuner, _____ thé ou _____ café ?

2. Marie _____ au cinéma tous les lundis avec _____ frère et elle _____ retourne parfois _____ dimanche avec _____ parents.

3. Les enfants français _____ beaucoup _____ bandes dessinées.

4. _____ dimanche, je _____ jogging au bois de Vincennes.

5. Il pleut : _____ votre parapluie et _____ votre imperméable avant de sortir !

6. Vous allez _____ Pologne _____ train ou _____ avion ?

7. – Tu _____ où Julie habite ? – Non, je _____ son adresse exacte.

8. Daniel connaît Jean-Michel ? – Oui, ils _____ professeurs dans la même université.

1 Complétez les phrases avec les éléments manquants (avec élision si nécessaire).

1. À Paris, le temps change tous les jours : quand je _____ mon manteau, _____ chaud, et quand je _____ des vêtements légers, _____ froid.

2. _____ lundi, en général, je travaille _____ huit heures et quand je rentre _____ moi, il est _____ tard et il _____ nuit.

3. Quand je _____ mal à la gorge, je _____ deux aspirines pendant le déjeuner et je _____ prends deux autres _____ soir.

4. En général, je déjeune _____ restaurant à midi, et le soir je mange une soupe _____ légumes avec _____ pain, _____ salade et un peu _____ fromage ou _____ fruits.

5. Ma fille collectionne les boîtes d'allumettes et _____ plus de mille ; mon frère _____ donne toujours quatre ou cinq quand il vient _____ nous.

6. Marina et Dimitri vivent _____ Londres _____ trois ans. Chaque année, ils _____ ici, à Paris, pour Noël, et en été, ils _____ Grèce, _____ leurs parents.

7. Le directeur _____ une demi-heure pour aller au bureau _____ voiture, mais les secrétaires _____ quinze minutes _____ métro.

8. J'habite _____ Suisse, _____ sœur habite _____ Canada, _____ frère vit _____ Brésil et _____ parents sont _____ Hollande.

9. Quand je _____ mal aux dents, je _____ le dentiste sans attendre.

10. En général, à Noël, nous _____ ski _____ 22 décembre _____ 4 janvier.

11. En principe, ma femme _____ piscine avec ma fille, et moi je _____ vais avec mes deux fils.

12. Ma fille _____ seulement sept ans, mais elle joue bien _____ piano et _____ flûte.

13. Nous avons beaucoup _____ amis _____ États-Unis.

14. Vous prenez vos vacances _____ août ou _____ mois de septembre ?

15. Tu es trop maigre ! Tu _____ manger davantage.

31 LES PRONOMS « TONIQUES »

> Je pars avec **elle,** vous allez chez **eux. Lui,** il reste ici.

■ Quand un pronom est seul, on utilise un pronom tonique :

– Qui a fait ça ?
- *– Moi !*
- *– Toi !*
- *– Lui !*
- *– Elle !*
- *– Nous !*
- *– Vous !*
- *– Eux !*
- *– Elles !*

■ En général, après une **préposition,** on utilise un pronom tonique :

Il travaille **avec** *moi.*
Elle habite **chez** *toi.*
Tu dînes **sans** *lui.*

- « **Soi** » est le pronom tonique de « **on** » indéfini :

On *est bien chacun chez* **soi.**

■ On utilise un pronom tonique quand le pronom est renforcé :

*– Vous êtes seul ? – **Moi aussi.***
*– Elle n'est pas là et **lui non plus.***
*– **Même lui** n'est pas d'accord avec vous.*

- On **ajoute** un pronom tonique au pronom sujet seulement pour marquer un contraste :

– Paul est dessinateur.	*– **Moi, je** suis ingénieur.*
– Jean est pour le nucléaire.	*– **Moi, je** suis contre.*

 • Ne dites pas : « Moi, je... » pour commencer une conversation.

1 **Répondez avec un pronom tonique, selon le modèle.**

– C'est Pierre, là, sur la photo ? – Oui, *c'est lui.* / Non, *ce n'est pas lui.*

1. Qui est le responsable de l'agence, c'est vous ? – Non, _____

2. Qui est au téléphone, c'est ma fille ? – Oui, _____

3. C'est Paul qui danse avec Madeleine ? – Non, _____

4. Ce sont les parents de Catherine, là-bas ? – Oui, _____

5. Qui a les billets, c'est vous ? – Oui, _____

2 **Répondez avec « aussi » et « non plus » selon le modèle.**

1. – Je travaille en juillet.   – *Moi aussi.*   – Et votre mari ? – _____

2. – Et Charlotte ?   – _____   – Et vos enfants ? – _____

3. – Je ne suis pas là en août. – *Moi non plus.*   – Et vos parents ? – _____

4. – Et votre fiancé(e) ?   – _____   – Et vos sœurs ? – _____

3 **Faites des phrases selon le modèle.**

– Ce soir, je dîne chez Jean et Michèle. – *Ah bon, vous dînez chez eux !*

1. – À midi, je déjeune avec le directeur. – _____

2. – En ce moment, j'habite chez Pierre et Anne. – _____

3. – Cet après-midi, je travaille avec vous ! – _____

4. – Ce soir, je sors avec Julien. – _____

5. – Nous partons en vacances sans nos enfants. – _____

4 **Complétez les phrases selon le modèle.**

J'aime la ville, mais mon mari, *lui,* préfère la campagne.

1. Le directeur arrive à 9 heures, mais les secrétaires, _____, arrivent à 8 h 30.

2. J'habite dans le centre, mais Jean-Marc, _____, habite en banlieue.

3. Robert travaille à Rome, mais sa femme, _____, travaille à Versailles.

4. Nous aimons la montagne, mais les enfants, _____, préfèrent la mer.

5 **Complétez avec les pronoms toniques manquants.**

1. Denis parle avec Simon : il parle avec _____ pendant des heures. - **2.** Nous rentrons chacun chez _____, c'est la fin des vacances. - **3.** Quand on fait les choses _____-même, on est plus satisfait ! - **4.** Il garde tout pour _____, c'est un garçon très secret. - **5.** Regarde : c'est Anne et Lucas, ce sont _____ !

LES RELATIFS

LES RELATIFS SIMPLES

> La femme **qui** arrive... La femme **que** j'aime...
> La rue **où** j'habite... La vie **dont** je rêve...

Le pronom relatif permet de relier plusieurs phrases en évitant de répéter un nom déjà mentionné :

*Je regarde une femme ; **cette femme** est blonde.*
*Je regarde une femme **qui** est blonde.*

■ « **QUI** » reprend le **sujet** (personne ou chose) du verbe qui suit :

*La femme **qui** parle porte une robe **qui** brille.*

■ « **QUE** » reprend le **complément** d'objet (personne ou chose) du verbe qui suit :

*La femme **que** je regarde porte une robe **que** j'adore.*

♪ • On fait l'élision avec « que » mais pas avec « qui » :

*La femme **qu'**on aime et **qu'**on attend... La femme **qui** arrive et **qui** est là...*

■ « **DONT** » reprend le complément d'objet d'un **verbe** construit avec « de » :

*La femme **dont** je parle porte une robe **dont** je rêve.*
         (de qui ?)   (de quoi ?)

• « Dont » peut être le complément d'un **nom** ou d'un **adjectif** :

*Les enfants **dont** il est le père...*
*La médaille d'or **dont** elle est fière...*

⚠ • Dites :

*La chose **dont** j'ai besoin...*
*La façon **dont** tu travailles...*
*La manière **dont** il parle...*

■ « **OÙ** » reprend un complément de **lieu** ou de **temps** :

*La rue **où** j'habite est très agréable.*
*Le jour **où** je suis né était un jeudi.*

1 **Complétez les phrases avec « qui » ou « que ».**

L'étudiant *qui* parle avec Hélène est allemand.

1. Le professeur _____ travaille à côté est américain. - **2.** Le pull _____ vous portez est en laine ou en coton ? - **3.** La sculpture _____ est sur la place représente un éléphant. - **4.** La chaîne de télévision _____ je regarde le plus est la 3e chaîne. - **5.** Le terminus des bus _____ commencent par « 2 » est à la gare Saint-Lazare. - **6.** Les personnes _____ ont des enfants ont des réductions sur le TGV. - **7.** Le costume _____ porte Gérard est horrible.

2 **Répondez en utilisant « que » ou « dont ».**

– Vous portez souvent cette couleur ! – *Oui, c'est une couleur que je porte souvent.*

1. – Vous voyez souvent cette personne ? _____

2. – Vous avez besoin de cet appareil en permanence ? _____

3. – Vous écoutez souvent cette cassette ? _____

4. – Vous vous occupez personnellement de cette affaire ? _____

5. – Vous êtes responsable de ce service ? _____

3 **Complétez les phrases avec « qui », « où » et « dont ».**

Jacques Tati est un cinéaste *qui* fait des films très amusants.

1. Édith Piaf est une chanteuse _____ est connue dans le monde entier. - **2.** Le lundi est un jour _____ beaucoup de magasins sont fermés. - **3.** Le Marais est un quartier _____ il y a beaucoup d'hôtels particuliers. - **4.** « Les Feuilles mortes » est une chanson _____ j'adore la musique. - **5.** Le TGV est un train _____ traverse toute la France. - **6.** Le musée Grévin est un musée _____ il y a des mannequins de cire. - **7.** La « Marche du siècle » est une émission de télévision _____ on parle beaucoup. - **8.** Paris est une ville _____ change tout le temps et _____ reste toujours la même.

4 **Complétez le texte avec « que », « dont » et « où ».**

1. Le fax est une invention _____ je trouve vraiment géniale. - **2.** « La Pagode » est un cinéma _____ j'aime beaucoup aller. - **3.** La politique est un sujet _____ je ne parle jamais en famille. - **4.** Le chômage est une chose _____ tout le monde a peur. - **5.** Le bruit est une chose _____ je ne peux pas supporter.

5 **Faites des phrases selon le modèle en complétant librement.**

L'étudiant qui est à côté de moi... La fille que je regarde... _____

LES RELATIFS SIMPLES (suite)

> **Ce qui** me plaît chez toi, **c'est** le sourire, **ce sont** les yeux...
> **C'est** toi **qui** es ma préférée...

■ « CE QUI », « CE QUE » ou « CE DONT » remplace « **la chose qui/que/dont** » :

> *Elle aime **ce qui** est cher.*
> *Elle sait **ce que** j'aime.*
> *Elle écoute **ce dont** je parle.*

- Pour mettre l'accent sur un élément, on le remplace par « **ce qui** », « **ce que** », « **ce dont** » et on le réintroduit avec « **c'est** » (« **ce sont** ») :

> ***Ce qui** est cher à Paris, **c'est** le loyer.*
> ***Ce que** j'aime le plus à Rome, **c'est** le Capitole.*
> ***Ce dont** j'ai besoin, **c'est** d'un café fort.*

■ « C'EST ... QUI/QUE », « CE SONT ... QUI/QUE »

- Pour mettre l'accent sur un élément, **à l'exclusion d'un autre,** on place « **c'est** » (« ce sont ») **devant** cet élément et un **relatif après** :

> ***C'est** Pierre **qui** a la responsabilité du service.*
> ***C'est** moi **que** vous désirez voir ?*

  - Attention à l'accord dans la mise en relief.

> *C'est **nous** qui **sommes** les premiers.*
> *Ce sont **eux** qui **ont** les dossiers.*

Dites :	Ne dites pas :
– *C'est moi qui **suis**...*	– *C'est moi qui est...*
– *C'est moi qui **ai**...*	– *C'est moi qui a...*

1 Complétez les phrases avec « ce qui », « ce que » ou « ce dont ».

– Dites-moi franchement *ce que* vous pensez.

1. – Il est difficile de savoir _____ est bien et _____ est mal. - **2.** – Je n'ai pas de mémoire : j'oublie tout _____ j'étudie. - **3.** – Prenez tout _____ vous avez besoin à la bibliothèque. - **4.** – Antoine adore _____ est salé et _____ est piquant. - **5.** – Je ne sais pas _____ il y a au cinéma en ce moment. - **6.** – Je devine _____ elle craint, _____ elle a peur. - **7.** – Savez-vous _____ se passe dans la rue ? - **8.** – Dis-moi _____ tu as envie pour ton anniversaire et _____ tu veux faire.

2 Complétez le texte avec « ce qui », « ce que » ou « ce dont ».

Ce que je fais actuellement est très intéressant : je dois noter tout _____ font les enfants entre deux et trois ans dans une crèche : _____ ils mangent, _____ ils boivent, _____ ils aiment, _____ ils détestent, _____ ils parlent entre eux, _____ les intéresse. Je constate que _____ disent les livres de psychologie est bien différent de _____ je vois et c'est _____ est passionnant.

3 Complétez les phrases avec « ce qui » / « ce que » / « ce dont » ... « c'est » / « ce sont ».

Ce qui m'intéresse en ce moment, *c'est* la peinture impressionniste.

1. – _____ j'aime chez vous, _____ votre sourire. - **2.** – _____ me plaît le plus chez Paul, _____ ses yeux. - **3.** – _____ je me méfie, _____ de la circulation le vendredi soir. - **4.** – _____ je préfère à Paris, _____ les petits cafés. - **5.** – _____ j'ai besoin, _____ d'un mois de vacances au soleil !

4 Répondez aux questions.

– Tu as « Pariscope », Marie ? — Oui, *c'est moi qui ai « Pariscope ».*

1. – Tu as les billets, Paul ? — Oui, _____

2. – Vous êtes au premier rang, Paul et Julie ? — Oui, _____

3. – Tu es au fond, Charlie ? — Oui, _____

4. – Tu as mes lunettes, Marie ? — Oui, _____

5. – Tu vas chercher des glaces, Paul ? — Oui, _____

5 Faites des phrases selon le modèle en exprimant vos goûts personnels.

Ce qui me plaît le plus chez un homme (une femme), c'est... _____

_____

Ce que je déteste le plus chez un homme (une femme) c'est... _____

_____

LES RELATIFS COMPOSÉS

> Voilà la raison pour **laquelle** je suis à Paris.
> Voilà les étudiants avec **lesquels** je travaille.

■ **« LEQUEL », « LAQUELLE »**, etc., sont des relatifs composés. On les utilise en général après une **préposition.**

> *Je travaille **pour** une société française.*
> *La société **pour laquelle** je travaille est à La Défense.*
>
> *Je voyage **avec** des amis.*
> *Les amis **avec lesquels** je voyage sont allemands.*

• Les relatifs composés portent le genre du nom qu'ils reprennent.

> ***Le** restaurant dans **lequel** j'ai rendez-vous est à Montparnasse.*
> ***La** personne avec **laquelle** j'ai rendez-vous s'appelle Enrica.*

	Masculin	Féminin
Singulier Pluriel	*lequel* *lesquels*	*laquelle* *lesquelles*

■ **« AUQUEL », « À LAQUELLE »**, etc., sont des relatifs contractés avec la préposition **« à »** :

> *Il fait allusion **à** un livre de Marguerite Duras.*
> *Le livre **auquel** il fait allusion est de Marguerite Duras.*

	Masculin	Féminin
Singulier Pluriel	*auquel* *auxquels*	*à laquelle* *auxquelles*

• Pour les **personnes,** on utilise souvent « qui » à la place du relatif composé :

*La personne pour **laquelle** je travaille...*	*La personne pour **qui** je travaille...*
*L'homme **auquel** je pense...*	*L'homme à **qui** je pense...*

■ **« DUQUEL », « DE LAQUELLE »**, etc., sont des relatifs contractés avec la préposition **« de »**. Ils remplacent « dont » lorsqu'une préposition sépare le nom et le relatif.

> ***La maison** à côté **de laquelle** tu habites est la maison dont je rêve.*

	Masculin	Féminin
Singulier Pluriel	*duquel* *desquels*	*de laquelle* *desquelles*

1 Complétez les phrases avec les relatifs composés manquants.

Est-ce que le sport *auquel* vous vous intéressez est un sport d'équipe ?

1. Est-ce que le fauteuil _____ vous êtes assis est en cuir ? - **2.** Est-ce que le lit _____ vous dormez est confortable ? - **3.** Est-ce que le stylo _____ vous écrivez est rechargeable ? - **4.** Est-ce que la société _____ vous travaillez est à Paris ?

2 Complétez les phrases selon le modèle.

– Vous participez à la réunion annuelle ?

– *Oui, c'est une réunion à laquelle je participe.*

1. – Vous travaillez sur le même sujet depuis longtemps ?

– _____

2. – Vous référez-vous à l'ouvrage de Michelet ?

– _____

3. – Est-ce que vous vous intéressez à la période romantique ?

– _____

4. – Vous adressez-vous au public des lycées ?

– _____

3 Complétez l'exercice selon le modèle.

Nous organisons une fête. Vous êtes invités à cette fête.

Nous organisons une fête à laquelle vous êtes invités.

1. Mon fils a un petit chien. Sans ce chien, il ne sort jamais.

– _____

2. Nous avons un grand jardin. Nous déjeunons souvent dans ce jardin.

– _____

3. Éric a réalisé un film. Pour ce film, il a obtenu un prix à Cannes.

– _____

4. Muriel a deux collègues de travail. Elle joue au tennis avec ces deux collègues.

– _____

4 Complétez librement les phrases.

Le bureau sur *lequel je travaille est en chêne.*

1. La salle dans _____

2. La chaise sur _____

3. Le professeur avec _____

E X E R C I C E S

1 **Répondez avec « c'est... qui/que » ou « ce sont... qui/que ».**

– Cette voiture marche à l'électricité ? – *Oui, c'est une voiture qui marche à l'électricité.*

1. – Ces affiches sont à vendre ? – _____

2. – Vous connaissez ces étudiants ? – _____

3. – Ces étudiants travaillent avec vous ? – _____

4. – Vous emmenez ces valises ? – _____

5. – Ces chaussures coûtent cher ? – _____

2 **Complétez avec « ce qui » ou « ce que ».**

Un pull ou une robe, je ne sais pas *ce que* je vais acheter.

1. Je voudrais essayer tout _____ il y a dans le magasin.

2. Les blousons en tissu, c'est _____ se vend le mieux cette année.

3. Je ne suis jamais la mode : j'achète _____ me plaît.

4. En général, les gens achètent _____ ils voient à la télévision.

5. J'aime la pure laine, la soie, le lin, tout _____ coûte cher !

6. Le rouge, c'est _____ me va le mieux.

7. Avec un pantalon noir, vous pouvez mettre _____ vous voulez.

8. Je déteste _____ est trop voyant.

3 **Complétez avec « lequel », « laquelle », « lesquels », etc.**

Chère Daisy,

Je ne comprends pas la raison pour _____ vous refusez mon invitation. Les amis chez _____

je vais passer le week-end sont des gens charmants et la ferme dans _____ ils habitent est très

confortable. Les problèmes de langue _____ vous faites allusion sont ridicules : il y aura d'autres

Anglais avec _____ vous pourrez discuter. Alors venez, je vous en prie !   Benoît

4 **Complétez avec les relatifs manquants et les prépositions si nécessaire.**

Les tarifs *qu'*Air France propose pour les week-ends sont très intéressants.

1. Les plats _____ aiment mes enfants sont toujours les plus mauvais pour la santé.

2. Bernard m'a écrit une lettre très drôle _____ j'ai répondu tout de suite.

3. Nous sommes très satisfaits des résultats _____ nous sommes parvenus.

4. Voilà une pièce _____ le soleil ne pénètre jamais.

5. La solution _____ vous pensez n'est peut-être pas la meilleure.

6. Au moment _____ on parlait de lui, il est arrivé !

1 Complétez les phrases avec les relatifs manquants.

Le matériel *dont* je me sers est japonais.

1. La voiture _____ est garée dans la rue et _____ gêne la circulation est la voiture du directeur ! - **2.** L'instrument _____ joue mon fils est un instrument très rare _____ ressemble à une mandoline. - **3.** Voilà un homme _____ j'admire le courage et _____ j'aimerais connaître. - **4.** J'adore la façon _____ vous vous habillez, c'est un style _____ est vraiment original ! - **5.** L'homme _____ parle à la télévision est un homme _____ parlent tous les journaux. - **6.** Les enfants répètent souvent _____ ils entendent et ils imitent _____ ils voient.

2 Complétez le texte avec « ce qui », « ce que » ou « ce dont ».

Ce qui me fatigue, c'est l'absence totale de planning dans notre société. Voilà _____ j'aimerais faire comprendre au directeur. _____ nous manque, c'est du temps pour mettre de l'ordre dans nos affaires. Personnellement, je ne sais jamais _____ je vais faire d'une semaine sur l'autre, _____ je vais m'occuper, _____ va se passer. D'un côté, j'aime bien _____ est imprévisible, mais de l'autre, j'aime _____ je peux maîtriser, comprendre. En fait, je ne sais pas bien _____ je veux, _____ j'ai envie !...

3 Complétez avec les relatifs manquants : « qui », « que », « dont », « lequel », etc.

1. Voilà un dictionnaire *dont* je me sers en permanence et _____ je conseille à mes étudiants. - **2.** Le peintre _____ est exposé au Grand Palais est un artiste _____ je connais très mal. - **3.** Paul s'intéresse à tout _____ touche à la mécanique. - **4.** Regardez _____ dessine ma fille : c'est votre portrait ! - **5.** Je n'aime pas la façon _____ il écrit, c'est trop prétentieux ! - **6.** Gauguin est un peintre _____ j'aime et _____ j'admire toutes les œuvres. - **7.** Voilà l'adresse _____ vous pouvez me joindre en été. - **8.** Le jour _____ je suis arrivé à Paris, il neigeait, et le jour _____ je suis parti, il faisait beau.

4 Complétez les phrases avec les relatifs manquants.

1. J'ai du mal à me lever tôt : c'est une chose _____ je ne me suis jamais habituée. - **2.** C'est la dernière fois _____ je lui prête quelque chose, il ne rend jamais rien. - **3.** J'adore la façon _____ Serkin joue du piano. - **4.** Mon fils ne sait pas _____ il veut faire plus tard. - **5.** Les amis avec _____ nous sommes sortis hier sont libanais. - **6.** _____ me manque le plus à l'étranger, ce sont les cafés de quartier. - **7.** La brasserie dans _____ je lui ai donné rendez-vous était fermée. - **8.** La conférence à _____ j'ai assisté hier était très ennuyeuse. - **9.** Quels sont les papiers _____ j'ai besoin pour travailler en France ?

33 · L'INTERROGATION (2)

> – **Comment** allez-vous ? – **Où** habitez-vous ? – **Quand** partez-vous ?

■ « OÙ », « QUAND », « COMBIEN », « POURQUOI »

- « **Où** », « **quand** », etc., en début de phrase entraînent une **inversion** du verbe et du pronom sujet :

  – *Où habitez-**vous** actuellement ?*
  – ***Pourquoi** êtes-**vous** à Paris ?*

- On peut aussi utiliser « **est-ce que** », sans inversion :

  – *Où **est-ce que** vous habitez ?*
  – *Pourquoi **est-ce que** vous êtes à Paris ?*

- Avec les **noms,** on utilise « est-ce que » ou un pronom de rappel :

  – *Quand **est-ce que** vos parents arrivent ?*   (langage courant)
  – *Quand **vos parents** arrivent-**ils** ?*   (langage formel)

- ♪ À la 3ᵉ personne du singulier, si le verbe se termine par une voyelle, on insère toujours un « **-t-** » de liaison :

  – *Où Pierre habite-**t**-il ?*   – *Combien a-**t**-il de frères ?*

■ « QUI » interrogatif porte sur une **personne** et « QUE » sur une **chose** :

  – ***Qui** cherchez-vous ?*   – ***Qui** est-ce que vous cherchez ?*
  – ***Que** cherchez-vous ?*   – ***Qu'**est-ce que vous cherchez ?*

■ « QUEL(S) »/« QUELLE(S) » s'accordent avec le nom auquel ils se réfèrent :

  – ***Quel** est votre nom ?*   – ***Quels** sont vos horaires de travail ?*
  – ***Quelle** est votre profession ?*   – ***Quelles** sont vos chansons préférées ?*

- ⚠ Dites :   Ne dites pas :

  – *Quelle est votre profession ?*   – ~~*Qu'est-ce que votre profession ?*~~

- Pour demander une précision, on utilise « lequel/laquelle/lesquels/lesquelles » :

  – *Prête-moi ton stylo. – **Lequel ?** le bleu ou le noir ?*

EXERCICES

1 Posez les questions selon le modèle.

– Vous n'habitez pas à Paris,... *mais alors, où habitez-vous ?*

1. – Vous ne travaillez pas en France,... _____

2. – Vous ne partez pas en juin,... _____

3. – Vous ne dînez pas chez vous ce soir,... _____

4. – Vos enfants ne sont pas à Paris,... _____

5. – Ils ne viennent pas cette semaine,... _____

2 Les phrases suivantes sont en français familier. Posez les questions selon le modèle.

– Vous travaillez où ? – *Où travaillez-vous ? (Où est-ce que vous travaillez ?)*

1. – Vous déjeunez où ? _____

2. – Vous partez quand ? _____

3. – Elle a rendez-vous avec qui ? _____

4. – Vous dînez à quelle heure ? _____

5. – Sandra travaille où ? _____

6. – Elle commence à quelle heure ? _____

7. – Vos amis arrivent quand ? _____

3 Posez les questions et donnez les réponses, selon le modèle.

Bonjour. Je suis Patrice Delonde. Je suis ingénieur. Je travaille à Marseille. Mon passe-temps préféré est l'escalade. J'habite à Aix-en-Provence, 10 rue de la Fontaine. Je vais à Marseille en voiture. Le week-end, je fais de l'escalade. En été, je fais de la voile.

1. *Comment* s'appelle ce monsieur ? – *Il s'appelle Patrice Delonde.*

2. _____ est sa profession ? – _____

3. _____ travaille-t-il ? – _____

4. _____ est son passe-temps préféré ? – _____

5. _____ est son adresse ? – _____

6. _____ il fait le week-end ? – _____

7. _____ fait-il en été ? – _____

4 Utilisez l'interrogatif manquant, selon le modèle.

Un pont de Paris est construit avec des pierres de la Bastille : *lequel ?*

1. La moutarde est la spécialité d'une ville française : _____?

2. Tanger est la capitale d'un pays d'Afrique du Nord : _____?

3. Deux astronautes américains ont marché sur la Lune : _____?

34

LA NÉGATION (2)

> Je ne comprends **rien.** Je ne sors **jamais.**
> Je ne connais **personne…** Je n'ai **aucun** ami.

« NE…. PAS », « NE… JAMAIS », « NE… RIEN », etc., sont les différentes formes de négation :

– *Vous travaillez ?*	– *Non, je **ne** travaille **pas.***
– *Vous dansez **quelquefois** ?*	– *Non, je **ne** danse **jamais.***
– *Vous voulez **quelque chose** ?*	– *Non, merci, je **ne** veux **rien.***
– *Vous connaissez **quelqu'un** ici ?*	– *Non, je **ne** connais **personne.***
– *Vous travaillez **encore** chez Max ?*	– *Non, je **ne** travaille **plus** chez Max.*
– *Vous avez **une** idée (précise) ?*	– *Non, je **n'**ai **aucune** idée.*

• La négation de « toujours » est **« jamais »** (habitude) ou **« plus »** (changement) :

> *Je regarde **toujours** la 3ᵉ chaîne, je ne regarde **jamais** la 2ᵉ.*
> *Je travaille **toujours** au même endroit mais **plus** le samedi.*

• La négation de « déjà » est **« jamais »** (constat) ou **« pas encore »** (intention) :

> – *Vous êtes **déjà** allé à Paris ?* | – *Non, je **ne** suis **jamais** allé à Paris.*
> | – *Non, je **ne** suis **pas encore** allé à Paris.*

• La négation de « un » / « une » / « des » est **« pas de »** ou **« aucun »** (absolument) :

> – *Vous avez un projet, Paul ? – Non,* | *je n'ai **pas de** projet.*
> | *je n'ai **aucun** projet.*

■ **« PERSONNE »** et **« RIEN »** en début de phrase sont suivis de « ne » mais jamais de « pas » :

> **Personne ne** *parle.*
> **Rien ne** *bouge.*

■ **PLUSIEURS NÉGATIONS** peuvent se suivre dans une même phrase :

> *Tu **ne** comprends **jamais rien.***
> *Il **n'**y a **plus personne.***

1 Mettez à la forme négative, en utilisant « plus », « rien », « personne », selon le modèle.

– Est-ce que tu fais quelque chose de spécial, ce soir ? – *Non, je ne fais rien de spécial.*

1. – Tu as **encore** ta vieille Alfa Romeo, Paul ?

– _____

2. – Est-ce qu'il y a **quelqu'un** en ce moment, dans ta maison de campagne ?

– _____

3. – Est-ce qu'il y a **quelque chose** à manger dans le frigo ?

– _____

4. – Tu es **toujours** fiancé avec Muriel ?

– _____

5. – Est-ce que tu prends **quelque chose** comme apéritif ?

– _____

6. – Est-ce que tu connais **quelqu'un** ici ?

– _____

7. – Est-ce que tu vas **encore** à la piscine, le jeudi ?

– _____

2 Faites l'exercice selon le modèle.

« Les Jumeaux »

Pierre est toujours content.   *Paul n'est jamais content.*

Pierre aime tout le monde.   _____

Pierre sourit tout le temps.   _____

Pierre a beaucoup d'amis.   _____

Pierre trouve tout intéressant.   _____

Pierre accepte toujours tout.   _____

Pierre croit encore au Père Noël.   _____

3 Mettez à la forme négative.

Je rentre chez moi. J'achète quelque chose. Je prépare le dîner. Quelqu'un me téléphone. Quelque chose brûle dans la cuisine. Je m'énerve. J'ai mille choses à faire. Je suis fatiguée. J'ai des soucis. Je perds tout. Je casse tout. J'oublie tout. J'ai mal à la tête. Je me couche tard.

Ça y est ! Je suis en vacances. Ce soir, je ne rentre pas chez moi... _____

_____

_____

_____

> Je **ne** travaille **ni** le lundi, **ni** le mardi.
> Je **ne** travaille **que** trois jours par semaine.

« **NI … NI** » est la négation de **deux éléments** (ou plus) reliés par « **et** » :

Je travaille le lundi et le jeudi.
*Je ne travaille **ni** le lundi, **ni** le jeudi.*

Il est jeune, beau et intelligent.
*Il n'est **ni** jeune, **ni** beau, **ni** intelligent.*

« **SANS** » est la négation de « **avec** ».

- En général, il n'y a pas d'article indéfini après « **sans** » :

  Elle sort avec un imperméable et avec un parapluie.
  *Elle sort **sans** imperméable et **sans** parapluie.*

- On utilise « **sans … ni** » de préférence à « **sans … et sans** » :

  *Elle sort **sans** imperméable, **ni** parapluie.*

« **NE … QUE** » n'est pas une négation, mais une **restriction** :

*Julien **n'a que** cinq ans.*	= Il a seulement cinq ans.
*Je **ne** dors **que** six heures.*	= Je dors seulement six heures.

- « **Ne** » se place devant le verbe, mais « **que** » devant l'élément sur lequel porte la restriction.

  *Ça **ne** coûte **que** cent francs.*
  *Ça **ne** coûte, en ce moment, **que** cent francs.*
  *Ça **ne** coûte, jusqu'à la fin du mois, **que** cent francs.*

- Sur les affiches, les publicités, etc., on utilise souvent « **que** » tout seul :

***Que** 99 F !*	= seulement 99 F.
***Que** des affaires !*	= seulement de bonnes affaires.

E X E R C I C E S

1 **Répondez aux questions selon le modèle.**

– Vous êtes libre mardi et jeudi ?

– *Non, je ne suis libre ni mardi ni jeudi.*

1. – Le restaurant indien est ouvert le samedi et le dimanche ?

– _____

2. – Votre femme connaît Simon et Gérald ?

– _____

3. – Votre frère et vous, vous ressemblez à votre père ou à votre mère ?

– _____

4. – Les petits magasins prennent les chèques de voyage et la carte Visa ?

– _____

2 **Répondez avec « ne ... que », selon le modèle.**

– Vous travaillez seulement douze heures, cette semaine ?

– *Oui, cette semaine, je ne travaille que douze heures.*

1. – Vous mettez seulement un sucre dans votre café ?

– _____

2. – Vous prenez seulement un croissant ?

– _____

3. – Vous avez seulement un rendez-vous, aujourd'hui ?

– _____

4. – Vous prenez seulement vingt litres d'essence ?

– _____

5. – Vous partez seulement à onze heures ?

– _____

3 **Complétez les phrases avec « ne ... pas », « ne ... que », « sans... ni » ou « ni ... ni ».**

On reçoit toujours une lettre de rappel des Telecom quand on *ne* paye *pas* ses factures.

1. À cause de la grève des transports, nous _____ partons _____ mardi, _____ mercredi, mais seulement jeudi. - **2.** Je ne peux pas aller à la piscine : je _____ ai _____ de maillot ! - **3.** L'eau est très froide : elle _____ fait _____ dix-huit degrés ! - **4.** Grâce à votre « crédit achat », vous _____ payez _____ le mois prochain ce que vous achetez aujourd'hui. - **5.** Ma cousine est strictement végétarienne, elle _____ mange _____ œufs _____ poisson : elle _____ mange _____ des légumes. - **6.** Cette brioche est très bonne même _____ confiture, _____ miel.

35

LE DISCOURS INDIRECT (1)

> Pierre **dit qu'**il part à cinq heures. Il **demande si** on est d'accord.
> Je lui **demande où** il va et **ce qu'**il va faire.

LE DISCOURS INDIRECT AU PRÉSENT

■ Quand on **rapporte** des paroles ou des pensées, on relie les phrases par « **que** » :

Paul dit : « Le film est à 10 heures. »   Paul dit **que** le film est à 10 heures.
Il pense : « C'est trop tard. »   Il pense **que** c'est trop tard.

■ Quand on rapporte une question simple, on utilise « **si** » :

– *Tu es d'accord ?*   *Il demande **si** tu es d'accord.*
– ***Est-ce que** tu es prêt ?*   *Il demande **si** tu es prêt.*

● Avec « quand », « comment », « où », etc., on supprime l'inversion :

– ***Où** allez-**vous** ?*   *Il demande **où vous** allez.*
– ***Quand** partez-**vous** ?*   *Il demande **quand vous** partez.*

● « Que », « qu'est-ce que » et « qu'est-ce qui » deviennent « **ce que** » et « **ce qui** » :

– ***Qu'est-ce que** vous faites ?*   *Il demande **ce que** vous faites.*
– ***Que** voulez-vous ?*   *Il demande **ce que** vous voulez.*
– ***Qu'est-ce qui** se passe ?*   *Il demande **ce qui** se passe.*

 ● Dites :   Ne dites pas :

Je ne sais pas ce qu'il fait.   *Je ne sais pas qu'est-ce qu'il fait.*

■ L'impératif devient « **de** » + **infinitif** :

– *Partez !*   *Il lui dit **de partir.***

■ Quand il y a plusieurs phrases, on **répète** les éléments de liaison :

– *Je pars et j'emmène ma fille.*   *Il dit **qu'**il part et **qu'**il emmène sa fille.*
– *Tu es d'accord ? On y va ?*   *Il demande **si** tu es d'accord*
                                            *et **si** on y va.*

● « **Oui** » et « **Non** » sont en général précédés de « **que** » :

Paul : – Tu veux m'épouser ? Marie : – Oui.
*Il lui demande si elle veut l'épouser et elle lui répond **que** oui.*

1 Mettez au discours indirect, selon le modèle.

1. – Je suis en retard pour mon rendez-vous. Je pars tout de suite. Finis le rapport sans moi.

– Que dit André à son ami ? – *Il lui dit qu'il est en retard à son rendez-vous...*

_____

2. – Allô Sophie ? C'est Charlie. Je suis à Paris pour la journée. Je prends le train à 7 heures. Tu es libre pour le déjeuner ? Qu'est-ce que tu fais dans l'après-midi ?

– Que dit Charlie à Sophie ? – _____

_____

3. – Mademoiselle Juliard, avez-vous la liste des hôtels trois étoiles du quartier ? Pouvez-vous téléphoner pour avoir les prix ? Appelez aussi le Concordia et le Bristol. Merci.

– Que demande le directeur à Mademoiselle Juliard ? – _____

_____

2 Complétez le dialogue suivant (Paul est à l'interphone, Mme Marthe est sourde et Mme Émilie explique).

– Je suis le nouveau voisin.	Mme Marthe :	*– Qu'est-ce qu'il dit ?*
	Mme Émilie :	*– Il dit* _____
– Je n'ai pas mes clés.	Mme Marthe :	*– Qu'est-ce qu'il dit ?*
	Mme Émilie :	– _____
– Je ne peux pas entrer.	Mme Marthe :	– _____
	Mme Émilie :	– _____
– Pouvez-vous ouvrir la porte ?	Mme Marthe :	– _____
	Mme Émilie :	– _____

3 Mettez le dialogue au discours indirect, selon le modèle.

– Qu'est-ce que tu fais pendant le week-end ? *Max demande à Léa ce qu'elle fait pendant le*
– Je reste à Paris. *week-end. Elle lui répond qu'elle reste à Paris.*

M. – Tu es libre dimanche ? _____

L. – Je vais écouter un concert. _____

M. – Où vas-tu ? _____

L. – À l'église Saint-Médard. _____

M. – Tu y vas seule ? _____

L. – Oui. _____

M. – Alors attends-moi devant l'église ! _____

4 Imaginez un dialogue entre deux amis et transformez-le au discours indirect.

36

LE GÉRONDIF

> Je lis le journal **en buvant** mon café.

FORMATION : | « en » + verbe + « -ant » |

■ On forme le gérondif sur le radical de la 2ᵉ personne du pluriel du présent :

Vous **lis**ez → en **lis**ant
Vous **chant**ez → en **chant**ant

- Mais :

en ayant (verbe « avoir »)   en sachant (verbe « savoir »)

- Attention à l'écrit pour certains verbes :

en commen**ç**ant, en mang**e**ant.

■ Le gérondif est **invariable** :

Je travaille
J'ai travaillé   } **en** écout**ant** la radio.
Je travaillerai

UTILISATION

■ Le gérondif exprime la **simultanéité** de deux actions réalisées par le même sujet :

Nous marchons en bavardant.
Il travaille en chantant.

- Le gérondif précédé de « **tout** » souligne la **simultanéité** ou l'**opposition** :

Il travaille tout en chantant.   (simultanéité)
Il est malheureux tout en étant très riche.   (opposition)

LE PARTICIPE PRÉSENT

- Le participe présent a la même forme que le gérondif, sans « en ». On l'utilise en langage soutenu comme équivalent du relatif « **qui** » :

Les élèves **ayant** (= qui ont) le baccalauréat peuvent s'inscrire à l'université.

1 Utilisez un gérondif selon le modèle.

Je regarde la télévision et je fume.   *Je regarde la télévision en fumant.*

1. Je repasse et j'écoute de la musique.   _____

2. Marie fait ses devoirs et elle mange des bonbons.   _____

3. Elle rêve et elle regarde par la fenêtre.   _____

4. Le professeur donne des explications et il écrit au tableau.   _____

5. Il part et il dit au revoir à tous.   _____

2 Donnez le contraire des phrases suivantes selon le modèle.

Il parle sans pleurer.   *Elle parle en pleurant.*

1. Il discute sans s'énerver.   _____

2. Il dit au revoir sans sourire.   _____

3. Il part sans fermer la porte.   _____

4. Il s'éloigne sans regarder derrière lui.   _____

3 Utilisez un gérondif selon le modèle.

Pierre crie et il fait des gestes en même temps. *Il crie tout en faisant des gestes.*

1. Il parle et il mange en même temps.   _____

2. Il étudie et il écoute du rock en même temps.   _____

3. Il lit et il conduit en même temps !   _____

4. Il conduit et il fait des mots croisés !   _____

5. Il rit et il pleure en même temps !   _____

4 Complétez par le participe présent de « faire », « être » ou « avoir ».

1. Toutes les personnes _____ partie de notre club sont invitées à une soirée le samedi 15 mars.

2. Tous les citoyens _____ en possession d'anciens billets sont priés de les apporter à la banque.

3. Le concours de l'agrégation est accessible à tous les candidats _____ une maîtrise.

5 Répondez librement en utilisant des gérondifs.

À votre avis, comment fait-on des progrès rapides dans une langue étrangère ? (Faire des exercices, lire des romans, parler le plus possible, apprendre du vocabulaire, écouter des chansons, etc.)

À mon avis, on fait des progrès en faisant des exercices... _____

_____

37

LES PRÉPOSITIONS
et LES VERBES

> On commence **à** travailler à 8 h. On finit **de** travailler à 9 h.
> On essaie **de** faire le maximum. On refuse **de** continuer.

Après une préposition, les verbes se mettent à l'infinitif.

LES PRÉPOSITIONS « À » et « DE » sont, en général, arbitraires :

*J'arrête **de** regarder la télé.*	*Je commence **à** ranger mes affaires.*
*Je finis **de** faire mes comptes.*	*Je me mets **à** écrire des lettres.*
	*J'apprends **à** utiliser un ordinateur.*
*Je refuse **de** partir.*	*J'ai du mal **à** m'adapter.*
*J'accepte **de** partir.*	*Je cherche **à** gagner du temps.*
*Je suis obligé **de** partir.*	*J'hésite **à** appeler Paul.*
*J'oublie **de** payer mes impôts.*	*Je réussis **à** éviter une amende.*
*J'essaie **de** dormir.*	*Je n'arrive pas **à** me détendre.*
*Je décide **de** reprendre mes études.*	*Paul m'aide **à** travailler.*
*Je rêve **de** devenir acteur.*	*J'invite Paul **à** dîner.*
*Je continue **de** travailler.* ou	*Je continue **à** travailler.*

■ « **DE** » est fréquent avec les constructions suivies d'adjectifs ou de noms « affectifs » :

Je suis $\left. \begin{array}{l} content \\ heureux \\ triste \end{array} \right\}$ ***de** partir.*

J'ai $\left. \begin{array}{l} envie \\ peur \end{array} \right\}$ ***de** le voir.*

■ ⚠ Les verbes de « **désir** » et de « **projet** » ne sont pas suivis de préposition :

J'adore $\left. \begin{array}{l} \\ \end{array} \right\}$ *voyager en avion.*
Je déteste

J'espère $\left. \begin{array}{l} \\ \end{array} \right\}$ *partir demain.*
Je pense

■ ⚠ L'infinitif utilisé seul n'est pas précédé d'une préposition :

Marcher, courir, bouger, *c'est bon pour la santé.*

Where the hell is
ccrrolina. She beeped me, yeah, and I called
he 5 times, left her 2 messages + 3 texts and she has no t
replied. Her card is
also
turned
over

LES PRÉPOSITIONS ET LES VERBES

E X E R C I C E S

1 Complétez le texte avec les prépositions manquantes, si nécessaire.

Le boulanger finit *de* travailler *à* 6 heures, la boulangère commence ___à___ travailler ___à___ 8 heures et ils sont obligés ___de___ travailler le samedi et le dimanche ! Ils ont envie ___de___ changer de métier, mais ils hésitent ___à___ vendre leur petit magasin. Leur fille aînée les aide parfois ___à___ servir les clients l'après-midi mais elle rêve ___de___ devenir médecin et elle ne doit pas négliger ses études. Le boulanger espère ___⌀___ trouver un apprenti, mais beaucoup de jeunes refusent ___de___ travailler pendant le week-end. La boulangère est parfois triste ___de___ voir si peu son mari, mais elle adore ___⌀___ voir beaucoup de monde et elle est fière ___de___ vendre un bon pain artisanal et apprécié.

2 Faites des phrases selon le modèle.

Je suis en vacances. Je suis content(e).
Je suis content(e) d'être en vacances.

1. Je suis en retard. Je suis désolé(e).

_____

2. J'ai une contravention. Je suis furieux(se).

_____

3. Je suis invité(e) chez Lucia. Je suis ravi(e).

_____

4. Je reçois deux lettres de Berndt. Je suis surpris(e).

_____

5. Je pars en voyage. Je suis heureux(se).

_____

3 Transformez, selon le modèle.

Mon objectif est de réussir mon examen.
Réussir mon examen est mon objectif. J'espère réussir mon examen.

1. Mon objectif est d'apprendre le français en six mois. _____

_____

2. Mon objectif est de trouver rapidement du travail. _____

_____

3. Mon objectif est de gagner au moins 15 000 francs par mois. _____

_____

4. Mon objectif est de vivre quelques années à l'étranger. _____

_____

E X E R C I C E S

1 **Développez selon le modèle.**

Mes rêves : aller au Tibet et rester un an en Chine.

Je rêve d'aller au Tibet et de rester un an en Chine.

1. Mes décisions : faire des économies et acheter un bateau.

_____

2. Mon espoir : trouver un bon travail et être vite autonome.

_____

3. Mes envies : habiter à la campagne et faire de la poterie.

_____

4. Mes peurs : vieillir et être seul.

_____

2 **Complétez par la préposition qui convient, si nécessaire.**

Depuis quelque temps, j'ai du mal *à* trouver un équilibre.

1. Je n'arrive pas ___*à*___ me détendre - **2.** Je commence ___*à*___ avoir des insomnies. - **3.** Mais je refuse ___*de*___ rester dans cette situation. - **4.** Alors, je décide ___*de*___ changer. - **5.** J'arrête ___*de*___ travailler autant. - **6.** J'essaye ___*de*___ m'intéresser ___*à*___ d'autres choses. - **7.** Je fais *de la* musique, je joue ___*de la*___ guitare et j'apprends ___*à*___ faire du deltaplane. - **8.** Je téléphone ___*à*___ mes amis et je les invite ___*à*___ dîner de temps en temps. - **9.** Je commence enfin ___*à*___ prendre du temps pour moi-même. - **10.** Je réussis _____ être plus détendu. - **11.** J'espère ___*—*___ continuer comme ça.

3 **Transformez selon le modèle.**

Guillaume apprend le violon. (jouer)

Guillaume apprend à jouer du violon.

1. Il arrête le judo. (faire)

___Il arrête de faire le judo___

2. Il finit ses devoirs. (écrire)

___Il finit d'écrire ses devoirs___

3. Il continue ses cours de russe. (suivre)

___Il___

4. Il essaye le nouvel ordinateur. (se servir de)

_____

5. Il aime le jazz. (écouter)

_____

E X E R C I C E S

1 Complétez avec les prépositions manquantes, si nécessaire.

Je suis très satisfait _____ mon stage d'informatique, maintenant je réussis _____ taper tout ce que je veux. Quand j'ai un problème, je téléphone _____ mon professeur qui accepte _____ me donner quelques conseils. Je continue aussi _____ travailler seul avec un manuel et j'arrive _____ comprendre l'essentiel. J'aime _____ apprendre des choses nouvelles. L'informatique, c'est comme un jeu et parfois je suis si absorbé que j'oublie _____ regarder l'heure. Mais j'ai du mal _____ travailler sur mon écran : je crois que je vais être obligé _____ porter des lunettes.

2 Complétez avec les prépositions manquantes, si nécessaire.

Cher Julien,

Je suis content _____ voir que tu commences _____ prendre tes études au sérieux. Si tu continues _____ avoir de bons résultats, je veux bien _____ t'acheter une petite voiture. J'espère _____ trouver une bonne occasion chez « Ringard », le nouveau garagiste.

Je n'en parle pas encore à ta mère : elle a peur _____ tout ce qui roule (et elle ne veut pas _____ voir son fils grandir…). Mais n'oublie pas _____ l'appeler pour la Fête des mères. Elle est si heureuse _____ avoir de tes nouvelles.

Grosses bises. Bon courage.

Papa.

3 Complétez avec les éléments manquants, si nécessaire.

Selon une enquête récente de l'INSEE, près *d'*un million *de* Français ne sont pas satisfaits _____ leur emploi actuel et souhaitent _____ changer _____ cadre de vie. Ils rêvent _____ trouver une activité et un lieu de vie plus agréables. Certains hésitent _____ tout quitter, mais d'autres choisissent _____ bouleverser leurs habitudes et décident _____ partir ailleurs, souvent en fait parce qu'ils ont peur _____ perdre leur emploi actuel ou parce qu'ils sont déjà au chômage. Alors, des informaticiens deviennent _____ restaurateurs, des comptables _____ libraires ou des dentistes _____ menuisiers. Soit ils continuent _____ être salariés ailleurs, _____ Québec, _____ Amérique du Sud, _____ États-Unis ou _____ Australie, soit ils décident _____ créer leur propre entreprise à l'étranger. Ils essayent en tous cas _____ trouver de nouvelles activités qui _____ motivent et ils réussissent souvent _____ trouver un mode de vie qui _____ convient mieux.

4 Faites des phrases avec les verbes suivants.
commencer / finir - accepter / refuser - essayer / réussir - adorer / détester

38

LES VERBES
de DÉPLACEMENT

> Je **vais** en Italie. Je **vais voir** des amis. On **visite** la Toscane.

« ALLER », « VENIR », etc.

- « Aller » = d'un lieu vers un autre lieu :

  ────────────────▶

  *Je **vais** à Paris.*
  (Je ne suis pas à Paris.)

- « Venir » = d'un lieu vers le lieu où on est :

  ◀────────────────

  *Je **viens** régulièrement à Paris.*
  (Je suis actuellement à Paris.)

- « Retourner » = « aller » une **nouvelle** fois :
  *Je **retourne** à Berlin.*

- « Revenir » = « venir » une **nouvelle fois** :
  *Attendez-moi ici, je **reviens**.*

- « Rentrer » = « revenir » à son **domicile** ou dans son **pays** d'origine :
  *Je **rentre** chez moi à 8 heures.*
  *Ils **rentrent** définitivement chez eux, en Australie.*

 • **« Avec moi »** et **« avec nous »** se construisent avec « venir » au lieu d'« aller » :
  *On **va** en Afrique et Joan **vient** avec nous.*

- Les verbes de déplacement (« aller », « venir », « monter », « descendre », etc.) sont suivis d'un infinitif **sans préposition.**
  Je viens chercher Pierre.
  Je passe acheter le journal.

« ALLER VOIR » (« VENIR VOIR ») / « VISITER »

- « Aller voir » + personne :
  *Je **vais voir** mes parents le dimanche.*
  *Mes cousins **viennent** me **voir** souvent.*

- « Visiter » + lieu **touristique** :
  *Je **visite** Notre-Dame demain.*
  *Nous **visitons** l'église avec un guide.*

 • Ne dites pas :
  Je ~~visite~~ ma grand-mère.

  – Est-ce que je peux ~~visiter~~ les toilettes ?

- Dites :
  Je vais voir ma grand-mère.

  – Où sont les toilettes, s'il vous plaît ?

1 Complétez le texte avec les verbes de déplacement manquants.

Annie et Martha *viennent* ici, à Paris, pour Noël et ensuite, nous _____ toutes les trois en Provence.

Nous _____ chez des amis américains, David et Éléonore, qui vivent là-bas. David et sa femme

_____ parfois me voir à Paris, mais ils _____ vite dans le Sud car ils ne supportent plus les

grandes villes. De temps en temps, ils _____ chez eux, à New York, pour voir leur famille, mais ils pen-

sent _____ définitivement aux États-Unis après leur retraite.

2 Vous avez sept ans, vous décrivez une de vos journées « typiques ».

8 h 30 : école	12 h : chez Mamie	13 h 30 : école	16 h 30 : maison
17 h 30 : chez Daniel	18 h 30 : chez Mamie	19 h 30 : maison	

Le matin, je vais à l'école à huit heures trente. _____

_____

_____

3 Complétez les phrases avec les verbes manquants.

aller, venir, revenir, retourner, rentrer.

1. – Chaque fois que ma fille Zoé _____ chez nous, elle amène un nouveau fiancé ! - **2.** – Le directeur

est occupé, pouvez-vous _____ dans une heure, s'il vous plaît ? - **3.** – Chaque année, ils _____

en vacances au même endroit. - **4.** – Nous _____ ici, au Jardin des Plantes, chaque fois que nous pou-

vons. - **5.** – Nous _____ aux sports d'hiver en février, vous voulez _____ avec nous ? - **6.** – J'ai

encore mal aux dents, je dois _____ pour la troisième fois chez le dentiste. - **7.** – Il est tard, les enfants :

il faut vite _____ à la maison. - **8.** – Attends-moi ici, je _____ juste à la banque et je _____ .

4 Complétez le dialogue avec les verbes de déplacement manquants.

Anne : – Tu _____ avec moi, Simon ou tu _____ avec Marc et Laurent ?

Simon : – Je _____ avec eux. Ils _____ au cinéma puis au bowling.

Anne : – Moi, je _____ à la mer, puis je _____ ici chercher Béa et nous _____ manger une pizza.

Simon : – Oh alors : je _____ avec toi !

5 Faites des phrases avec « visiter », « retourner » et « aller voir » à partir du calendrier suivant.

lundi : musée du Louvre	mardi : musée d'Orsay	mercredi : tante Mimi
jeudi : musée du Louvre	vendredi : Juliette	samedi : cathédrale de Chartres

_____

_____

39

LE FUTUR PROCHE

Demain,	je	**vais**	dîn**er**	au restaurant.
	tu	**vas**	rest**er**	chez toi ?
	il ⎫			
	elle ⎬	**va**	all**er**	au cinéma.
	on ⎭			
	nous	**allons**	visit**er**	le Louvre.
	vous	**allez**	part**ir**	en week-end ?
	ils ⎫	**vont**	fin**ir**	leur travail.
	elles ⎭			

UTILISATION

- Sans précision de temps, le futur proche indique un événement **immédiat.**

   *Vite : le train **va partir** !*
   *Regarde : il **va pleuvoir** !*
   *Attention : tu **vas tomber** !*

- Avec un complément de temps, il indique un futur plus ou moins **lointain** :

   *Je vais partir **en septembre.***
   *Nous allons rester **six ou sept ans** à Londres.*
   *Des extra-terrestres vont débarquer en **3001.***

FORMATION : verbe « **aller** » au présent + **infinitif** :

   *Je **vais** part**ir**.*   *Nous **allons** déménag**er**.*

 - Pour le futur proche d'« **aller** », on utilise deux fois le verbe « aller » :
   *Je **vais aller** en Grèce.*   *Ils **vont aller** en Espagne.*

DES EXPRESSIONS DE TEMPS (voir aussi p. 190)

*Aujourd'hui/***Demain**	*Cette semaine/La semaine* **prochaine**	***Dans***	*cinq minutes*
	Cette année/L'année **prochaine**		*cinq ans*
	Ce mois-ci/Le mois **prochain**		

1 Complétez le texte en utilisant le futur proche, selon le modèle.

À 9 heures, il y a la Coupe du monde de football : d'habitude, je pars à 7 heures du bureau, mais *ce soir, je vais partir* à six heures. En général, je rentre assez tard chez moi, mais _____ tôt. D'habitude je regarde un film, mais _____ le match. D'habitude je dîne dehors, mais, _____ chez moi. En général, je n'invite personne, mais _____ des amis. D'habitude, je bois de l'eau, mais _____ de la bière.

2 Complétez les phrases avec le futur proche, selon le modèle.
    – Le film commence ! Éteins la lumière !
    – *Éteins la lumière, le film va commencer !*

1. – On arrive au péage, prépare la monnaie.

    – _____

2. – Les informations commencent, augmente le volume de la télé.

    – _____

3. – Le directeur arrive, cachez les jeux de cartes !

    – _____

4. – Les mariés sortent de l'église, donne-moi du riz.

    – _____

5. – Il pleut ! Fermez la fenêtre !

    – _____

3 Complétez les phrases avec le futur proche.
    Ce mois-ci, je travaille à Paris, et le mois prochain, je *vais travailler* à Lyon.

1. Cette année, nous passons nos vacances en Corse, mais l'année prochaine, nous _____ en Grèce. -
2. Cette semaine, vous dînez avec vos amis anglais ; la semaine prochaine, vous _____ vos amis américains ? - **3.** Ce mois-ci, je range toutes mes lettres et mes papiers, le mois prochain, je _____ toutes les revues et tous les journaux. - **4.** Aujourd'hui, mon frère part au Canada, et dans deux mois, il _____ en Australie. - **5.** Cette semaine, il y a deux mariages dans ma famille, et bientôt, il _____ deux baptêmes.

4 Qu'est-ce que vous allez faire...

dans cinq minutes ? _____
dans une heure ? _____

LE FUTUR PROCHE

E X E R C I C E S

1 Répondez au futur proche, en décrivant les activités de Monsieur Blanchot.

Lundi

9 h/12 h

Préparation voyage Londres

13 h

Déjeuner M. Reiser (La Bonne Assiette)

Discuter dossier Samson's

15 h

Départ aéroport Roissy

16 h 45

Arrivée Londres

20 h

Dîner Peter (Harry's Bar)

Que va faire Monsieur Blanchot lundi ?

De neuf heures à midi, il va préparer son voyage à Londres.

_____

_____

_____

_____

_____

Mardi

8 h 30/12 h

Visite usine Samson's

13 h

Déjeuner M. Smith

15 h/17 h

Étude dossier Europa

18 h

Rendez-vous avec Mme Rover

20 h

Dîner M. Shark

Quel va être le programme de mardi ?

_____

_____

_____

_____

_____

Mercredi

7 h

(Taxi)

8 h 15

Départ avion Paris

Décrivez la matinée de mercredi.

_____

_____

2 Vous êtes Monsieur Shark, donnez votre agenda de la semaine prochaine.

Lundi, je vais aller à Boston à midi. Je vais revenir à Londres le soir.

Mardi, _____

Mercredi, etc. _____

158 • cent cinquante-huit

E X E R C I C E S

1 **Répondez aux questions, en variant les compléments de temps.**
– André part aujourd'hui ? – *Non, il va partir demain.*
– Et ses parents ? – *Ils vont partir dans trois jours.*

1. – Peter termine son stage cette semaine ? – Non, il _____

– Et sa femme ? – _____

2. – Vos parents rentrent de vacances aujourd'hui ? – Non, ils _____

– Et vous ? – _____

3. – Votre frère arrive ce mois-ci ? – Non, il _____

– Et votre sœur ? – _____

4. – Vous reprenez le travail aujourd'hui ? – Non, nous _____

– Et vos amis ? – _____

5. – Linda va à l'université cette année ? – Non, elle _____

– Et John et Sylvia ? – _____

2 **Faites des phrases selon le modèle.**
Faire des courses/inviter des amis.
Annie va faire des courses parce qu'elle va inviter des amis.

1. Économiser de l'argent/partir six mois en Chine
Mon frère _____

2. Faire beaucoup d'exercices/passer un examen
Les étudiants _____

3. Faire le ménage/recevoir des amis
Je _____

4. Prendre une année sabbatique/écrire un livre
Notre professeur _____

5. Déménager/avoir un troisième enfant
Les voisins _____

3 **Complétez le texte librement, au futur proche.**
Nos amis vont acheter une Peugeot, leurs parents *vont acheter une Renault.*

1. Tu vas aller au cinéma ce soir, ton frère _____

2. Mon père va boire un double whisky, ma mère _____

3. Je vais partir en vacances en août, mes enfants _____

4. Karin va rentrer en Suède demain, son mari _____

5. Ce soir, Antoine va faire la cuisine, ma fille et moi, nous _____

LE FUTUR PROCHE, LE PRONOM et L'ADVERBE

> Ce soir, je vais **me** coucher tôt.
> Je vais **bien** dormir.

■ LA PLACE DU PRONOM COMPLÉMENT

- Le pronom complément se place toujours **devant** le verbe auquel il se réfère :

  *Je vais **les inviter** samedi.*
  *Je vais **leur téléphoner** tout de suite.*
  *Je vais **me préparer** rapidement.*

- Le futur proche de « il y a » est « il va y avoir » :

  *Il **va y avoir** du brouillard demain.*
  *Il **va y avoir** des embouteillages.*

■ LA PLACE DE L'ADVERBE

- Les adverbes de **quantité** et de **qualité** se placent **après** le verbe conjugué :

  *Elle va **beaucoup** travailler.*
  *Il va **bien** dormir.*

- Les adverbes de **lieu** et de **temps** et beaucoup d'adverbes en « **-ment** » se placent **après** le verbe à l'infinitif.

  *Tu vas dîner **dehors** ?*
  *Vous allez rentrer **tard** !*
  *Il va conduire **prudemment**.*

■ Les règles précédentes fonctionnent avec toutes les constructions infinitives :

  *Je voudrais **les** inviter.*
  *Elle peut **en** manger.*
  *Vous devez **beaucoup** travailler.*
  *Il faut conduire **lentement**.*

EXERCICES

1 Répondez aux questions au futur proche en utilisant un pronom selon le modèle.

– Vous allez inviter **les voisins** pendant le week-end ? – *Oui, je vais les inviter.*

1. – Vous allez **vous** lever tard samedi ? – _____

2. – Vous allez **vous** reposer ce week-end ? – _____

3. – Vous allez inscrire **vos enfants** au club de tennis ? – _____

4. – Vous allez téléphoner **à vos amis** ? – _____

5. – Vous allez écrire **à votre mère** ? – _____

2 Décrivez le programme de la fête du village, selon le modèle.

Samedi 15 août :	Soir : bal en plein air	
Dimanche 16 août :	Après-midi : concours de boules	Soir : feu d'artifice
Lundi 17 août :	Après-midi : films pour enfants	Soir : spectacle de variétés

Le soir du quinze août, il va y avoir un bal en plein air... _____

3 Mettez le texte au futur proche, selon le modèle.

En général, je me lève à 7 heures. Je vais au bureau à pied. D'abord, je lis le courrier puis je télé-phone aux clients. Je dicte des lettres. À midi, je vais à la piscine avec Rachel. Je ne déjeune pas : je mange une pomme et je bois de l'eau. L'après-midi, je participe à des réunions. À 6 heures, je télé-phone à ma fille. Je rentre à 8 heures. Je ne me couche pas tard.

Demain, Ingrid va se lever à sept heures... _____

_____

_____

_____

4 À partir de l'exercice précédent, répondez aux questions en utilisant un pronom.

1. – Demain, Ingrid va aller au bureau en métro ? - **2.** – Elle va téléphoner aux clients l'après-midi ? -

3. – Elle va téléphoner à sa fille le matin ? - **4.** – Elle va aller à la piscine seule ? - **5.** – Elle va se coucher tôt ?

5 Répondez en utilisant « bien », « mal », « beaucoup » ou « lentement ».

– Vous allez manger dans un restaurant trois étoiles ? – *Oui, on va bien manger !*

1. – D'après la météo, il va pleuvoir ? – Oui, _____

2. – Tu sais comment va finir le film ? – Oui, malheureusement, _____

3. – Vous allez dormir pendant les vacances ? – Oui, je _____

4. – Vous allez conduire malgré le verglas ? – Oui, mais nous _____

LE FUTUR PROCHE, LA NÉGATION et L'INTERROGATION

> – **Allez-vous** changer d'appartement ?
> – Non, nous **n'**allons **pas** rester en France...

■ LA PLACE DE LA NÉGATION

- La négation se place **avant** et **après** le verbe conjugué :

  *Je **ne** vais **pas** travailler.*
  *Je **ne** vais **plus** les voir.*
  *Il **ne** vont **rien** lui dire.*

- « **Personne** » et « **aucun** » se placent après l'infinitif :

  *Ils **ne** vont inviter **personne**.*
  *Ils **ne** vont accepter **aucune** excuse.*

■ L'INTERROGATION

- On utilise l'interrogation montante ou « **est-ce que** » sans modifier l'ordre de la phrase :

  – Vous allez prendre des vacances ?
  *– **Est-ce que** vous allez partir en Autriche ?*

- On inverse le verbe et le pronom :

  *– Allez-**vous** partir dimanche matin ?*
  *– Allez-**vous** partir en train ?*

- Avec les **noms,** on utilise un pronom de rappel (précédé de « **-t-** » devant voyelle) :

  *– Vos parents vont-**ils** partir avec vous ?*
  *– Jean va-**t-il** vous accompagner ?*

■ Les règles précédentes fonctionnent pour toutes les constructions infinitives :

  *Je **ne** veux **pas** rester.*
  *Je **ne** peux **pas** accepter.*
  ***Est-ce que** vous devez partir ?*
  ***Pensez-vous** revenir en train ?*
  *Jean pense-**t-il** vous accompagner ?*

EXERCICES

1 **Mettez les phrases à la forme négative.**

– Je vais rester chez moi ce week-end. – *Moi, je ne vais pas rester chez moi.*

1. – Je vais préparer mon examen. _____

2. – Je vais tout réviser. _____

3. – Je vais refaire les exercices. _____

4. – Je vais revoir mes notes de cours. _____

5. – Je vais m'enfermer pendant deux jours. _____

2 **Posez la question en utilisant la forme négative, selon le modèle.**

– Il est très tard : *vous n'allez pas appeler un taxi ?*

– Si, je vais appeler un taxi.

1. – Cathy a l'air fatiguée : _____ ?

– Si, elle va prendre quelques jours de congé.

2. – Votre appartement est très bruyant : _____ ?

– Si, nous allons changer d'appartement.

3. – Vos jumeaux ont déjà trois ans : _____ ?

– Si, ils vont aller à l'école en septembre.

4. – La secrétaire part à la retraite : _____ ?

– Si, on va lui faire un cadeau.

5. – La piscine est tout près d'ici : _____ ?

– Si, nous allons y aller à pied.

3 **Répondez en utilisant la forme affirmative et négative, selon le modèle.**

– Vous allez tourner votre film **en France** ou à l'étranger, Monsieur Goude ?

– *Nous allons le tourner en France, nous n'allons pas le tourner à l'étranger.*

1. – Vous allez sortir votre nouvelle publicité **à la rentrée** ou cet été ?

– _____

2. – Vous allez passer le clip **à la télévision** ou au cinéma ?

– _____

3. – Vous aller **doubler** le film ou le sous-titrer ?

– _____

4. – Vous allez **offrir** les tee-shirts publicitaires ou les vendre ?

– _____

5. – Vous allez à Cannes **l'année prochaine** ou vous y allez cette année ?

– _____

40

LE PASSÉ COMPOSÉ

On utilise le passé composé pour raconter des actions au passé.
Le passé composé se forme avec l'auxiliaire « **être** » ou « **avoir** »
au présent + **participe passé.**

> *Hier, j'**ai dîné** à huit heures et je **suis allé** au cinéma.*

LE PASSÉ COMPOSÉ AVEC « AVOIR »

Hier,	j'	**ai**	**mangé**	au restaurant.
	tu	**as**	**mangé**	chez toi.
	il elle on	**a**	**mangé**	à midi et demi.
	nous	**avons**	**mangé**	ensemble.
	vous	**avez**	**mangé**	tard.
	ils elles	**ont**	**mangé**	avec des amis.

■ Le passé composé de la majorité des verbes se forme avec « **avoir** » :

> *J'**ai travaillé** à Lyon.*
> *J'**ai pris** l'avion.*
> *Nous **avons bu** un apéritif.*

• Le passé composé de « **être** » et « **avoir** » se forme aussi avec « **avoir** » :

> *J'**ai été** malade. J'**ai eu** mal à la gorge.*

■ Le participe passé des verbes en « **-er** » se forme sur le radical de l'infinitif + « **é** » :

> *Mang-er* → *J'ai mang-**é***   *Regard-er* → *J'ai regard-**é***

• Le participe passé ne s'accorde pas avec le sujet du verbe « **avoir** » :

> *Marie a mang**é** un gâteau. Les enfants ont mang**é** un gâteau.*

DES EXPRESSIONS DE TEMPS (voir aussi p. 190)

*Aujourd'hui/**Hier***	*Cette semaine/La semaine **dernière***	***Il y a***	*deux jours*
	*Ce mois-ci/Le mois **dernier***		*trois ans*
	*Cette année/L'année **dernière***		

E X E R C I C E S

1 **Répondez aux questions selon le modèle.**

– En général, vous déjeunez à la cafétéria ou chez vous ?

– En général, je déjeune à la cafétéria, mais hier, j'ai déjeuné chez moi.

1. – D'habitude, vous mangez de la viande ou du poisson à midi ?

– _____

2. – En général, vous dînez chez vous ou au restaurant ?

– _____

3. – D'habitude, vous travaillez sept heures ou huit heures par jour ?

– _____

4. – En général, vous commencez à 8 heures ou à 9 heures ?

– _____

5. – D'habitude, vous terminez à 6 heures ou à 7 heures ?

– _____

2 **Répondez aux questions selon le modèle.**

– Vous avez passé vos vacances en Espagne ? – *Oui, nous avons passé nos vacances en Espagne.*

1. – Vous avez emmené vos enfants ? _____

2. – Vous avez rapporté des souvenirs ? _____

3. – Vous avez visité le musée du Prado ? _____

4. – Vous avez visité l'Andalousie ? _____

5. – Vous avez aimé Séville ? _____

6. – Vous avez écouté du flamenco ? _____

7. – Vous avez filmé une corrida ? _____

8. – Vous avez mangé des « tapas » ? _____

3 **Faites plusieurs phrases selon le modèle.**

acheter du pain	retirer de l'argent	manger un croissant	acheter une revue
ranger ses affaires	avoir mal à la tête	téléphoner à un copain	avoir une surprise

Hier soir à six heures, j'ai acheté du pain au supermarché.

Hier après-midi, _____

_____

_____

_____

_____

_____

E X E R C I C E S

1 **Mettez les phrases au passé composé, selon le modèle.**

hier, la semaine dernière, l'année dernière, le mois dernier, etc.

Aujourd'hui, il neige sur toute la France.

Hier, il a neigé sur toute la France.

1. Ce soir, un journaliste interviewe le président de la République.

_____

2. Chaque année, la consommation d'énergie augmente.

_____

3. Toutes les semaines, « L'Express » publie un reportage intéressant.

_____

4. Tous les mardis, nous mangeons du poisson frais.

_____

5. Chaque mois, mon mari arrête de fumer (pendant deux jours...).

_____

6. Chaque année, je joue au casino et je gagne un peu d'argent.

_____

7. Tous les soirs, nous regardons le journal télévisé et nous parlons de politique.

_____

8. Tous les mercredis, Daniel et Mina préparent un plat exotique et invitent des amis.

_____

2 **Mettez les phrases au passé composé selon le modèle.**

Paule est malade.   *La semaine dernière, Paule a été malade.*

Elle a la grippe.   _____

Elle a de la fièvre.   _____

Sa mère est inquiète.   _____

Mais Paule est contente   _____

de rester quelques jours à la maison. _____

3 **Faites des phrases au passé composé, à partir des infinitifs.**

déjeuner/manger	acheter/payer	chercher/trouver
commencer/terminer	déjeuner/dîner	aimer/détester

Hier, j'ai déjeuné chez moi et j'ai mangé des pâtes. _____

_____

_____

1 **Monsieur Pascal a quitté son travail et sa famille sans explication. Un policier enquête.**

Madame Rolin, vendeuse de journaux, rencontre Monsieur Pascal à 8 heures. Il achète « Le Figaro ». Ils parlent du temps. Quand Madame Rolin parle de la crise économique, Monsieur Pascal a l'air bizarre. Il quitte le magasin tout de suite et il traverse la rue sans regarder.

Rapport d'enquête :

Hier matin, Madame Rolin a rencontré Monsieur Pascal à 8 heures... _____

_____

_____

_____

2 **Vous êtes un ami intime de Monsieur Pascal. Vous racontez votre dernière rencontre avec lui au policier chargé de l'enquête.**

J'ai rencontré Thomas avant-hier soir, sur le parking... _____

_____

_____

_____

3 **Transformez les phrases au futur proche, puis au passé composé, selon le modèle.**

Aujourd'hui, j'achète du jambon, pour dîner.

Demain, je vais acheter du poisson. Hier, j'ai acheté du poulet.

1. Aujourd'hui, j'invite Julien pour le dîner.

_____

2. Ce soir, nous regardons une émission scientifique à la télé.

_____

3. Cette année, Jean-Louis visite l'Écosse.

_____

4. Cette semaine, Nadette garde le fils d'une amie.

_____

5. Ce mois-ci, vous travaillez avec des étudiants anglais.

_____

4 **Mettez au passé composé et au futur proche, en apportant une précision (quoi, qui, où, etc.).**

manger **des fruits**   acheter **des vêtements**   passer **un week-end**
inviter **des amis**   regarder **un film**   écouter **un disque**

Hier, j'ai mangé des fraises, demain, je vais manger du melon.

LE PARTICIPE PASSÉ

J'ai **dîné.**   J'ai **mis** un disque.   J'ai **bu** un verre.

Phonétiquement, on peut regrouper les participes passés les plus courants de la manière suivante :

PARTICIPES EN « É »		
Manger	*mangé*	Tous les verbes en « **- er** »

PARTICIPES EN « U »		PARTICIPES EN « I »	
Avoir	*eu*		
Lire	*lu*	Finir	*fini*
Voir	*vu*	Grandir	*grandi*
Boire	*bu*	Choisir	*choisi*
Entendre	*entendu*	Prendre	*pris*
Attendre	*attendu*	Apprendre	*appris*
Répondre	*répondu*	Comprendre	*compris*
Perdre	*perdu*	Mettre	*mis*
Vouloir	*voulu*	Dire	*dit*
Devoir	*dû*	Écrire	*écrit*
Pouvoir	*pu*	Conduire	*conduit*
Savoir	*su*		
Croire	*cru*		
Falloir	*fallu*		

AUTRES CAS	
Connaître	*connu*
Disparaître	*disparu*
Plaire	*plu*
Pleuvoir	*plu*
Recevoir	*reçu*
Venir	*venu*
Vivre	*vécu*

AUTRES CAS	
Faire	*fait*
Ouvrir	*ouvert*
Découvrir	*découvert*
Offrir	*offert*
Souffrir	*souffert*
Peindre	*peint*
Craindre	*craint*

1 Mettez les phrases suivantes au passé composé.

– Je mange un croissant et je bois un café.

– *J'ai mangé un croissant et j'ai bu un café.*

1. Georges achète le journal et il prend l'autobus.

_____

2. Maria met un imperméable et elle prend un parapluie.

_____

3. Nous buvons un café et nous mangeons un croissant.

_____

4. Vous lisez le journal et vous voyez une annonce intéressante.

_____

5. Julie écrit à sa mère et elle poste la lettre.

_____

6. Tu finis ton travail et tu écoutes un disque.

_____

7. Nous perdons nos clés et nous devons appeler les pompiers.

_____

8. Je prends des vacances et je repeins mon appartement.

_____

2 Faites des phrases selon le modèle.

En général, je bois une tisane le soir, mais hier soir, *j'ai bu* un double whisky.

1. Chaque semaine, je reçois une ou deux cartes postales, mais la semaine dernière, _____ huit lettres.

2. D'habitude, je bois deux cafés par jour, pas plus, mais hier, _____ au moins cinq cafés.

3. En général, je lis un roman par mois, mais le mois dernier, _____ trois romans et deux pièces de théâtre.

4. Le matin, j'attends le bus cinq minutes maximum, mais hier matin, _____ plus de trente minutes.

5. En général, je perds trois parapluies par hiver, mais l'hiver dernier, _____ au moins dix parapluies.

3 Mettez au passé composé.

Ouvrir une lettre et avoir un choc.   *J'ai ouvert* _____

Boire de l'alcool et avoir mal à la tête.   _____

Prendre sa voiture et conduire dans la nuit.   _____

Brûler un feu rouge et être arrêté par la police.   _____

Plaire au gendarme et payer une légère amende.   _____

E X E R C I C E S

1 Complétez les phrases avec les verbes manquants au passé composé.

répondre   grandir   traduire   choisir   pleuvoir   découvrir

Vous *avez répondu* aux lettres de vos parents ?

1. Tous les pantalons de mon fils sont trop courts : il _____ de dix centimètres en deux mois. - **2.** Charles est un grand traducteur : _____ presque tout Shakespeare en français. - **3.** Christophe Colomb _____ l'Amérique en 1492. - **4.** J'ai long-temps hésité entre la robe rouge et la robe bleue et finalement _____ la bleue. - **5.** La campagne est verte cette année : _____ pendant trois mois, sans interruption.

2 Mettez le texte au passé composé.

Deux jeunes gens veulent partir faire des fouilles archéologiques dans le désert. Ils doivent faire une demande spéciale. Finalement, ils peuvent partir grâce à un ami de leurs parents. Ils croient être assez résistants pour travailler un mois. En fait, il faut les rapatrier au bout d'une semaine.

_____

_____

3 Mettez au passé composé.

« La vie sans Rose »

Je vois le temps par la fenêtre,   _____

(un ciel gris vraiment morose).

J'ai du mal à me lever,   _____

(à cause de mon arthrose).

J'entends le chien aboyer   _____

(pour réclamer son « Dogdose »)

Je reçois un peu de courrier,   _____

(mais pas de lettre de Rose).

Je lis le programme télé,   _____

(comme toujours, pas grand-chose).

Je bois un peu de rosé et   _____

je vois des éléphants roses !   _____

4 Même exercice.

Le chevalier ouvre le coffre. Il découvre un manteau d'hermine. Il offre le manteau à la reine. Il couvre ten-drement ses épaules. Il souffre en silence et il ouvre la porte pour disparaître à jamais.

1 Complétez l'exercice avec les verbes manquants.

Hier soir, j' *ai mis* un gros pull, j'_____ mon parapluie et j'_____ l'autobus pour aller au cinéma. Dans une épicerie, j'_____ un paquet de biscuits et une bouteille de Coca. J'_____ le Coca en marchant et j'_____ les biscuits dans la queue du cinéma. J'_____ dix minutes pour dîner et j'_____ quinze francs. Dans la même soirée, j'_____ deux films : un film anglais et un film polonais. À minuit, j'_____ un taxi (j'_____ seulement trente francs). Finalement, j'_____ une bonne soirée, pas très chère.

2 Mettez les phrases au passé composé, selon le modèle.

Passer un examen/réussir avec mention   Conduire dans la nuit/mettre de la musique
Prendre le métro/revoir un vieil ami   Suivre un régime/perdre dix kilos
Lire le journal/découvrir une nouvelle intéressante   Vivre en Norvège/apprendre le norvégien

J'ai passé un examen et j'ai réussi avec mention _____

_____

_____

_____

3 Faites des phrases selon le modèle.

Manger du caviar : 35 %
Trente-cinq pour cent des Français ont mangé du caviar au moins une fois dans leur vie.

1. Participer à une manifestation de rue : 32 %

_____

2. Prendre des médicaments pour dormir : 30 %

_____

3. Gagner à un jeu national (Loterie, Tac-o-Tac) : 21 %

_____

4. Faire une dépression nerveuse : 18 %

_____

5. Consulter une voyante : 15 %

_____

6. Faire un chèque sans provision : 13 %

_____

4 Lesquelles des choses citées ci-dessus avez-vous faites une fois au moins dans votre vie ?

_____

_____

LE PASSÉ COMPOSÉ AVEC « ÊTRE »

Hier,	je	**suis**	**parti**(e)	tard.
	tu	**es**	**arrivé**(e)	tôt.
	il elle on	**est**	**venu**(e)(s)	à cinq heures.
	nous	**sommes**	**monté**(e)s	au troisième étage.
	vous	**êtes**	**descendu**(e)(s)	au sous-sol.
	ils elles	**sont**	**allé**(e)s	au cinéma.

■ Les verbes du type « **ARRIVER** »/« **PARTIR** » s'utilisent avec « **être** » :

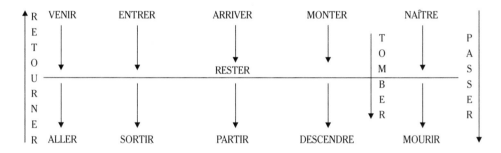

- **Participes passés :**

  né/mort   entré/sorti   allé/venu
  monté/descendu/tombé   arrivé/parti   passé/retourné/resté
  Composés :   *rentré   revenu/devenu/parvenu/intervenu*

- Ces verbes décrivent des activités fondamentales de l'« **être vivant** » et s'utilisent avec l'auxiliaire « **être** », verbe du **sujet** (le verbe « avoir » est le verbe de l'objet).

- « **Rester** » indique une absence de déplacement :

  Je suis resté à l'hôtel signifie : Je ne suis pas sorti.

- **Le participe passé** s'accorde comme un adjectif avec le **sujet** du verbe « **être** » :

  *Marie est rest**ée** chez elle.*
  *Pierre et Sophie sont all**és** au restaurant.*

1 **Répondez selon le modèle.**

– Vous êtes venu à l'école en métro hier ? – *Oui, hier je suis venu à l'école en métro.*

1. – Vous êtes venu en taxi, la première fois ? _____

2. – Vous êtes allé à l'hôtel à pied hier soir ? _____

3. – Vous êtes passé devant la Concorde ? _____

4. – Vous êtes arrivé avant six heures ? _____

5. – Vous êtes ressorti plus tard ? _____

2 **Racontez les événements de la journée d'hier, selon le modèle.**

Un avion arrive à Orly.   *Un avion est arrivé à Orly.*

1. Un bébé naît dans une maternité . _____

2. Une cigogne passe dans le ciel gris. _____

3. Jean arrive des États-Unis. _____

4. Des enfants vont au bord de la mer. _____

5. Deux voleurs entrent dans un appartement. _____

6. Un homme d'État meurt dans son lit. _____

7. Un grand écrivain rentre dans son pays. _____

8. Jean monte dans un taxi. _____

9. Une femme sort sous la pluie. _____

10. Un homme tombe amoureux. _____

11. Jean rentre chez lui. _____

3 **Complétez le texte avec les auxiliaires manquants.**

Mon grand-père *est* né en Provence, il _____ resté toute sa vie en Provence et il _____ mort, à quatre-vingt-dix-sept ans, dans son village natal. On dit dans la famille que s'il _____ devenu si vieux (et il _____ resté lucide jusqu'au bout), c'est parce qu'il n'_____ jamais intervenu dans les affaires du village : il est vrai que tous ses amis, qui _____ morts assez jeunes _____ devenus un jour ou l'autre maires ou conseillers municipaux. Ma grand-mère et mon grand-père _____ restés à l'écart du monde. Ils _____ sortis du village seulement pour aller voir leurs enfants : ils _____ venus chez nous (à trente kilomètres !) pour notre mariage et ils _____ allés chez ma sœur quand son bébé _____ né. Pendant des années, nous _____ allés les voir à Noël et nous _____ restés quelques jours en leur compagnie si reposante. La dernière fois, les enfants et mon grand-père _____ montés au grenier et ils _____ redescendus chargés de vieux atlas merveilleux, entièrement annotés : mon grand-père n'_____ jamais sorti de sa Provence, mais il _____ allé partout avec ses livres.

E X E R C I C E S

1 Complétez le dialogue en mettant les verbes manquants au passé composé.

– Bonjour, Madame Delmer ! Vous *êtes arrivée* de Londres aujourd'hui ?

– Oh non ! je _____ il y a déjà huit jours, mais je _____ d'abord chez ma fille, à la campagne. Je _____ chez elle tout le week-end, puis _____ voir une amie en Bretagne et finalement, ce matin, je _____ chez moi, à Paris.

– Vous n'êtes pas fatiguée de tous ces voyages ? Comment _____ de Bretagne, en train ?

– Oui, cette fois-ci, je _____ en train. La dernière fois, je _____ bloquée deux heures dans les embouteillages aux portes de Paris et je _____ très tard au bureau. Maintenant je ne prends plus que les transports publics.

2 Décrivez les déplacements de Madame Ledoux, selon le modèle.

8 h 30 :	crèche	10 h 30 :	supermarché	14 h 30 :	cave
9 h/10 h :	maison	12 h :	banque	15 h :	crèche
10 h :	banque	12 h 30/14 h 30 :	maison	16 h :	Suzanne

À huit heures trente, Madame Ledoux est allée à la crèche. À neuf heures, elle est rentrée chez elle. De neuf à dix heures... _____

_____

_____

_____

3 Vous passez souvent de courts week-ends à Rome, racontez votre dernier week-end.

Je pars de Paris le samedi à onze heures et j'arrive à Rome vers treize heures. Je passe à l'hôtel pour laisser mes bagages et je vais directement au Capitole. Je reste sur les escaliers de la place Michel-Ange jusqu'à seize heures. Ensuite, je vais sur l'île Tibérine : je passe par le « Ghetto » et je rentre dans toutes les cours ouvertes au public pour admirer les palais de la Renaissance. Le soir, je monte sur le Janicule pour voir le coucher de soleil. Vers vingt heures, je retourne rapidement me changer à l'hôtel puis je sors pour aller dîner. Je vais dans le quartier du Panthéon. Je reste longtemps à la terrasse d'un restaurant de la petite place Sant'Ignazio. Je rentre dans l'église pour revoir encore les fresques baroques et je vais manger une glace sur la place Navona. Le dimanche, je reste presque toute la journée au soleil dans les jardins de la Villa Borghese. Le soir, je pars à six heures et j'arrive à Paris à huit heures.

Samedi dernier, je suis parti(e) de Paris à onze heures... _____

_____

_____

_____

_____

_____

E X E R C I C E S

1 **Faites des phrases selon le modèle.**

– En général, nous allons au bureau en autobus, mais hier, *nous sommes allés au bureau à pied.*

1. – En général, nous passons devant l'Opéra, mais hier, _____

– _____

2. – D'habitude, nous arrivons avant neuf heures, mais avant-hier, _____

– _____

3. – Le vendredi, nous sortons avant six heures, mais vendredi dernier, _____

– _____

4. – En général, le lundi, nous restons jusqu'à sept heures trente, mais lundi dernier, _____

– _____

5. – En général, nous allons à la campagne, le dimanche, mais dimanche dernier, _____

– _____

2 **Complétez le texte puis répondez aux questions.**

Monsieur Müller raconte :

C'est la deuxième fois que nous venons à Paris. La première fois, nous _____ pour notre voyage de noces, en 1975, nous _____ dans un très bel hôtel près de la place des Vosges. Naturellement, le premier jour, nous _____ sur la tour Eiffel, le deuxième jour, nous _____ à Versailles et le troisième jour nous _____ au Louvre. Nous _____ tous les soirs pendant quinze jours, mais les deux derniers jours, nous _____ au lit, grippés, épuisés, et sans un sou...

1. – En quelle année Monsieur et Madame Müller sont-ils venus à Paris ? _____

2. – Est-ce qu'ils sont venus à Paris pour leur travail ? _____

3. – Est-ce qu'ils sont allés dans un petit hôtel bon marché ? _____

4. – Où sont-ils allés le premier jour ? _____

5. – Quand sont-ils allés au Louvre ? _____

6. – Est-ce qu'ils sont sortis tous les soirs ? _____

3 **Racontez vos dernières vacances. Où êtes-vous allé(e) ? Comment êtes-vous parti(e) ? Combien de temps êtes-vous resté(e) ? Etc.**

_____

_____

_____

LES VERBES PRONOMINAUX

> Elle **s'est levée** tôt.   Il **s'est dépêché**.
> Ils **se sont rencontrés** dans l'ascenseur.

Quand le **sujet** joue un rôle fondamental dans l'action, on utilise en général le verbe « **être** ».

■ Les verbes **réfléchis** et **réciproques** se construisent avec l'auxiliaire « **être** » :

Je me suis levé(e) tôt.
Tu t'es couché(e) tard.
Il
Elle } *s'est arrêté(e) au feu rouge.*
On
Nous nous sommes assis(e)s sur un banc.
Vous vous êtes ennuyé(e)s.
Ils } *se sont embrassé(e)s.*
Elles

Le sujet et l'objet
du verbe
sont identiques.

■ **Le participe passé** s'accorde, en général, avec le **sujet** :

Elle s'est endormie dans le train.   (Anne)
Nous nous sommes regardées.   (Anne et moi, Julie)

(Voir aussi p. 180.)

« ÊTRE » ou « AVOIR » ?

■ Certains **verbes de déplacement** habituellement utilisés avec « être » se construisent avec « **avoir** » quand ils ont un complément d'**objet direct** :

• Sans complément d'objet direct
→ « être »

*Il **est** sorti dans la rue.*
*Nous **sommes** rentrés tôt.*
*Ils **sont** passés devant la banque.*
*Elle **est** descendue à la cave.*
*Je **suis** monté à pied.*
*Je **suis** retourné au bureau.*

• Avec complément d'objet direct
→ « avoir »

*Il **a** sorti le chien.*
*Nous **avons** rentré la voiture.*
*Ils **ont** passé de bonnes vacances.*
*Elle **a** descendu la poubelle.*
*J'**ai** monté l'escalier.*
*J'**ai** retourné mes poches.*

1 **Répondez aux questions selon le modèle.**

– Vous vous êtes reposé, dimanche dernier ?

– *Oui, je me suis reposé, dimanche dernier.*

1. – Vous vous êtes promené dans le jardin du Luxembourg ? _____

2. – Vous vous êtes assis sur les bancs de la place Furstenberg ? _____

3. – Vous vous êtes arrêté devant la fontaine Saint-Michel ? _____

4. – Vous vous êtes perdu pour rentrer chez vous ? _____

5. – Vous vous êtes couché très tôt ? _____

2 **Répondez aux questions selon le modèle.**

– Ma fille s'est levée à dix heures ce matin, vos enfants aussi ?

– *Oui, ils se sont levés à dix heures, eux aussi.*

1. – Mon fils s'est amusé à l'anniversaire de Charlotte. Votre fille aussi ?

– _____

2. – Mes amis se sont ennuyés à la soirée de Renaud. Votre femme aussi ?

– _____

3. – Je me suis dépêché pour arriver à l'heure ce matin. Vous aussi ?

– _____

4. – Je me suis couché très tard hier soir. Vous et votre femme aussi ?

– _____

5. – Mes collègues se sont mis au travail à sept heures. Vos collègues aussi ?

– _____

3 **Mettez au passé composé en utilisant les pronominaux réciproques, selon le modèle.**

– Quand avez-vous connu vos amis espagnols ? (1990, Barcelone)

– *Nous nous sommes connus en 1990 à Barcelone.*

1. – Où avez-vous rencontré votre femme ? (plage de Saint-Tropez, hiver)

– _____

2. – Où vous êtes-vous mariés ? (église de la Madeleine, printemps)

– _____

3. – Quand avez-vous connu Arthur ? (1975, concert des Stones)

– _____

4. – Quand vous êtes-vous revus depuis ? (concert de Khaled, Marseille)

– _____

E X E R C I C E S

1 Complétez avec « être » ou « avoir » et la forme pronominale si nécessaire.

Hier matin, Paula _____ levée très tôt ; elle _____ descendu les escaliers en vitesse. Elle _____ arrêtée au bar pour prendre un café. Quand elle _____ sorti son portefeuille pour payer, une photo _____ tombée par terre. Un garçon brun _____ ramassé la photo. Il _____ regardé Paula et il _____ souri. Ils _____ commencé à bavarder et ils _____ passé toute la matinée ensemble. Paula _____ tout oublié ce jour-là, c'est à dix heures du soir qu'elle _____ souvenue de son rendez-vous chez le dentiste.

2 Mettez le texte au passé composé (verbes de déplacement et pronominaux).

Un homme et une femme sortent d'une voiture blanche. Ils entrent dans l'immeuble d'en face. Ils montent

_____

au cinquième, en ascenseur. D'abord, ils vont quelques minutes dans le salon, puis ils vont dans la cuisine.

_____

L'homme se lave les mains, mais aïe, aïe, aïe ! il se trompe de robinet. Il se brûle, il se met en colère. La

_____

femme se précipite, sa robe s'accroche à la table. La table se renverse, les verres et les assiettes tombent par

_____

terre et se cassent. L'homme se fâche. La femme se met à pleurer. Ils se disputent. Ils se battent. Alors,

_____

furieux, l'homme part dans sa chambre. Il s'enferme. Il se déshabille. Il se met au lit. La femme reste longtemps

_____

à la fenêtre. Puis elle sort de l'appartement, elle descend au quatrième. Elle s'arrête devant une porte.

_____

Elle entre. Elle se jette dans les bras d'une femme plus âgée. Plus tard, elle se couche sur le divan du salon et

_____

elle s'endort. Le matin, elle sort, elle va au café du coin. Son mari et elle se rencontrent dans la rue. Ils se

_____

regardent un moment et ils s'embrassent.

_____

3 Mettez au passé composé avec « être » ou « avoir ».

1. Vous passez devant la poste. _____

2. Il tombe dans la rue. _____

3. Elle descend la piste de ski. _____

4. Nous montons les valises dans la chambre. _____

5. Vous descendez au sous-sol. _____

1 Complétez les phrases avec « avoir » ou « être ».

Les techniciens *ont* examiné la turbine.

1. Ils _____ démonté tous les éléments. - **2.** Ils _____ allés contrôler la chaudière. - **3.** Ils _____ passé plusieurs heures au sous-sol. - **4.** Ils _____ restés très tard à l'usine. - **5.** L'ingénieur en chef _____ arrivé dans la soirée. - **6.** Il _____ posé beaucoup de questions. - **7.** Il _____ contrôlé la pression de la machine. - **8.** Tous les employés _____ partis à vingt heures. - **9.** Les techniciens _____ retournés à l'usine le lendemain matin.

2 Complétez le texte avec « être » ou « avoir » (avec l'élision, si nécessaire).

Bernard et moi, nous *sommes* arrivés à Lisbonne le jour de la fête de la Saint-Jean. Nous nous _____ promenés dans le quartier de l'Alfama. Nous nous _____ assis sur les escaliers au milieu des enfants et nous _____ mangé des sardines grillées. Je _____ réussi à dire quelques mots de portugais. Les enfants se _____ moqués de moi gentiment et nous _____ devenus amis. Un orchestre _____ commencé à jouer et tout le monde _____ dansé. Nous _____ chanté et nous nous _____ amusés comme des fous. Bernard _____ bu beaucoup de porto et moi, je _____ dansé toute la nuit. Le lendemain, nous _____ dû aller à la pharmacie pour acheter de l'aspirine (pour sa migraine) et du sparadrap (pour mes pieds).

3 Mettez au passé composé, selon le modèle.

1960	John Kennedy devient président des États-Unis
1961	Le Mur de Berlin est construit en une nuit.
1962	Marilyn Monroe se suicide.
1963	Le président Kennedy est assassiné.
1966	La Révolution culturelle commence en Chine.
1967	Les colonels prennent le pouvoir en Grèce.
1968	Les étudiants manifestent et les ouvriers font la grève.
1969	Neil Armstrong marche sur la Lune !

En mille neuf cent soixante, John Kennedy est devenu président des États-Unis. _____

_____

_____

_____

_____

_____

4 Citez au passé composé quelques grands événements des années 70, 80, 90.

_____

_____

L'ACCORD DES PARTICIPES PASSÉS

> Marie est sort**ie**. Elle s'est promen**ée**.
> Elle a achet**é** des fleurs. Elles les a mi**ses** dans un vase bleu.

■ AVEC « ÊTRE »

- Avec les **verbes de déplacement** et les **pronominaux**, le participe **s'accorde** avec le **sujet** :

  *Les enfants sont sort**is**.*
  *La petite fille est tomb**ée**.*

  *Marie **s'**est couch**ée**.*
  *Nous **nous** sommes promen**és**.*

- Le participe **ne s'accorde pas** quand le verbe se construit avec « **à** » :

  Nous nous sommes téléphoné.   (téléphoner **à**)
  Ils se sont parlé.   (parler **à**)

- Le participe **ne s'accorde pas** quand le verbe est **suivi** d'un complément d'**objet direct** :

  *Elle s'est lav**ée**. Elle s'est lavé **les mains**.*
  *Elle s'est coup**ée**. Elle s'est coupé **le doigt**.*

- Dans les constructions avec « **faire** », le participe ne s'accorde pas :

  *Elle s'est **fait** mal. Elle s'est **fait** opérer.*

■ AVEC « AVOIR »

Le participe passé ne s'accorde pas avec le sujet d'« **avoir** », mais il s'accorde avec le complément d'**objet direct** s'il est placé **avant**, c'est-à-dire quand on connaît son genre et son nombre :

Je n'accorde pas :	**J'accorde :**
(Je ne connais pas le genre ni le nombre du complément **avant** de former le participe.)	(Je connais le genre et le nombre du complément **avant** de former le participe.)
*J'ai achet**é** des fleurs.*	***Les fleurs** que j'ai achet**ées**...*
*J'ai invit**é** la voisine.*	*Je **l'**ai invit**ée** hier.*

 • On entend l'accord fémin des participes en « t » et « s » :

  *J'ai ouvert la porte. Je l'ai ouver**te**.*
  *La robe que j'ai mi**se** est froissée.*

1 **Mettez les accords manquants.**

Hier soir, ma sœur est allée au cinéma et elle a amené____ ma nièce avec elle. Elles sont rentré____ à huit heures pour dîner, mais elles ont continué____ à parler du film toute la soirée. Ensuite, elles ont découpé____ des images dans des magazines et elles se sont amusé____ à les coller dans un cahier. Elles se sont endormi____ tard et ce matin, elles se sont levé____ avec difficulté : elles sont resté____ au lit jusqu'à dix heures et demie. Elles se sont rendormi____ après le déjeuner et à cinq heures, elles sont sorti____ pour aller voir un autre film.

2 **Mettez les accords manquants.**
Les enfants sont parti*s* à l'école à pied.

1. La femme de ménage est arrivé____ en retard à cause de la grève. - **2.** La secrétaire s'est levé____ plus tôt que d'habitude. - **3.** Marie et Julie se sont promené____ dans l'île Saint-Louis. - **4.** Paul et Cathy se sont fiancé____ en septembre et ils se sont marié____ en janvier. - **5.** Les enfants ont envoyé____ des cartes de vœux à leur grand-mère. - **6.** Nous avons acheté____ des livres et des cahiers. - **7.** Le directeur a convoqué____ les employés et il les a félicité____. - **8.** Les personnes que vous avez rencontré____ hier sont danoises. - **9.** Les exercices que vous avez fait____ sont difficiles.

3 **Mettez les accords si nécessaire.**

1. Dimanche dernier, Jules et moi, nous nous sommes promené*s* dans les bois et nous avons ramassé____ des champignons. Les champignons que nous avons ramassé____ étaient vénéneux et nous les avons jeté____.

2. Ma sœur a invité____ des amis. Les garçons qu'elle a invité____ étaient sympathiques, mais les filles qui sont venu____ à sa fête étaient désagréables. Elles ont tout critiqué____ et elles sont resté____ toute la soirée dans un coin.

3. Mon fils et son cousin sont resté____ sous la pluie pendant une heure et ils ont attrapé____ un rhume. Je les ai soigné____ à ma manière : je leur ai donné____ un bain chaud, je les ai frotté____ avec de l'eau de Cologne, je leur ai fait____ boire une tisane et je les ai envoyé____ au lit tout de suite.

4. Quand j'ai trouvé____ dans ce petit magasin les disques de Brel que je cherchais depuis des années, j'étais si contente que je les ai tous acheté____. Je les ai enregistré____ sur cassette et je les ai écouté____ dans la voiture toute la journée. Les cassettes que j'ai enregistré____ sont d'excellente qualité et j'ai envoyé____ la plus belle à mon amie du Brésil. Elle l'a reçu____ hier et elle m'a remercié____ par téléphone.

5. Isabelle et sa sœur se sont inscrit____ à un cours de dessin. Toutes les peintures qu'elles ont fait____ ont été sélectionné____ pour l'exposition de leur école et certaines sont reproduit____ dans un catalogue.

LE PASSÉ COMPOSÉ, LE PRONOM et L'ADVERBE

> Hier, je **me** suis disputée avec Paul. Je **lui** ai rendu ses lettres.
> J'ai **beaucoup** pleuré et j'ai **mal** dormi.

■ LA PLACE DES PRONOMS COMPLÉMENTS

- Au passé composé, le pronom se place **devant** le verbe « être » ou « avoir ».

  *Je **me** suis levée tôt.*
  *Je **lui** ai téléphoné.*
  *Il **m'**a invitée.*
  *Elle **en** a acheté.*
  *Ils **y** sont allés.*

- On accorde le participe passé avec les pronoms compléments d'objet directs :

  *Elle **les** a **vus.***
  *Il **nous** ont cherch**és.***

(Voir aussi p. 180.)

■ LA PLACE DE L'ADVERBE

- Les adverbes de **quantité** et de **qualité** se placent en général **devant** le participe passé :

  J'ai très | ***bien** dormi.*
  | ***mal** dormi.*

  Elles ont | ***beaucoup** mangé.*
  | ***très peu** mangé.*

- Les adverbes de **lieu** et de **temps** et beaucoup d'adverbes en « **-ment** » se placent en général **après** le verbe :

  Elles sont restées | ***dehors.***
  | ***dedans.***

  Elles sont parties | ***tôt.***
  | ***vite.***

  Nous avons roulé | ***prudemment.***
  | ***tranquillement.***

1 Posez les questions et répondez selon le modèle.

Téléphoner à Pierre - Aller en Bourgogne - Visiter quelques abbayes - Boire du vin rouge - Dormir dans la région - Parler aux viticulteurs - Retourner dans la région

– Vous avez téléphoné à Pierre ? – Oui, je lui ai téléphoné.

_____

_____

_____

_____

2 Mettez au passé composé en changeant les adverbes.

1. Tu joues très mal aux cartes mais hier soir, _____

2. Paul boit peu mais hier soir, _____

3. Je dors très bien en hiver mais hier soir, _____

4. Mon fils mange très peu mais hier soir, _____

5. Ce pianiste joue très bien mais hier soir, _____

3 Répondez en utilisant l'adverbe.

– Le chiffre d'affaires de la société a augmenté ? (beaucoup)

– Oui, il a beaucoup augmenté.

1. – La situation générale s'est améliorée ? (bien)

– _____

2. – Le personnel s'est investi dans ce projet ? (beaucoup)

– _____

3. – Le directeur a soutenu ses employés ? (toujours)

– _____

4. – Les actionnaires ont suivi le mouvement ? (prudemment)

– _____

4 Mettez au passé composé avec les pronoms et les adverbes.

Elle met trop de vinaigre dans la salade et hier soir, comme d'habitude *elle en a trop mis.*

1. Tu parles mal à ta mère et ce matin, comme d'habitude, _____

2. Il réussit très bien le soufflé et hier soir, comme d'habitude, _____

3. La secrétaire renseigne mal les clients et hier, comme d'habitude, _____

4. Peter parle beaucoup à ma femme, et hier, comme d'habitude, _____

5. Tu mets trop de rouge à lèvres et hier, comme d'habitude, _____

LE PASSÉ COMPOSÉ, LA NÉGATION et L'INTERROGATION

> – **Est-ce que** vous avez travaillé hier ? **Êtes-vous** allé au bureau ?
> – Non, je **n'**ai **pas** travaillé. Je **ne** suis **pas** sorti de la journée.

■ LA PLACE DE LA NÉGATION

- La négation se place **avant et après** l'auxiliaire « être » ou « avoir » :

Je	*ne*	*suis*	*pas*	*sorti.*
Je	*n'*	*ai*	*rien*	*fait.*
Je	*n'*	*ai*	*jamais*	*revu Paul.*
Je	*n'*	*ai*	*plus*	*eu de ses nouvelles.*

- « **Personne** » se place toujours en fin de phrase :

  *Je n'ai vu **personne**.*
  *Je n'ai parlé à **personne**.*

- Quand il y a un pronom, la négation se place **avant et après** le bloc pronom-auxiliaire :

  *Je **ne** les ai **pas** invités.*

  *Elle **ne** lui a **pas** téléphoné.*

■ L'INTERROGATION au passé composé

- On utilise une intonation montante ou « **est-ce que** » sans modifier l'ordre de la phrase :

  – *Vous êtes sorti hier ?*
  – ***Est-ce que** vous êtes allé au cinéma ?*
  – ***Est-ce que** vous avez vu le dernier film de Scorsese ?*

- On inverse l'auxiliaire et le pronom :

  – *Avez-**vous** aimé le film ?*
  – *Êtes-**vous** rentrés en taxi ?*

- Avec les **noms,** on utilise un pronom de rappel (précédé de « **-t-** » devant voyelle) :

  – *Vos enfants ont-**ils** bien dormi ?*
  – *Votre femme a-**t-elle** téléphoné ?*

1 **Répondez aux questions à la forme négative.**

– Avez-vous déjeuné ? – *Non, je n'ai pas déjeuné.*

1. – Êtes-vous allé au cinéma hier soir ? _____

2. – Êtes-vous allé à la campagne dimanche dernier ? _____

3. – Êtes-vous monté sur la tour Montparnasse ? _____

4. – Avez-vous dîné au restaurant samedi dernier ? _____

5. – Avez-vous fait des exercices, ce matin ? _____

2 **Faites des phrases avec le passé composé et les pronoms, selon le modèle.**

Je n'ai pas vu le dernier film de Fellini. – *Ah bon, vous ne l'avez pas vu !*

1. – Aline n'a pas écrit à Juliette. – _____

2. – Je n'ai pas reconnu Françoise. – _____

3. – André n'a pas acheté de pain. – _____

4. – Les enfants ne sont pas allés à l'école. – _____

5. – Je n'ai pas envoyé les lettres. – _____

6. – Marie n'a pas mangé de gâteau. – _____

3 **Posez la question, selon le modèle.**

– *Où êtes-vous allés pour les vacances ?*
– Nous sommes allés en Russie.

1. – _____
– Nous sommes restés deux semaines.

2. – _____
– Nous sommes allés à l'hôtel.

3. – _____
– Nous avons visité Saint-Pétersbourg, Kiev et Moscou.

4. – _____
– Nous sommes partis le quinze juillet.

5. – _____
– Oui, nous avons pris l'avion.

6. – _____
– Nous avons payé en tout cinq mille francs.

7. – _____
– Nous sommes rentrés samedi dernier.

E X E R C I C E S

1 Répondez en utilisant le passé composé, la négation, les pronoms, les adverbes et faites l'accord des participes.

– Vous avez déjà reçu votre feuille d'impôt ? – *Non, je ne l'ai pas encore reçue.*

1. – Vous avez bien compris les paroles de cette chanson ? _____

2. – Vous avez souvent invité José et Clara ? _____

3. – Vous avez complètement terminé les exercices ? _____

4. – Vous avez déjà goûté les tartes de Nadine ? _____

5. – Vous avez souvent téléphoné à vos parents ? _____

2 Mettez les auxiliaires manquants.

Nous *sommes* allés dans les bois et nous _____ ramassé des champignons rouges avec des points blancs. Ma mère _____ jeté les champignons à la poubelle. Le chien _____ renversé la poubelle et il _____ mangé les champignons. Nous _____ eu très peur et nous _____ observé son comportement toute la journée. Notre petit chien _____ aboyé un peu plus fort, il _____ sauté un peu plus haut, il _____ couru un peu plus vite, il _____ monté et il _____ descendu les escaliers au moins cent fois, mais il _____ vécu sa vie de chien, sans problèmes.

3 Mettez les verbes et les accords manquants.

avoir   être   rester   aller   venir   s'occuper de   prendre   regarder   jouer

Marta _____ _____ un bébé. Elle _____ _____ seulement trois jours à l'hôpital et elle _____ _____ chez elle. Sa mère _____ _____ quelques jours chez elle, et elles _____ _____ toutes les deux du bébé. Les premières semaines _____ _____ un peu difficiles. Le bébé _____ _____ des coliques, puis il _____ _____ un gros rhume, mais maintenant tout va bien. Le bébé _____ _____ trois mois hier et toute la famille _____ _____ chez Marta et son mari Denis pour déjeuner. Les parents de Marta _____ _____ des photos, ils _____ _____ l'album de famille, ils _____ _____ avec le petit Sébastien.

4 Mettez au passé composé négatif.

D'habitude le bus passe à sept heures, mais il est huit heures et

_____

En général, les employés arrivent à neuf heures, mais il est dix heures et

_____

D'habitude, le gardien m'apporte le courrier à huit heures, mais il est dix heures et

_____

1 Mettez au passé composé avec les pronoms et la négation, si nécessaire.

Aujourd'hui je ne mets qu'un sucre dans mon café, mais hier *j'en ai mis trois.*

1. Ce matin, je ne mange qu'un croissant, mais hier matin, _____

2. Cette semaine, je n'ai que deux rendez-vous d'affaires, mais _____

3. Ce mois-ci, je ne reçois que deux magazines, mais _____

4. Aujourd'hui, je ne bois qu'un café, mais _____

5. Cette semaine, je ne fais que vingt heures de cours, mais _____

2 Mettez les accords manquants.

Hier matin, Annie s'est réveillé__ tôt. Elle s'est préparé__ rapidement : elle s'est habillé__ et elle s'est coiffé__ en dix minutes. Elle s'est dépêché__ de prendre son petit déjeuner, puis elle est allé__ à son rendez-vous d'embauche. Elle a marché__ longtemps, mais elle s'est trompé__ de rue deux fois et elle s'est perdu__. Elle s'est renseigné__ dans un bar et elle a retrouvé__ son chemin, mais elle est arrivé__ en retard. Elle s'est excusé__, mais pendant l'entretien, elle s'est énervé__ et elle s'est très mal exprimé__. Elle est rentré__ chez elle et elle a pleuré__ pendant une demi-heure, puis elle s'est calmé__. Elle a téléphoné__ à sa meilleure amie et elles ont bavardé__ un bon moment. Annie a raconté__ ses aventures et finalement, elles se sont beaucoup amusé__.

3 Mettez les accords manquants.

Le directeur : – Vous avez tapé_____ toutes les lettres que je vous ai dicté_____ ?

La secrétaire : – Oui, je les ai posé_____ sur votre bureau.

Le directeur : – Vous êtes descendu_____ chercher les nouvelles affiches ?

La secrétaire : – Quand le gardien est monté_____, il les a apporté_____.

Le directeur : – Vous les avez mis_____ dans mon bureau ou dans l'entrée ?

La secrétaire : – J'ai mis_____ un paquet dans votre bureau et j'ai laissé_____ l'autre dans l'entrée.

4 Répondez librement aux questions.

1. – À quelle heure vous êtes-vous levé(e) ? _____

2. – À quelle heure êtes-vous parti(e) de chez vous ? _____

3. – Où avez-vous mis vos clés ? _____

4. – Quand avez-vous fait les exercices ? _____

5. – À qui avez-vous donné les cassettes ? _____

6. – Quand avez-vous envoyé les lettres ? _____

41

LE TEMPS (3)

> Je suis arrivé en France **il y a** deux ans. Je partirai **dans** six mois.
> Je connais Max **depuis** 1993 : j'ai travaillé avec lui **pendant** un an.

L'ORIGINE et LA DURÉE

■ **« IL Y A »** indique un point dans le passé :

> *J'ai rencontré Pierre **il y a** dix ans.*
> *Je suis arrivé **il y a** six mois.*

■ **« DANS »** indique un point dans l'avenir :

> *Je partirai **dans** deux ans.*
> *Je vous appellerai **dans** trois jours.*

■ **« DEPUIS »** indique une **durée,** de l'origine jusqu'au **moment présent.** On l'utilise avec :

• Le présent :

> *J'habite à Paris **depuis** six mois.*
> *Je connais Pierre **depuis** dix ans.*

• Un passé **négatif** à valeur de présent :

> *Je n'ai rien mangé **depuis** deux jours.*
> *Je n'ai pas vu Marie **depuis** un mois.*

• En début de phrase, on utilise « il y a ... que »/« ça fait ... que » + durée chiffrée :

> ***Il y a** deux heures **que** je suis là.*
> ***Ça fait** deux ans **que** tu es parti.*

■ **« POUR »** indique une durée **prévue** :

> *Je suis à Paris*
> *J'ai loué un appartement* | ***pour** deux ans.*
> *Je partirai en Chine*

■ **« PENDANT »** indique une durée **définie.**
On l'utilise surtout au passé composé, moins souvent aux autres temps :

> *Hier il a plu **pendant** cinq heures.*
> *Tous les jours, ils discutent **(pendant)** une heure.*
> *Nous serons absents **(pendant)** dix jours.*

■ **« EN »** indique une durée de **réalisation** :

> *Je fais le ménage*
> *J'ai fait le ménage* | ***en** dix minutes.*
> *Je ferai le ménage*

E X E R C I C E S

1 **Complétez les phrases avec « depuis » ou « il y a ».**

Il y a quinze ans que je suis en France ; je suis ici *depuis* longtemps.

1. Nous sommes mariés _il y a_ vingt-cinq ans.

2. Nous nous sommes rencontrés _il y a_ dix ans.

3. Je ne suis plus allé en Italie _depuis_ trois ans.

4. _Depuis_ le début de la semaine, il pleut.

5. Je conduis _____ deux ans.

6. J'ai passé le permis _____ deux ans.

7. Paul fait du piano _____ cinq ans.

8. Je suis arrivé _____ trois mois.

2 **Complétez les phrases avec « dans », « depuis » ou « pour ».**

1. Nous partons cet après-midi, mais nous reviendrons _____ dix jours.

2. Nous avons loué une villa en Provence _____ deux mois, à partir du 15 juin.

3. Je dois présenter ma thèse de doctorat _____ quinze jours.

4. Nous avons un adorable petit chien _____ quelques semaines.

5. Le docteur m'a donné un traitement homéopathique _____ six mois, jusqu'à Noël.

3 **Transformez les phrases en utilisant « ça fait ... que », selon le modèle.**

J'étudie le français depuis seulement trois mois.

Ça fait seulement trois mois que j'étudie le français.

1. Les enfants regardent la télévision depuis au moins trois heures.

_____

2. Je n'ai pas mangé de bonnes fraises depuis des années.

_____

3. Jocelyne est malade depuis plus de trois semaines.

_____

4. Je n'ai plus vu Joseph depuis au moins six mois.

_____

5. Les invités parlent de politique depuis presque deux heures.

_____

4 **Complétez avec « pendant », « dans » ou « en ».**

1. Il a plu _____ deux jours. - **2.** Nous avons fait le tour de l'île _____ huit jours. - **3.** J'ai écrit cent pages de ma thèse _____ trois semaines ! - **4.** J'ai étudié le latin _____ cinq ans. - **5.** Je te rendrai l'argent que je te dois _____ un mois. - **6.** Je n'ai pris que trois jours de congés _____ un an. - **7.** J'ai travaillé dans cette société _____ trois ans, de 1990 à 1993. - **8.** Je reviendrai vous voir _____ huit jours.

LA CHRONOLOGIE

■ PAR RAPPORT AU PRÉSENT

Avant-hier	**Hier**	**Aujourd'hui**	**Demain**	Après-demain
matin après-midi soir	matin après-midi soir	**Ce** matin **Cet** après-midi **Ce** soir	matin après-midi soir	matin après-midi soir
La semaine d'avant	La semaine **dernière**	**Cette** semaine	La semaine **prochaine**	La semaine d'après
Le mois d'avant	Le mois **dernier**	**Ce** mois-**ci**	Le mois **prochain**	Le mois d'après
L'année d'avant	L'année **dernière**	**Cette** année	L'année **prochaine**	L'année d'après

■ PAR RAPPORT AU PASSÉ ou AU FUTUR

Deux jours avant	**La veille**	**Ce jour-là**	**Le lendemain**	Deux jours après
Deux semaines avant	La semaine **d'avant**	**Cette** semaine-**là**	La semaine **d'après**	Deux semaines après
Deux mois avant	Le mois **d'avant**	**Ce** mois-**là**	Le mois **d'après**	Deux mois après
Deux ans avant	L'année **d'avant**	**Cette** année-**là**	L'année **d'après**	Deux ans après

• En langage plus formel et à l'écrit, on utilise :

    « précédent(e) »   de préférence à *« d'avant »*,
    « suivant(e) »   de préférence à *« d'après »*,
    « plus tôt »   de préférence à *« avant »*,
    « plus tard »   de préférence à *« après »*.

1 Complétez avec « hier », « demain », « ce jour-là », « le lendemain » ou « la veille ».

1. Aujourd'hui, nous sommes le 20 mars : _____ , c'est le printemps.

2. Je me suis marié le 13 juin et _____ , le 14, nous sommes partis en Grèce.

3. Le 24 décembre, _____ de Noël, nous sommes toujours chez mes parents.

4. Aujourd'hui, les enfants peuvent se coucher tard : il n'y a pas d'école _____ .

5. Je vais avoir quarante ans le 10 janvier : _____ , je ferai une grande fête.

6. Je ne révise pas _____ d'un examen et je me couche très tôt.

7. Ce soir, nous restons à la maison, mais _____ , nous sommes allés au cinéma.

8. J'ai rencontré Marie le 14 juillet 1981 : _____ , tout le monde dansait dans la rue.

2 Complétez avec « depuis », « pour », « pendant ».

Chère Julie,   Paris, le 15 juin

Je cherche à te joindre _____ trois jours sans succès. Ma société m'envoie au Japon _____ six mois : jus-qu'à Noël. (J'étudie le japonais _____ plus de trois mois, _____ six heures par jour et je suis épuisée.) J'ai trouvé un sous-locataire _____ deux mois, à partir du 1er novembre, mais je suis inquiète _____ les quinze jours qui viennent : qui va s'occuper de mes plantes ? Elles ont de l'eau _____ huit jours, mais après ? Est-ce que tu peux passer les arroser ? Tu as les clés mais attention, nous avons un nouveau code _____ deux jours : c'est le 867 BA. Ce matin, _____ plus d'une heure, j'ai appelé tous les copains, mais ils sont tous en vacances ! C'est pour ça que je t'écris. Je pense que tu me comprendras (nous sommes amies _____ si longtemps !) Réponds-moi vite ! Je t'embrasse.

                                                                                 Aglaé

3 Complétez avec les expressions de temps manquantes.

1. Nathalie a fait la connaissance de Martin _____ 2 ans. _____ plusieurs semaines, Nathalie et Martin envoient des faire-part de mariage à leurs parents et à leurs amis car ils vont se marier _____ un mois, le 12 février. _____ , le 13 février, ils vont partir en voyage de noces en Chine, _____ cinq semaines.

2. Louis a 58 ans. Il travaille _____ 33 ans dans la même société et il va prendre sa préretraite _____ 2 ans. L'année _____ (c'est-à-dire _____ 3 ans), il va déménager à la campagne. Il construit lui-même sa maison _____ cinq ans.

3. Mathilde a commencé à apprendre le russe _____ 6 mois. Au début, elle a étudié seule, mais _____ deux mois, elle suit des cours dans une école car elle doit aller en Russie pour son travail _____ trois mois. En septembre, elle va travailler à Moscou, et le mois _____ , en octobre, elle va travailler à Kiev.

4. Jean a la même voiture _____ 3 ans. Il l'a acheté _____ 3 ans et il va devoir passer un contrôle tech-nique _____ 1 an. Sa voiture est en excellent état : _____ 3 ans, il a fait seulement 50 000 kilomètres et il n'a jamais eu de problème.

■■■■■■   ## LA SUCCESSION

> **Après avoir passé** ma licence, j'ai vécu un an en Californie.
> **Avant de partir,** je ne parlais pas anglais.

Les adverbes « **avant** » et « **après** » permettent de marquer une succession d'événements.

■ « **APRÈS** » + INFINITIF PASSÉ s'utilise en début de phrase quand le sujet des deux verbes est identique.

- L'infinitif passé se compose de « être » ou « avoir » à l'infinitif + participe passé :

  J'ai travaillé et je suis sorti.
  Après avoir travaillé, *je suis sorti.*

  Je suis allé au cinéma, puis je suis allé au restaurant.
  Après être allé *au cinéma, je suis allé au restaurant.*

- Les pronoms compléments se placent devant l'infinitif :

  Je me suis douché et je suis sorti.
  Après m'*être douché, je suis sorti.*

  Vous vous êtes couché et vous avez lu.
  Après vous *être couché, vous avez lu.*

- Le participe passé suit la règle des accords :

  *Après s'être douch****ée,*** *Marie est sortie.*
  *Après s'être disput****és,*** *les voisins se sont réconciliés.*
  *Après les avoir cherch****és,*** *je les ai trouv****és.***

■ « **AVANT DE** » + INFINITIF s'utilise en début de phrase quand le sujet des deux verbes est identique :

  J'ai dîné et je suis sorti.
  Avant de *sortir, j'ai dîné.*

  J'ai pris le petit déjeuner et je me suis douché.
  Avant de *me doucher, j'ai pris le petit déjeuner.*

1 **Complétez le texte avec les auxiliaires manquants.**

Après *avoir* acheté le journal, j'ai pris le bus.

Après _____ rentré chez moi, je _____ commencé à faire la cuisine. Après _____ retiré le poisson du réfrigérateur, je _____ coupé les légumes en petits morceaux pour préparer la soupe. Après _____ mis l'eau à bouillir, je _____ mis la table et je _____ rangé un peu la salle à manger. Après _____ jeté les légumes dans l'eau, je _____ allumé le four. Après _____ mis le poisson au four, je _____ allé dans le salon. Après _____ reposé quelques minutes, je _____ préparé la table pour le dîner.

2 **Mettez le texte à l'infinitif passé selon le modèle.**

« Les voyages de Colomb »

1492 : Christophe Colomb part des Canaries. Il voyage trente-cinq jours sans voir la terre. Il découvre San Salvador. Il continue son exploration pendant plusieurs semaines. Il arrive à Cuba. Il laisse un groupe d'hommes dans l'île d'Haïti et il rentre en Espagne. Il est nommé amiral en 1495, il repart et découvre les Petites Antilles. Il retourne en Espagne. En 1498, il part pour sa troisième expédition avec de nombreux colons. En 1506, il meurt dans la misère.

Après être parti des Canaries, Colomb a voyagé trente-cinq jours sans voir la terre.
Après avoir voyagé trente-cinq jours... _____

_____

_____

_____

_____

3 **Mettez à l'infinitif passé, selon le modèle.**

Il est rentré. Il a bu un porto. Il a regardé le journal télévisé. Il a mangé un steak frites. Il est allé au cinéma. Il est allé boire un verre à La Coupole. Il est rentré chez lui. Il s'est douché. Il s'est couché. Il a lu un magazine. Il s'est endormi.

Après être rentré, il a bu un porto et après... _____

_____

_____

_____

4 **Refaites le même exercice en utilisant « avant de », selon le modèle.**

Avant de s'endormir, il a lu un magazine... _____

_____

_____

_____

42

LE PASSIF

> Le directeur **a convoqué** les employés.
> Les employés **ont été convoqués par** le directeur.

UTILISATION

- On utilise le passif quand on met l'accent sur **l'objet** du verbe au lieu du sujet :

  John Baird a inventé la télévision.
  *La télévision **a été inventée** par John Baird.*

- On peut mettre l'accent sur l'**événement,** sans mentionner le sujet de l'action :

  *Le président Kennedy **a été assassiné.***

- On utilise surtout le passif pour les inventions, les lois et les événements subis :

  *Un vaccin **a été découvert.***
  *Une loi **a été votée.***
  *Un homme **a été agressé.***

- Pour les personnes, on utilise la forme active avec « **on** » de préférence à la forme passive :

  On m'a envoyé en mission.   (= J'ai été envoyé en mission.)

FORMATION : « **être** » conjugué + **participe passé** (+ « **par** » + sujet logique) :

*Les enfants **sont vaccinés** à l'école*
*Les enfants **ont été vaccinés** à l'école*   } **(par** *un médecin scolaire).*
*Les enfants **seront vaccinés** à l'école*

- Le participe passé s'accorde toujours avec le sujet :

  *Les salles ont été repeint**es**. Les moquettes ont été chang**ées.***

- ⚠ « **Par** » n'est jamais suivi par un pronom :

  Dites :   Ne dites pas :

  J'ai fait ce dessin.   ~~*Ce dessin a été fait par moi.*~~

- « **De** » remplace « par » avec les verbes « **aimer** », « **connaître** », « **respecter** » :

  *Cette personne est aimée **de** tous, connue **de** tous et respectée **de** tous.*

1 Mettez les phrases au passif, selon le modèle.

– C'est Philips qui a inventé **le compact disc** ?

– Oui, le compact disc a été inventé par Philips !

1. – C'est Fleming qui a découvert **la pénicilline** ?

– _____

2. – C'est Charlton Heston qui a interprété **« Ben Hur »** au cinéma ?

– _____

3. – C'est Michel-Ange qui a peint **la coupole de Saint-Pierre** ?

– _____

4. – C'est Chagall qui a peint **les fresques de l'Opéra de Paris** ?

– _____

5. – C'est l'architecte Pei qui a conçu **la Pyramide du Louvre** ?

– _____

6. – C'est Gutenberg qui a inventé **l'imprimerie** ?

– _____

2 Mettez à la forme active puis passive, selon le modèle.

1989 : démolition du Mur de Berlin.

On a démoli le Mur de Berlin en 1989. Le Mur de Berlin a été démoli en 1989.

1. 1202 : introduction des chiffres arabes en Occident.

_____

2. 1253 : fondation de l'université de la Sorbonne.

_____

3. 1789 : démolition de la Bastille.

_____

4. 1840 : abolition de l'esclavage dans les colonies françaises.

_____

5. 1961 : construction du Mur de Berlin.

_____

3 Transformez le texte du journal en phrases passives.

Le président a reçu le Premier ministre anglais. Ils ont abordé le problème de la pêche. Les syndicats de pêcheurs ont refusé les propositions du gouvernement.

_____

_____

43

L'IMPARFAIT

À l'époque	j'	av**ais**	quinze ans.
du rock,	tu	av**ais**	vingt ans.
	il } elle } on }	av**ait**	des disques américains.
	nous	av**ions**	des guitares.
	vous	av**iez**	une Vespa.
	ils } elles }	av**aient**	une « deux-chevaux ».

UTILISATION

- L'imparfait est le temps des situations passées :

    Maintenant, j'habite à Paris, je suis ingénieur, j'ai une BMW.
    Avant, j'habitais à Marseille, j'étais étudiant, j'avais une moto.

- Après certaines expressions, on utilise l'imparfait :

    À cette époque-là,
    Avant, quand *j'étais jeune,* } ***j'avais*** *les cheveux longs.*

FORMATION

- Pour former l'imparfait, on ajoute au radical de la deuxième personne du pluriel « **-ais** », « **-ais** », « **-ait** », « **-ions** », « **-iez** », « **-aient** » :

Vous **av**-ez	J'	**av-ais**	♪Une seule
Vous **êt**-es	Tu	**ét-ais**	finale « **ai** »,
Vous **all**-ez	Il	**all-ait**	sauf pour « nous »
Vous **buv**-ez	Vous	**buv-iez**	et « vous ».
Vous **pren**-ez	Nous	**pren-ions**	
Vous **pouv**-ez	Ils	**pouv-aient**	

 - Verbes irréguliers : *je **dis**-ais   je **fais**-ais* (radical de la 1ʳᵉ pers. pluriel).

- À l'écrit, quand un radical se termine par « **g** » ou « **c** », il devient « **-ge** » ou « **-ç** » devant « **-a** » :

    mang-er   Je mange-ais   commenc-er   Ils commenç-aient

1 Faites des phrases selon le modèle.

Maintenant, je marche très peu, *mais, avant, je marchais beaucoup.*

1. Maintenant, je parle beaucoup, *mais, avant, je parlais beaucoup*

2. Maintenant, je mange très peu, *mais, avant, je mang*

3. Maintenant, je voyage tout le temps, _____

4. Maintenant, je conduis très lentement, _____

5. Maintenant, je dors mal, _____

6. Maintenant, je fume beaucoup, _____

7. Maintenant, je ne fais plus de sport, _____

8. Maintenant, je suis très pessimiste, _____

2 Répondez aux questions.

– Où habitiez-vous, quand vous étiez petit(e) ? (Lyon)

– *Quand j'étais petit(e), j'habitais à Lyon.*

1. – Quelle voiture avaient vos parents à cette époque-là ? (Volvo break)

– _____

2. – Où alliez-vous en vacances avec votre famille ? (Espagne)

– _____

3. – Combien de temps partiez-vous en vacances ? (quinze jours)

– _____

4. – Quels livres lisiez-vous quand vous étiez adolescent(e) ? (livres d'aventure)

– _____

5. – Quel sport faisiez-vous quand vous étiez au lycée ? (volley)

– _____

6. – Qu'est-ce que vous preniez au petit déjeuner ? (café au lait)

– _____

7. – Quelle musique écoutiez-vous ? (les Beatles)

– _____

8. – Que vouliez-vous être plus tard ? (architecte)

– _____

3 Complétez le texte selon le modèle.

Quand j' *étais* petit, j'_____ un chien : il _____ noir et blanc et il _____ de grandes oreilles. Quand j'_____ à l'école, il _____ avec moi. J'_____ très fier de lui. Il _____ Albert. Il _____ adorable.

L'IMPARFAIT

EXERCICES

1 Faites des phrases à la forme négative, selon le modèle.

– Maintenant, je comprends presque tout à la télévision,

mais *au début de mon séjour, je ne comprenais presque rien.*

1. – Maintenant, j'ai beaucoup d'amis et je parle souvent français,

mais _____

2. – Maintenant, j'habite dans un grand appartement, j'ai une voiture,

mais _____

3. – Maintenant, je connais la ville et je sais prendre les transports en commun,

mais ~~au début~~, *au début, de mon séjour, je ne connais la ville et je ne sais pas prendre*

4. – Aujourd'hui, je connais bien le prix des choses et j'ai une carte de crédit,

mais _____

5. – Maintenant, je vais souvent au cinéma et je pars quelquefois à la campagne,

mais _____

6. – Maintenant, je bois du vin au déjeuner et je prends du café noir,

mais _____

7. – Maintenant, je lis les journaux et j'écris des textes en français,

mais _____

8. – Maintenant, je comprends les questions et je sais répondre,

mais _____

2 Mettez le texte à l'imparfait.

1. J'habite dans une tour de trente étages. *Mes grand-parents habitaient* dans une ferme.

2. Je ne connais pas mes voisins. _____ tout le village.

3. Je mange de la viande surgelée. _____ produits frais.

4. Je vais au marché en voiture. _____ cheval.

5. Je cuisine à l'électricité. _____ au feu de bois.

6. Le soir je regarde la télé. _____ les étoiles.

3 Texte libre : imaginez la vie à l'époque où l'électricité n'existait pas. Quelles étaient les activités familiales le soir ? Quelles étaient les contraintes pour le travail, l'alimentation, les loisirs ?

_____

_____

_____

_____

_____

1 **Mettez le texte à l'imparfait selon le modèle.**

Maintenant la société Peugeot fabrique des voitures, avant *elle fabriquait* des machines à coudre.

1. Maintenant les enfants portent des casquettes de base-ball,

dans les années cinquante, _____ des bérets.

2. Maintenant les femmes ont des robes courtes,

au siècle dernier, _____ des robes très longues.

3. Maintenant, on travaille quarante heures par semaine,

à l'époque de mon grand-père, _____ soixante heures.

4. Maintenant les jeunes mangent des hamburgers,

avant, _____ des sandwichs.

5. Maintenant, les enfants boivent du Coca-Cola,

avant, _____ de la limonade.

2 **Complétez les paroles de la chanson « Bruxelles » de Jacques Brel.**

C' *était* au temps où Bruxelles rêv_____ ,

C'ét_____ au temps du cinéma muet.

C'ét_____ au temps où Bruxelles chant_____ ,

C'ét_____ au temps où Bruxelles « bruxell_____ ».

Place de Brouckère, on voy_____ des vitrines

Avec des hommes, des femmes en crinolines,

Place de Brouckère, on voy_____ l'omnibus

Avec des femmes, des messieurs en gibus.

Et sur l'impériale,

Le cœur dans les étoiles,

Il y av_____ mon grand-père,

il y av_____ ma grand-mère.

Il ét_____ militaire,

Elle ét_____ fonctionnaire. [...]

Il attend_____ la guerre,

Elle attend_____ mon père.

3 **Décrivez un quartier de votre enfance.**

Dans le quartier où j'habitais quand j'étais petit, il y avait... _____

_____

L'IMPARFAIT et LE PASSÉ COMPOSÉ

> Avant, j'**habitais** à Marseille, en 1985, j'**ai déménagé.**
> Quand j'**ai déménagé,** j'**avais** seize ans. C'**était** l'hiver.

■ UTILISATION

- En général, pour évoquer des souvenirs, on utilise l'imparfait :

memories use *Quand j'**étais** jeune, j'**avais** un beau collier en or.*
imperfect

- En général, pour raconter des événements, on utilise le passé composé :

  *Un jour, j'**ai perdu** mon collier.*

events are - Dans un **récit au passé,** on utilise **les deux formes** : le passé composé pour
passé compose les événements et l'imparfait pour les descriptions et les situations :

  *Le jour où j'**ai perdu** mon collier, j'**étais** à la piscine, je **jouais** au ballon, j'**avais** douze ans.*

- L'imparfait décrit le cadre de la situation (comme une photo) ; le passé composé décrit une succession d'événements (comme un film) :

  Il faisait beau. Les gens se promenaient. Soudain un chien a traversé la rue, il a renversé une dame, la dame a crié, les gens se sont précipités.

- On utilise le passé composé pour des périodes de temps **définies** (avec un début et une fin précis) et l'imparfait pour des périodes de temps **indéfinies.**

De 1980 à 1990, **Pendant** *dix ans,* **Entre** *dix et vingt ans,*	*j'ai fait du sport.*	*Avant,* **Quand j'étais** *jeune,* **À cette époque-là,**	*je faisais du sport.*

- Le passé composé indique un **changement** par rapport à d'**anciennes habitudes** ou un changement par rapport à une **situation** donnée :

Imparfait -------------------- *Avant, j'**habitais** à Marseille.*	Imparfait --------------------- *Hier, il **faisait** beau...*
Passé composé *Un jour, j'**ai déménagé.** ▼*	Passé composé *Tout à coup, le temps **a changé.** ▼*

1 **Distribuez le passé composé et l'imparfait selon le modèle.**

Il était environ dix heures. Soudain, trois hommes qui faisaient la queue près des guichets ont attaqué le caissier. Comme la banque était pleine de monde, le caissier a donné l'argent aux bandits, mais il a averti secrètement la police qui est arrivée immédiatement sur les lieux. Deux voleurs ont été arrêtés mais ils n'avaient plus l'argent. Le troisième a réussi à s'échapper avec la caisse. Il portait une veste grise, un chapeau et des lunettes noires.

imparfait	passé composé
Il était environ dix heures	*trois hommes ont attaqué le caissier*

2 **Mettez le texte suivant au passé.**

Madame Élise est une vieille dame qui vit seule sur la colline. Elle est veuve et elle n'a pas de famille. Un jour, la colline prend feu. Madame Élise voit le feu avancer de tous les côtés. Elle est trop vieille pour courir, alors, elle se met à genoux et elle dit une prière : elle est prête à mourir et elle attend. Mais le feu s'arrête tout près d'elle. Alors, Madame Élise change complètement de vie : elle vend sa maison, elle retire son argent de la banque et elle part faire le tour du monde. Elle va en Chine. Elle monte sur le Kilimandjaro et elle descend le fleuve Amazone. Elle publie ses mémoires et à quatre-vingt-cinq ans, elle devient très célèbre.

3 **Faites un petit récit au passé, selon le modèle.**

Événements : Partir en vacances - Tomber en panne - Perdre son portefeuille - Rentrer chez soi - Prendre de l'argent - Repartir - Arriver sur la plage - etc.

Situations : Le temps - L'heure - La forme physique - Les vêtements - Le lieu

Quand je suis parti en vacances en juin dernier, il faisait beau...

E X E R C I C E S

1 Mettez le texte suivant au passé.

Ce matin, mon fils se lève à sept heures, et comme toujours, il est de mauvaise humeur. Il prend son petit déjeuner sans dire un mot. Comme toujours, il a son Walkman sur la tête et il porte des lunettes noires. Il ressemble à un Martien. À huit heures, il quitte la maison pour prendre le bus. Il fait froid et il pleut légèrement, mais, comme tous les jours, mon fils n'a qu'un vieux pull sur le dos. Il porte aussi des jeans troués et des baskets vert fluorescent. Je ferme la porte derrière lui et je me demande, perplexe, si j'étais comme ça à son âge.

Hier, mon fils... _____

_____

_____

_____

_____

2 Complétez le texte avec les verbes manquants.

Hier, quand Jacques *s'est* levé, il *était* cinq heures et quart. Jacques _____ habillé rapidement et à

six heures, il _____ déjà dans la rue. Il y _____ très peu de gens dehors. Il _____

encore nuit. Jacques _____ le métro et il _____ à la gare chercher Maria. Le train de Madrid

_____ à huit heures, il _____ très en retard ; Maria _____ un peu fatiguée et elle

_____ un peu froid parce qu'elle _____ une robe très légère. À Paris, il _____ seu-

lement quinze degrés, mais à Madrid, _____ très chaud, c'_____ encore l'été.

3 Complétez les phrases au passé avec les verbes manquants (faites l'élision si nécessaire).

Hier soir, je me *suis couchée* tôt parce que j'*étais* très fatiguée.

1. Ce matin je _____ toutes les fenêtres parce qu'il _____ très beau. - **2.** Hier, Gabriel

_____ au lit parce qu'il _____ très mal à la tête. - **3.** Les enfants _____ la télévision

hier soir parce qu'il y _____ un très joli film. - **4.** Je _____ chez le dentiste parce que je

_____ mal aux dents. - **5.** Nous _____ un cadeau à François parce que ce _____ son

anniversaire. - **6.** Je _____ un croissant et une brioche parce que je _____ faim ! - **7.** Alain

_____ un grand verre de bière, parce qu'il _____ soif. - **8.** Ce matin, je _____ mon

parapluie, parce qu'il _____ .

4 Répondez librement aux questions.

1. Pourquoi avez-vous ouvert la fenêtre ? _____

2. Pourquoi avez-vous mis votre imperméable ? _____

3. Pourquoi êtes-vous resté chez vous hier ? _____

1 **Mettez le texte au passé.**

Je suis à la terrasse d'un café près de l'Opéra. Il fait très beau. J'attends une amie. Je regarde les passants. Il n'y a pas beaucoup de monde. Soudain, je remarque une femme sur le trottoir d'en face. Le feu passe au vert, puis au rouge et de nouveau au vert, mais elle reste immobile, comme une statue. Elle est grande, très pâle et elle semble fatiguée et même exténuée. Tout à coup, une voiture s'arrête devant elle. Un homme sort. Il porte une petite valise. Il est très brun et il a de petites moustaches. Il a l'air dangereux. Je suis un peu inquiet. Il tend la valise à la dame et il repart tout de suite. Mais je ne vois pas la suite parce que mon amie arrive, elle m'embrasse et elle s'asseoit en face de moi. Quand je tourne la tête, la femme n'est plus là.

_____

_____

_____

_____

_____

2 **Faites des phrases au passé en variant les expressions de temps.**

avoir des congés/partir en Bretagne   être malade/avoir mal à la gorge/rester au lit
avoir faim/manger un sandwich   avoir les cheveux longs/aller chez le coiffeur

1. _La semaine dernière, j'avais trois jours de congés : je suis parti en Bretagne._

2. _____

3. _____

4. _____

3 **Mettez le texte au passé.**

J'attends une amie et ma tante arrive. Elle critique tout dans mon appartement. Elle jette les revues qui sont sur mon bureau. Elle contrôle les livres que je lis. Elle part finalement, mais elle oublie quelque chose sur le tapis : c'est une petite valise. Je l'ouvre : il y a un chat dedans. Je descends l'escalier, je prends ma voiture et je cherche ma tante dans tout le quartier. Quand je la trouve finalement, elle attend à un feu rouge près de l'Opéra.

Hier, ... _____

_____

_____

_____

4 **Complétez (librement) les phrases.**

Quand je suis sorti de chez moi, _____. Quand je suis arrivé devant le cinéma, _____. Quand j'ai demandé un billet, _____. Quand je suis allé à mon restaurant préféré, _____. Quand je suis rentré chez moi, _____.

44

LE PLUS-QUE-PARFAIT

> J'ai vendu en 1992 l'appartement que j'**avais acheté** en 1988.
> Je suis retourné dans le quartier que j'**avais visité** avec toi.

UTILISATION et FORMATION

■ On utilise le plus-que-parfait pour indiquer qu'une action précède une autre action dans le passé :

> *La maison a brûlé. Les pompiers sont arrivés.*
> *Quand les pompiers **sont arrivés,** la maison **avait** déjà **brûlé.***

■ On forme le plus-que-parfait avec « **être** » ou « **avoir** » à l'**imparfait** + **participe passé** :

> *J'**avais** dîné.*
> *Il **était parti.***
> *Nous **étions rentrés.***

LES TEMPS DU PASSÉ : RÉSUMÉ

■ Le plus-que-parfait, l'imparfait et le passé composé permettent de distinguer différents moments du passé :

> *Quand je me suis levé,* ⟨ *ma mère **avait préparé** le café.* (1)
> *ma mère **préparait** le café.* (2)
> *ma mère **a préparé** le café.* (3)

> *Quand je suis rentré,* ⟨ *Anne **avait pleuré.*** (1)
> *Anne **pleurait.*** (2)
> *Anne **a pleuré.*** (3)

(1) action finie
(2) action commencée qui continue
(3) action consécutive ou simultanée

1 **Répondez aux questions selon le modèle.**

– Quand votre mari est arrivé, vous aviez déjà déjeuné ?

– *Oui, quand il est arrivé, j'avais déjà déjeuné.*

1. – Quand vous avez trouvé du travail, vous aviez déjà terminé vos études ?

– Oui, _____

2. – Quand vous êtes parti(e) à l'étranger, vous étiez déjà marié(e) ?

– Oui, _____

3. – Quand vous avez commencé le cours de français, vous aviez déjà passé un test ?

– Oui, _____

4. – Quand vous avez passé le test, vous aviez déjà parlé avec le directeur des cours ?

– Oui, _____

2 **Transformez les phrases selon le modèle.**

– Anne a appelé le médecin avant votre arrivée ?

– *Non, quand je suis arrivé(e), elle n'avait pas encore appelé le médecin.*

1. – Martine a préparé le repas avant votre arrivée ?

– Non, _____

2. – Antoine est rentré avant l'arrivée de son père ?

– Non, _____

3. – Les enfants ont mangé avant l'arrivée des autres invités ?

– Non, _____

4. – Jean a fait la vaisselle avant votre départ ?

– Non, _____

3 **Complétez les phrases selon le modèle (avec les accords si nécessaire).**

Ils ont récupéré les bagages qu'ils *avaient laissés* à la consigne de la gare.

1. J'ai revu les amis que nous _____ en Grèce l'année dernière. - **2.** J'ai perdu le stylo que ma mère _____ pour mon anniversaire. - **3.** Il a répondu en juin à la lettre que je _____ en février. - **4.** Elle a retrouvé l'agenda qu'elle _____ la semaine dernière.

4 **Faites des phrases avec un verbe au plus-que-parfait.**

étudier le français/aller en France   vendre sa moto/acheter une voiture
visiter l'Espagne et le Portugal/visiter l'Italie et la France   recevoir une lettre/recevoir un coup de fil

Quand je suis allé(e) en France, j'avais déjà étudié le français.

LE DISCOURS INDIRECT (2)

> Il m'a dit qu'il **était** écrivain et qu'il **avait écrit** plusieurs romans.
> Il m'a dit qu'il **passerait** à la télévision dimanche soir.

LE DISCOURS INDIRECT AU PASSÉ

■ On utilise principalement le discours indirect pour rapporter un dialogue (ou des pensées) **au passé** :

> *Il m'**a dit** qu'il était allemand. Je **croyais** qu'il était anglais.*

■ Quand la phrase principale est au passé, la subordonnée « s'accorde » au passé. C'est un phénomène de **concordance** :

> *Il a dit :* « *J'habite à Berlin.* »
> *Il a dit qu'* il habit**ait** *à Berlin.*
>
> *Il a dit :* « *J'ai habité à Tokyo.* »
> *Il a dit qu'* il **avait habité** *à Tokyo.*
>
> *Il a dit :* « *Je vais habiter à Paris.* »
> *Il a dit qu'* il **allait** habiter *à Paris.*
>
> *Il a dit :* « *J'habiterai à la campagne.* »
> *Il a dit qu'* il habiter**ait** *à la campagne.*

♪ Concordance :
on applique
la finale de l'imparfait
au verbe
de la subordonnée.

■ L'imparfait de concordance n'est pas un passé, il a une valeur essentiellement **phonétique** :

> *Je lui ai dit que j'ét**ais** français.*   = présent   (Je suis français.)
> *Il m'a dit qu'il viend**rait** en mars.*   = futur   (Il viendra.)

• La concordance n'est parfois pas appliquée quand on annonce un résultat ou quand on constate un fait nouveau :

> *Les chercheurs ont affirmé que le vaccin est efficace.*
> *On a découvert que le mont Blanc fait 4 808 mètres (et pas 4 807 mètres).*

1 Répondez selon le modèle.

– Le directeur est malade, on vous l'a dit ?
– *Oui, on m'a dit qu'il était malade.*

1. – L'ordinateur est en panne, on vous l'a dit ?

    – _____

2. – Les étudiants sont au laboratoire, on vous l'a dit ?

    – _____

3. – On a changé de salle, on vous l'a dit ?

    – _____

4. – Patricia a réussi son examen, vous le saviez ?

    – _____

5. – Il y a une nouvelle machine à café, vous le saviez ?

    – _____

6. – On va faire le pont pour l'Ascension, on vous l'a dit ?

    – _____

7. – On va démolir les anciennes tours, vous le saviez ?

    – _____

8. – Les étudiants feront une fête à la fin de l'année, on vous l'a dit ?

    – _____

2 Transformez les dialogues en discours indirect, selon le modèle.

– Allô Georges ? C'est Thérèse. Écoute, je dois partir d'urgence pour Nice. Je laisse tes dossiers au secrétariat. Joëlle va taper les lettres et elle expédiera tout aux clients. Je reviendrai mardi et je t'appellerai.
– Thérèse vous a téléphoné, Georges ? Qu'est-ce qu'elle a dit ?

1. – *Elle a dit qu'elle devait partir...* _____

    _____

– Allô Isabelle ? C'est Arnaud. Je viens de rentrer, je vais me changer en vitesse et je vous rejoindrai devant le cinéma. Si j'arrive en retard, je vous attendrai à la sortie.
– Arnaud a téléphoné, finalement ! Qu'est-ce qu'il a dit ?

2. _____

    _____

– Pardon Madame, je suis étudiant dans votre université. Est-ce que vous n'avez pas trouvé un trousseau de clés dans la salle 11 ? Je vous laisse mon numéro de téléphone et je repasserai.
– Qui a téléphoné ? Pourquoi ?

3. _____

    _____

LE DISCOURS INDIRECT (2)

1 Transformez le texte au discours indirect, selon le modèle.

– Jean-Luc a gagné à la loterie, tu le savais ?

– *Non, je ne savais pas qu'il avait gagné à la loterie.*

1. – Il est parti en croisière en Égypte, on te l'a dit ?

   – _____

2. – Il est tombé malade pendant le voyage, tu ne le savais pas ?

   – _____

3. – Un docteur chinois l'a guéri avec des algues, tu ne le savais pas ?

   – _____

4. – Il est devenu l'associé d'un grand armateur, tu ne le savais pas ?

   – _____

5. – Il va épouser une princesse arabe, on ne te l'a pas dit ?

   – _____

2 Mettez le texte au passé.

Je lis dans un magazine qu'un garçon de douze ans a réussi le bac.

J'ai lu dans un magazine qu'un garçon de douze ans avait réussi le bac.

1. Je lis dans une revue que les chiens voient seulement en noir et blanc. _____

_____

2. Je lis dans un magazine que les petites filles sont plus douées pour les langues mais que les petits garçons

   savent mieux se situer dans l'espace. _____

_____

3. Je lis dans le journal que beaucoup d'animaux et de plantes disparaîtront d'ici vingt ans et qu'il faut les

   protéger de toute urgence. _____

4. Je lis dans un magazine qu'il y a un marché noir des armes nucléaires et que n'importe qui pourra bientôt

   s'acheter une bombe atomique. _____

_____

3 Rapportez des nouvelles qui vous ont marqué(e).

J'ai lu dans le journal que... _____

_____

_____

_____

1 Mettez les phrases suivantes au discours indirect, selon le modèle.

Rêve : – Je suis un oiseau. Je vole au-dessus de la ville. Je vois l'intérieur des maisons.

    1. *J'ai rêvé que j'étais un oiseau, que je volais au-dessus de la ville...* _____

_____

Rêve : – Je dois prendre l'avion mais l'aéroport a disparu et je me retrouve dans le désert.

    2. _____

Rêve : – J'ai acheté un réveil, mais il se transforme en machine à remonter le temps et je passe de l'époque des dinosaures au xxxᵉ siècle !

    3. _____

_____

Rêve : – Je dois participer à un match de boxe. Je suis un peu anxieux parce que mon adversaire est un type énorme mais je sais qu'il a un défaut et que je gagnerai.

    4. _____

_____

2 Sur le modèle précédent, racontez quelques rêves dont vous vous souvenez.

_____

_____

3 Reconstituez cet extrait de « L'Étranger » d'Albert Camus (© éd. Gallimard) en mettant le texte au passé.

Le soir, Marie vient me chercher et me demande si je veux me marier avec elle, je dis que cela m'est égal et que nous pourrons le faire si elle veut. Elle veut savoir alors si je l'aime. Je réponds comme je l'ai déjà fait une fois, que cela ne signifie rien, mais que, sans doute, je ne l'aime pas. « Pourquoi m'épouser alors ? » dit-elle. Je lui explique que cela n'a aucune importance et que si elle le désire, nous pouvons nous marier. Elle observe alors que le mariage est une chose grave. Je réponds : « Non. » Elle me regarde en silence. Puis elle parle. Elle se demande si elle m'aime et moi je ne peux rien savoir sur ce point. Après un autre moment de silence, elle murmure que je suis bizarre, qu'elle m'aime sans doute à cause de cela mais que peut-être un jour je la dégoûterai pour les mêmes raisons. Comme je me tais, n'ayant rien à ajouter, elle me prend le bras en souriant et elle déclare qu'elle veut se marier avec moi. Je réponds que nous le ferons dès qu'elle le voudra.

_____

_____

_____

_____

_____

(1) Mettre le texte au passé.

• **Samedi 16 septembre**

10 h du matin : M. Blanchard charge sa voiture pour partir en week-end, tandis que sa femme finit de ranger la maison. La voiture est garée dans le jardin.

11 h : quand M. et Mme Blanchard arrivent avec leurs derniers paquets à la main, ils s'aperçoivent que leur voiture a disparu.

13 h : les deux victimes vont à la police et portent plainte pour vol.

• **Dimanche 17 septembre**

10 h du matin : Mme Blanchard sort pour arroser ses fleurs. Elle découvre sa voiture dans le jardin, à la même place. Les bagages sont encore à l'intérieur, au complet. Elle appelle son mari. Ils contrôlent ensemble l'état de la voiture, sans comprendre. Soudain, sur le pare-brise, Mme Blanchard voit une lettre. Elle l'ouvre, elle la lit et elle la tend à son mari. Voilà ce que dit le mot : « Je vous remercie et je m'excuse de vous avoir emprunté votre voiture. Pour me faire pardonner, voilà deux billets de théâtre pour le spectacle que donne ce soir la compagnie avec laquelle je travaille. »

13 h : M. et Mme Blanchard retournent à la police. Ils disent qu'ils ont retrouvé leur voiture et qu'ils retirent leur plainte. Le policier insiste pour garder leur déposition mais ils ne veulent pas.

18 h : M. et Mme Blanchard vont à la ville voisine pour assister à la pièce de théâtre. Ils trouvent le spectacle très drôle et ils passent une très bonne soirée. La salle est comble et le public semble apprécier les acteurs. M. et Mme Blanchard se demandent, tout au long du spectacle, si leur voleur n'est pas sur la scène, sous leurs yeux.

22 h : M. et Mme Blanchard rentrent chez eux. Ils trouvent leur appartement complètement vide. Sur la seule table qui reste, il y a un petit mot des voleurs : « Merci beaucoup pour votre aimable collaboration. »

• **Le lundi matin,** ils doivent retourner à la police.

_____

_____

_____

_____

_____

_____

_____

_____

_____

_____

_____

_____

_____

_____

1 **Complétez les phrases avec les éléments manquants, si nécessaire.**

1. Je me souviens de ma première voiture : _____ une Austin Cooper bleue !

2. Mon amie Isabelle _____ un bébé il y a deux jours et elle rentrera _____ trois jours.

3. Cette année, nous passons nos vacances _____ Irlande ; l'année prochaine, nous _____ Pérou ou _____ Colombie.

4. Pendant plus de quinze ans, Jacques _____ maire d'un petit village du Nord, puis _____ député et maintenant, _____ deux mois, il est ministre.

5. En février dernier, quand je _____ mon permis de conduire, _____ très froid et _____ du verglas sur la route.

6. Le week-end dernier, nous _____ deux heures pour sortir de Paris et nous _____ _____ retard _____ nos amis.

7. Le pianiste _____ passe à la salle Pleyel joue _____ piano _____ l'âge de cinq ans.

8. Ce matin, je _____ trompé de direction dans le métro et je _____ perdu !

9. Hier soir, je _____ dans mon bain quand le téléphone _____.

10. Paul m'a dit qu'il _____ marier en février et qu'il _____ en voyage de noces _____ Espagne.

11. Je n'ai pas parlé de ce projet à mes parents mais je _____ à des amis pour _____ demander un conseil.

12. Hier soir, quand nous _____ du cinéma, à minuit, il _____ très froid et je _____ enrhumée.

13. Ce soir, je dîne avec Paula : je _____ téléphoné et je _____ donné rendez-vous à vingt heures au Drugstore.

14. – Pourquoi êtes-vous allé _____ le coiffeur ?
– Pour _____ les cheveux.

15. Mes enfants adorent les glaces et ils _____ beaucoup trop.

46 « VENIR DE », « ÊTRE EN TRAIN DE », « ÊTRE SUR LE POINT DE »

> Nous **venons de** quitter l'Angleterre,
> nous **sommes en train de** survoler la Manche,
> nous **sommes sur le point d'**arriver en France.

« VENIR DE » + INFINITIF

- « Venir de » + infinitif exprime un **passé récent.**

    *Marc et Cathy **viennent de** se marier.*
    (= Ils se sont mariés il n'y a pas longtemps.)

- « Venir de » s'utilise sans précision de temps :

    *Jean **vient de** sortir.*
    *Je **viens d'**arriver.*

« ÊTRE EN TRAIN DE » + INFINITIF

- Cette tournure exprime une action **en cours** de réalisation :

    *Le bébé **est en train de** dormir.*

- « Être en train de » met l'accent sur le **développement** de l'action : on l'utilise à tous les temps sauf au passé composé.

    *Le bébé **était** en train de dormir quand le téléphone a sonné.*
    *Le bébé **sera** en train de dormir quand mon mari rentrera.*

« ÊTRE SUR LE POINT DE » + INFINITIF

- Cette tournure exprime une action **imminente,** qui va se produire dans quelques instants :

    *Le spectacle **est sur le point de** se terminer.*
    *La conférence **est sur le point de** commencer.*

1 Transformez les phrases en utilisant « en train de » selon le modèle.

– Va aider Mireille : elle déplace le canapé toute seule !

– Va aider Mireille, elle est en train de déplacer le canapé toute seule !

1. – N'entrez pas dans la chambre, Paul fait la sieste.

– _____

2. – Ne dérange pas Marie : elle fait des calculs compliqués.

– _____

3. – Ne parlez pas s'il vous plaît, nous enregistrons la conférence.

– _____

4. – Approche la lampe s'il te plaît, je retire une épine de mon pouce.

– _____

2 Transformez les phrases avec « venir de » selon le modèle.

– Paul a téléphoné ? *– Oui, il vient de téléphoner !*

1. – Les étudiants sont déjà arrivés ? – Oui, ils _____

2. – Le bus est passé il y a longtemps ? – Non, il _____

3. – Le directeur est parti pour Londres ? – Oui, il _____

4. – Vous avez dîné il y a longtemps ? – Non, nous _____

5. – Le film est fini depuis longtemps ? – Non, il _____

3 Transformez selon le modèle.

L'oiseau va s'envoler. La nuit va tomber. Les magasins vont fermer. Les gens vont dîner.

L'oiseau est sur le point de s'envoler. _____

_____

4 Complétez les phrases avec « être en train de », « être sur le point de » ou « venir de ».

1. – Allô Marie, je ne te dérange pas ? – Rappelle-moi plus tard, je _____ sortir.

2. – Attention, n'allume pas la lumière, Paul _____ développer des photos dans cette pièce.

3. – Qu'est-ce qu'Antoine _____ faire ? – Il dessine un mouton !

4. – Vous _____ écouter « La Truite » de Schubert. Ainsi s'achève notre programme musical.

5. – Où sont les enfants ? – Ils _____ regarder la télévision.

6. – Il faut arroser les fleurs ? – Non, je_____ le faire. Regarde : la terre est trempée.

7. – Dépêchez-vous les enfants : le train _____ partir !

8. – Ne vous appuyez pas contre le mur : on _____ repeindre l'entrée !

47

LE FUTUR SIMPLE

En 2031,	j'	habiter**ai**	sur Mars.
	tu	habiter**as**	sur Vénus.
	il elle on	} parler**a**	toutes les langues.
	nous	travailler**ons**	deux jours par semaine.
	vous	passer**ez**	les vacances sur Terre.
	ils elles	} voyager**ont**	en voitures solaires.

UTILISATION

■ On utilise le futur simple quand on imagine l'**avenir** ou quand on fait des projets :

> *Dans cinq ans, je **prendrai** ma retraite.*
> *Quand je **serai** vieux, je **vivrai** à la campagne.*
> *En 2001, j'**aurai** trente ans.*

FORMATION

■ Pour former le futur simple, on ajoute à l'**infinitif** les terminaisons : « **-ai** », « **-as** », « **-a** », « **-ons** », « **-ez** », « **-ont** » :

PARLER :	Je	***parler-ai***	Nous	***parler-ons***	♪ Le son « **r** »
	Tu	***parler-as***	Vous	***parler-ez***	est caractéristique
	Il	***parler-a***	Ils	***parler-ont***	du futur simple.

● Pour les infinitifs terminés par « **-e** », le « **-e** » disparaît :

BOIRE : *Je **boir**-ai*   DIRE : *Je **dir**-ai*   METTRE : *Je **mettr**-ai*

● Les verbes irréguliers ont un radical très **différent** de l'infinitif :

ÊTRE :	*Je **ser**ai (tu seras,...)*	AVOIR :	*J'**aur**ai (tu auras,...)*
ALLER :	*J'**ir**ai (tu iras,...)*	FAIRE :	*Je **fer**ai (tu feras,...)*

VENIR :	*Je **viendrai***	VOIR :	*Je **verrai***	ENVOYER : *J'**enverrai***
RECEVOIR :	*Je **recevrai***	FALLOIR :	*Il **faudra***	PLEUVOIR : *Il **pleuvra***

1 **Mettez au futur, selon le modèle.**

Actuellement, je travaille en France, *mais plus tard, je travaillerai à l'étranger.*

1. Maintenant, j'habite dans un petit studio,

mais un jour, _____

2. Actuellement, je n'ai pas beaucoup d'argent,

mais plus tard, _____

3. En ce moment, je vais à l'université en bus,

mais plus tard, _____

4. Maintenant, je fais beaucoup de fautes de français,

mais un jour, _____

5. Actuellement, je ne suis pas bilingue,

mais un jour, _____

2 **Complétez le texte avec les futurs manquants.**

Lundi prochain, je *serai* à Bruxelles et mardi, je *serai* à Berlin.

1. Pendant le week-end, il _____ froid et il y _____ du brouillard.

2. Mon frère _____ de voyage plus tôt que prévu et il _____ Noël avec nous.

3. Mes parents _____ heureux quand ils _____ la bonne nouvelle !

4. Les magasins _____ ouverts la veille de Noël et nous _____ des achats.

5. Le 1er janvier, nous _____ du saumon et nous _____ du champagne.

3 **Mettez les « prévisions de Madame Saturne » au futur simple.**

Les gens habitent tous à la campagne. Les villes sont presque vides. Tout le monde a une maison individuelle, plusieurs télévisions et plusieurs ordinateurs. On ne voyage plus : on voit ses amis sur des écrans, chez soi. Les étudiants communiquent par câble avec les plus grands professeurs. Les gens sont grands, minces et en bonne santé.

En 2080, les gens habiteront tous à la campagne... _____

_____

_____

_____

4 **Continuez le texte selon votre fantaisie.**

_____

_____

_____

LE FUTUR SIMPLE et LE FUTUR PROCHE

> – **Je vais partir** et je vous **enverrai** mon adresse.
> – **Quand** vous **viendrez** me voir, on **ira** pêcher la truite !

■ CHANGEMENT et PROGRAMMATION

- Le futur proche indique, en général, un **changement** à venir :

    *Je **vais avoir** un bébé.*

- Le futur simple indique, en général, une **programmation** :

    *J'**aurai** un bébé.*

- On utilise souvent le futur proche pour les changements et le futur simple pour les **conséquences** :

    *On **va recevoir** de nouveaux ordinateurs :*
    *on **pourra** traiter plus de dossiers*
    *on **gagnera** du temps, on **sera** plus compétitifs.*

■ ORAL et ÉCRIT

- On utilise de préférence le futur proche à l'oral (plus dynamique) et le futur simple à l'écrit (plus « économique » et plus élégant).

    Oral :   Écrit :

    Vous allez voir sur cet écran…   *Vous verrez dans cette lettre…*
    Vous allez être surpris…   *Vous serez surpris…*

- Après « **quand** », « **pendant que** », « **j'espère que** », et d'une manière générale quand on enchaîne plusieurs phrases, on utilise le futur simple :

    ***Quand** je partirai à la gare, tu rentreras à la maison.*

    ***Pendant que** les enfants feront leurs devoirs,*
    Marion préparera le repas,
    ***tandis que** Lucien mettra le couvert.*

    ***J'espère que** tout se passera bien.*

- On utilise le futur simple avec une hypothèse sur le futur (voir p. 222) :

    S'il fait beau, nous irons à la plage.
    S'il pleut, nous resterons à la maison.

1   Répondez avec le futur proche et le futur simple selon le modèle.

1. déménager/envoyer sa nouvelle adresse à ses amis

2. aménager la terrasse/pouvoir dîner dehors

3. changer de quartier/aller au lycée à pied

4. prendre une aspirine/aller mieux

1. *Je vais déménager et j'enverrai ma nouvelle adresse à mes amis.*

2. *Nous* _____

3. *On* _____

4. *Tu* _____

2   Faites des phrases au futur simple, selon le modèle.

Partir en Crète / visiter Cnossos / dormir à Matala / manger du yaourt et du miel / lire des livres de Kazantzakis / écouter des chansons d'Alexiou / prendre le bus / aller à Aghios Nicolaos

En juin, quand je partirai en Crète... _____

_____

3   Faites des phrases selon le modèle.

Jean : Préparer le petit déjeuner
Faire la vaisselle
Faire les valises
Aller faire le plein d'essence
Charger la voiture

Marie : Faire le lit
Ranger le salon
Préparer des sandwichs
Aller à la banque
Habiller les enfants

Samedi matin, pendant que Jean préparera le petit déjeuner, Marie fera le lit. Ensuite, _____

_____

_____

_____

4   Mettez les verbes au futur pour reconstituer la chanson de Mouloudji (Van Parys/Mouloudji, Éditions Meridien).

« Un Jour tu verras »

Un jour, tu _____ (voir),

On _____ (se rencontrer),

Quelque part, n'importe où,

Guidés par le hasard,

Nous _____ (se regarder),

Nous _____ (se reconnaître),

Et la main, dans la main,

Dans les rues, nous _____ (aller).

LE FUTUR ANTÉRIEUR

> Je me marierai quand j'**aurai terminé** mes études.

UTILISATION et FORMATION

■ On utilise le futur antérieur pour indiquer qu'une action **précède** une autre action dans l'avenir :

> *Je vais dîner et je vais sortir.*
> *Quand j'**aurai dîné,** je sortirai.*

■ On forme le futur antérieur avec « être » ou « avoir » au **futur simple + participe passé.**

> *J'**aurai dîné**   Vous **serez rentré**   Ils **seront partis***

LES TEMPS DE L'INDICATIF : RÉSUMÉ

L'indicatif comprend les divisions du temps présent, passé et futur représentées dans le tableau ci-dessous :

	PASSÉ COMPOSÉ		FUTUR PROCHE	

IMPARFAIT	PRÉSENT	FUTUR SIMPLE	→ temps

Avant, *j'habitais à Rome.*	***Maintenant,*** *j'habite à Paris.*	***Plus tard,*** *j'habiterai à Tokyo.*

En 1990, j'ai déménagé pour Paris.

En 1999, je vais déménager pour Tokyo.

PLUS-QUE-PARFAIT
En 1985, j'avais déjà visité Paris.

FUTUR ANTÉRIEUR
Fin 1999, quand vous arriverez, j'aurai déjà déménagé.

- • Les temps simples expriment des habitudes et des situations (statiques), les temps composés expriment des changements et des ruptures (dynamiques).

1 Mettez au futur simple et au futur antérieur, en variant les personnes.

1. terminer le pot-au-feu/faire des crêpes
2. enregistrer la face A/enregistrer la face B de la cassette
3. passer le permis/acheter une voiture
4. faire l'exercice n° 2/faire l'exercice n° 3

1. *Je ferai des crêpes quand j'aurai terminé le pot-au-feu.*
2. *Tu* _____
3. *Elle* _____
4. *Vous* _____

2 Faites des phrases selon le modèle.

    – Terminez votre traitement et revenez me voir.

    – *Revenez me voir quand vous aurez terminé votre traitement.*

1. – Réfléchissez à ma proposition et téléphonez-moi.

  – _____

2. – Parlez à votre banquier et tenez-moi au courant.

  – _____

3. – Terminez votre travail et venez dans mon bureau.

  – _____

4. – Enregistrez les données et débranchez l'ordinateur.

  – _____

5. – Prenez une décision et écrivez-moi.

  – _____

3 Faites des phrases avec un futur simple et un futur antérieur.

    On supprimera les frontières et on voyagera sans visa.
    On remplacera le pétrole par l'énergie solaire et la couche d'ozone se reconstituera.
    On interrompra la destruction des forêts et la nature sera protégée.

1. *Quand on aura supprimé les frontières, on pourra voyager sans visa.*
2. _____
3. _____

4 Complétez le texte avec des verbes au futur simple et au futur antérieur.

À la fin de la semaine, quand les travaux de maçonnerie _____ terminés dans mon appartement, nous _____ la peinture. Ensuite, quand la peinture _____ terminée, nous _____ la menuiserie. Nous _____ une grande fête quand tous les travaux _____ !

49

LE CONDITIONNEL (2)

Imagine :	je	**serais**	une sirène.
	tu	**serais**	un capitaine.
	il elle on	**serait**	sur l'océan.
	nous	**serions**	heureux.
	vous	**seriez**	sur une île.
	ils elles	**seraient**	sur un radeau.

L'EXPRESSION DE L'IMAGINAIRE

■ On utilise le conditionnel pour **imaginer** une réalité différente de la réalité actuelle :

*On **serait** sur la Lune, on **verrait** la Terre.*

• Ce conditionnel est surtout utilisé dans une **hypothèse** avec « **si** » :

*Si on était sur la Lune, on **verrait** la Terre.*

(Voir p. 222.)

• On utilise le conditionnel avec « **au cas où** », pour faire une **supposition** :

***Au cas où** vous **auriez** des problèmes, téléphonez-moi.*

■ On utilise le conditionnel pour donner une **information non confirmée** :

*Le président **devrait** se rendre à Tokyo.*
*L'accident d'avion **aurait fait** deux cents victimes.*

FORMATION

CONDITIONNEL PRÉSENT : radical du futur + terminaisons de l'imparfait
*Je **voudr-ais**   J'**aimer-ais**   Je **devr-ais***

CONDITIONNEL PASSÉ : conditionnel de « être » ou « avoir » + participe passé
*J'**aurais voulu**   J'**aurais aimé**   J'**aurais dû***

(Autres usages, voir pp. 126 et 224.)

1 **Mettez au conditionnel, pour reconstituer le texte de Georges Perec.**

« L'utopie villageoise » (*Espèces d'espaces*, © éd. Galilée, 1974, pp. 95-96)

Bien sûr, on connaît tout le monde et les histoires de tout le monde. Tous les mercredis, le charcutier de Dampierre klaxonne devant chez vous pour vous apporter les andouillettes. Tous les lundis, Madame Blaise vient laver.
On va avec les enfants cueillir des mûres le long des chemins creux. On les accompagne aux champignons, on les envoie à la chasse aux escargots.
On est attentif au passage du car de sept heures. On aime aller s'asseoir sur le banc du village, sous l'orme centenaire, en face de l'église. [...]
On va chercher son bois dans les bois communaux.
On sait reconnaître les oiseaux à leur chant.
On connaît chacun des arbres de son verger.
On attend le retour des saisons.

Bien sûr, on connaîtrait tout le monde... _____

_____

_____

_____

_____

_____

2 **Mettez au conditionnel la suite de « L'utopie villageoise » de Perec.**

« Alternative nostalgique (et fausse) »
Ou bien n'avoir que ses vêtements sur le dos, ne rien garder, vivre à l'hôtel et en changer souvent, et changer de ville et changer de pays ; parler, lire indifféremment quatre ou cinq langues ; ne se sentir chez soi nulle part, mais bien presque partout.

Ou bien, on n'aurait que... _____

_____

_____

3 **Transformez les phrases avec « au cas où », selon le modèle.**

1. Appelle-moi, si tu as un problème. - **2.** Racontez tout à Pierre, s'il demande des explications. - **3.** Accordez un délai aux clients s'ils ne peuvent pas payer. - **4.** Avertissez-moi, si vous quittez votre appartement. - **5.** Venez nous voir si vous passez dans le quartier.

Appelle-moi au cas où tu aurais un problème. _____

_____

_____

50

LES HYPOTHÈSES

> – **S'il fait** beau demain, **nous irons** à la campagne.
> – **S'il fait** froid, **nous irons** au cinéma.

L'HYPOTHÈSE sur LE FUTUR

■ « QUAND » et « SI »

- • « **Quand** » suivi du futur simple indique une **certitude** :

    L'année prochaine, quand je reviendrai, je retournerai au Ritz.
    Demain, quand Paula m'appellera, je l'inviterai à dîner.

- • Quand il n'y a pas de certitude, on fait une « **hypothèse sur le futur** » et on utilise :

hypothèse	conséquence
« **SI** » + PRÉSENT	FUTUR SIMPLE

    *L'année prochaine, si je **reviens**, je retournerai au Ritz.*
    *Demain, si Paula m'**appelle**, je l'inviterai à dîner.*

- • La partie de la phrase introduite par « si » n'est jamais au futur :

    Si j'ai *des vacances et **si j'ai** de l'argent, je partirai à Rio.*

- • Il ne faut pas confondre le « si » de l'hypothèse et le « si » du discours indirect qui peut être suivi du futur :

    *Je ne sais pas **si** (oui ou non) je viendrai.*
    *Il lui demande **si** (oui ou non) elle pourra le faire.*

- • Quand la phrase exprime une vérité générale ou une recommandation, la conséquence est au présent ou à l'impératif :

    Si on mange mal, on risque de tomber malade.
    Si tu sors, mets ton manteau.

EXERCICES

1 **Répondez selon le modèle, en utilisant une hypothèse.**

– Quand vous reviendrez à Paris, où habiterez-vous ?

– *Si je reviens à Paris, j'habiterai à l'hôtel.*

1. – Quand vous changerez de voiture, quelle voiture achèterez-vous ?

– _____

2. – Quand vous inviterez Alice à dîner, où l'emmènerez-vous ?

– _____

3. – Quand vous ferez une fête, ce sera un samedi ou un dimanche ?

– _____

4. – Quand vous partirez en vacances, où irez-vous ?

– _____

5. – Quand vous reviendrez en France, dans quelle ville habiterez-vous ?

– _____

2 **Faites des phrases « en chaîne » selon le modèle.**

Sortir sans parapluie - Se mouiller - Prendre froid - Tomber malade - Manquer l'école - Rater ses examens - Travailler l'été - ne pas partir en vacances - Ne pas faire de tennis

Si tu sors sans parapluie, tu te mouilleras, si tu te mouilles,... _____

_____

_____

3 **Transformez les phrases selon le modèle.**

Pour faire des économies d'énergie, **installez** un double vitrage !

Si vous installez un double vitrage, vous ferez des économies d'énergie !

1. Pour recevoir un catalogue, **envoyez** une enveloppe timbrée à votre adresse.

_____

2. Pour augmenter vos bénéfices, **diminuez** vos frais de gestion.

_____

3. Pour être efficace, **informatisez** vos services !

_____

4. Pour éviter les embouteillages, **partez** très tôt !

_____

5. Pour faire moins d'erreurs de grammaire, **parlez** plus lentement !

_____

L'HYPOTHÈSE sur LE PRÉSENT

> Aujourd'hui, s'il **faisait** beau, j'**irais** à la piscine.

■ Quand on imagine **quelque chose qui n'existe pas,** on fait une « **hypothèse sur le présent** ». On utilise en général :

hypothèse	conséquence
« SI » + IMPARFAIT	CONDITIONNEL PRÉSENT

Cette semaine je n'ai pas de vacances, je ne pars pas en voyage.
*Cette semaine, **si j'avais** des vacances, **je partirais** en voyage.*

Je n'ai pas d'argent, je ne peux pas changer de voiture.
***Si j'avais** de l'argent, **je changerais** de voiture.*

• Pour faire une suggestion, une proposition, on utilise seulement « si » suivi de l'imparfait :

Si on allait au cinéma ?   = Je propose d'aller au cinéma.

L'HYPOTHÈSE sur LE PASSÉ

> Hier, s'il **avait fait** beau, je **serais allé** à la piscine.

■ Quand on imagine **quelque chose qui n'a pas eu lieu,** on fait une « **hypothèse sur le passé ».** On utilise en général :

hypothèse	conséquence
« SI » + PLUS-QUE-PARFAIT	CONDITIONNEL PASSÉ

La semaine dernière, il a fait froid et je ne suis pas partie en week-end.
*La semaine dernière, **s'il avait fait** beau, **je serais partie** en week-end.*

Hier, je suis parti en retard et j'ai raté le train.
*Hier, **si je n'étais pas parti** en retard, **je n'aurais pas raté** le train.*

(Formation du conditionnel présent et passé, voir p. 220.)

1 **Répondez aux questions, selon le modèle.**

– Si vous aviez mal aux dents, que feriez-vous ?

– Si j'avais mal aux dents, j'irais chez le dentiste.

1. – Si vous aviez un an de congé, où iriez-vous ?

– _____

2. – Si vous preniez un apéritif, que prendriez-vous ?

– _____

3. – Si vous aviez un perroquet, comment l'appelleriez-vous ?

– _____

4. – Si vous changiez de pays, où iriez-vous ?

– _____

2 **Répondez aux questions en utilisant une hypothèse au conditionnel.**

– Vous avez besoin d'argent liquide, qu'est-ce que vous faites ?

– Si j'avais besoin d'argent liquide, j'irais à la banque.

1. – Vous trouvez un dossier dans un taxi, que faites-vous ?

– _____

2. – Il y a une fuite dans votre cuisine, qu'est-ce que vous faites ?

– _____

3. – Nous sommes bloqués dans l'ascenseur, que faites-vous ?

– _____

4. – Un voisin appelle au secours, qu'est-ce que vous faites ?

– _____

3 **Complétez les phrases avec une hypothèse au conditionnel passé.**

– Avez-vous acheté un journal ce matin ?

– Non, mais si j'avais acheté un journal, j'aurais acheté le « Times ».

1. – Vous avez regardé la télévision hier soir ?

– Non, mais _____ la deuxième chaîne.

2. – Vous avez pris un apéritif à midi ?

– Non, mais _____ un porto.

3. – Avez-vous mangé des fruits au déjeuner ?

– Non, _____ du melon.

4. – Êtes-vous parti en week-end la semaine dernière ?

– _____ en Touraine.

E X E R C I C E S

1 Construisez les hypothèses entre parenthèses.

Chère Marcelle,

Je n'ai pas le temps de t'écrire plus souvent.   *(Si j'avais le temps, je t'écrirais plus souvent.)*

Tu me manques beaucoup mais

je n'ai pas le temps d'aller te voir.   (Si _____)

Tu es trop loin de moi, mais

je n'ai pas d'argent pour prendre l'avion.   (Si _____)

Je ne t'ai pas appelée la semaine dernière :

j'avais perdu ton numéro.   (Si _____)

Je voudrais bien te recevoir ici, mais

mon appartement est en travaux.   (Si _____)

Comme dit Boby Lapointe : Marcelle,

« si j'avais des ailes, je volerais grâce à elles ! »

2 Mettez au conditionnel passé, selon le modèle.

Il n'a pas pu venir au cocktail, parce qu'il avait trop de travail.
S'il n'avait pas eu autant de travail, il serait venu au cocktail.

1. Je ne suis pas allée à la plage, parce qu'il y avait trop de vent.

_____

2. Elle n'a pas pris son vélo parce qu'il y avait trop de circulation.

_____

3. Je ne suis pas allée à la piscine, parce qu'il y avait trop de monde.

_____

4. Tu as eu mal à la tête parce que tu as bu trop de vin.

_____

3 Mettez au conditionnel ces « propositions pour améliorer les grandes villes ».

Interdire le stationnement dans les vieux quartiers. Multiplier les passages souterrains pour les voitures. Doubler le nombre de taxis. Créer de nouvelles lignes de bus. Remettre des bus à impériale. Planter des arbres. Utiliser les fleuves pour les transports publics. Etc.

Si j'étais maire d'une grande ville, j'interdirais... _____

_____

_____

4 Continuez l'exercice précédent en donnant vos propres suggestions.

1 Jouez au jeu des portraits chinois et décrivez des membres de votre famille, des copains, etc.

une fleur   un légume   un acteur   une ville   une voiture   un pays

Si c'était une fleur, ce serait une violette… _____

_____

_____

_____

_____

2 Faites des propositions selon le modèle.

Faire une pause / Partir à la campagne / Manger quelque chose / Prendre un taxi

Je suis fatigué(e) ! *Si on faisait une pause ?*

1. On a trois jours de congé : _____

2. J'ai faim ! _____

3. J'ai mal aux pieds. _____

3 Complétez les phrases avec les conditionnels et les pronoms selon le modèle.

André a perdu les livres que je lui avais confiés. *Si j'avais su, je ne les lui aurais pas confiés.*

1. Elle a abîmé la robe que je lui avais prêtée. _____

2. Il a jeté le beau dessin que je lui avais donné. _____

3. Ils ont répété tout ce que je leur avais dit. _____

4. Ils ont détesté le restaurant que je leur avais conseillé. _____

5. Je me suis ennuyé(e) à la conférence de monsieur Boudet. _____

4 Mettez au conditionnel pour reconstituer le texte de Jean Tardieu (« Au conditionnel », *Comme ceci comme cela*, © éd. Gallimard, 1979).

Si je _____ écrire je _____ dessiner (savoir / savoir)

Si j'_____ un verre d'eau je le _____ geler et (avoir / faire)

je le _____ sous verre (conserver) […]

Si j'_____ trois mains je ne _____ où (avoir / savoir)

donner de la tête […]

Si je _____ par la porte je _____ (sortir / rentrer)

par la fenêtre […]

Si je _____ sans me retourner, (partir)

je me _____ bientôt de vue. (perdre)

51

LE SUBJONCTIF

Il faut	**que**	je	parl**e**	français.
		tu	parl**es**	français.
		il elle on	parl**e**	français.
		nous	parl**ions**	français.
		vous	parl**iez**	français.
		ils elles	parl**ent**	français.

UTILISATION et FORMATION

■ L'indicatif « indique » **objectivement** la réalité. Le subjonctif l'exprime **subjectivement.**

      Indicatif :   *Paul **est** ici.*

      Subjonctif :   *Il faut*
                Je voudrais | *qu'il **soit** là.*
                Je suis content |

    • On utilise le subjonctif après les verbes exprimant une **contrainte,** un **désir,** un **sentiment** ou une **attente** (voir p. 232).

■ On forme le subjonctif sur le radical de la **troisième personne du pluriel** du présent de l'indicatif + « **-e** », « **-es** », « **-e** », « **-ions** », « **-iez** », « **-ent** ».

    • **Verbes en « -er » :**

    PARLER   Ils **parl**ent   *que je **parl-e***   *que vous **parl-iez***

■ « **IL FAUT QUE** » est la forme la plus fréquente avec le subjonctif.

• « **Il faut** » + infinitif
exprime une contrainte générale :

    ***Il faut** manger pour vivre.*
    = On doit manger pour vivre.

• « **Il faut que** » + subjonctif
exprime une contrainte personnelle :

    ***Il faut que** je travaille samedi.*
    = **Je** dois travailler samedi.

EXERCICES

1 **Transformez les phrases selon le modèle.**

– Vous devez parler français. *Il faut que vous parliez français.*

1. Vous devez répéter souvent les mêmes structures.

Il faut que vous répétiez français ✓

2. Vous devez écouter des cassettes d'exercices.

Il faut que vous écoutez des cassettes d'exercices ✓

3. Vous devez corriger votre accent.

Il faut que vous corrigiez votre accent ✓

4. Vous devez noter du vocabulaire.

Il faut que vous notiez du vocabulaire. ✓

5. Vous devez regarder des films français.

Il faut que vous regardiez des films français ✓

2 **Faites des phrases selon le modèle.**

contrôler le matériel	emporter des pulls chauds	regarder la météo
se coucher tôt la veille	préparer des sandwichs	manger avant de partir

Avant de partir faire de l'escalade, il faut que nous contrôlions le matériel... _____

_____

_____

_____

3 **Décrivez les opérations nécessaires pour retirer de l'argent d'un distributeur.**

insérer votre carte	composer votre code secret	sélectionner une opération
indiquer le montant voulu	retirer l'argent	ne pas oublier votre carte

Pour retirer de l'argent, il faut que vous... _____

_____

_____

_____

4 **Conjuguez les « résolutions » du bon étudiant, selon le modèle.**

Je dois étudier la grammaire. Je dois pratiquer la langue.
Je dois poser des questions au professeur. Je dois accepter les « bizarreries » d'une autre langue.

Il faut que j'étudie la grammaire. Il faut que nous étudiions la grammaire.

_____

_____

LA FORMATION DU SUBJONCTIF

■ RÈGLE GÉNÉRALE

Radical de la **troisième personne du pluriel** du présent de l'indicatif + « -e », « -es », « -e »,« -ions », « -iez », « -ent ».

PARLER	ils **parl**ent	*Il faut que je **parl**-e...*
PARTIR	ils **part**ent	*que je **part**-e...*
METTRE	ils **mett**ent	*que je **mett**-e...*
LIRE	ils **lis**ent	*que je **lis**-e...*

(Et entendre, finir, écrire, etc.)

- Quand « nous » et « vous » ont un radical différent de « ils » au présent de l'indicatif, ils conservent cette différence au subjonctif :

BOIRE	Ils **boiv**ent	*Il faut que je **boiv**-e*
	Nous **buv**ons	*que nous **buv**-ions*
	Vous **buv**ez	*que vous **buv**-iez*
PRENDRE	Ils **prenn**ent	*que je **prenn**-e*
	Nous **pren**ons	*que nous **pren**-ions*
	Vous **pren**ez	*que vous **pren**-iez*

(Et recevoir, venir, appeler, envoyer, jeter, etc.).

■ VERBES IRRÉGULIERS

ÊTRE	AVOIR	ALLER	FAIRE
que je **sois**	*que j'* **aie**	*que j'* **aille**	*que je* **fasse**
que tu **sois**	*que tu* **aies**	*que tu* **ailles**	*que tu* **fasses**
qu'il **soit**	*qu'il* **ait**	*qu'il* **aille**	*qu'il* **fasse**
que nous **soyons**	*que nous* **ayons**	*que nous* **allions**	*que nous* **fassions**
que vous **soyez**	*que vous* **ayez**	*que vous* **alliez**	*que vous* **fassiez**
qu'ils **soient**	*qu'ils* **aient**	*qu'ils* **aillent**	*qu'ils* **fassent**

SAVOIR	*que je* **sache**	*que vous* **sachiez**
POUVOIR	*que je* **puisse**	*que vous* **puissiez**

1 Faites des phrases selon le modèle.

– Paul partira demain à cinq heures. – *Il faut vraiment qu'il parte à cinq heures ?*

1. – Nous ferons une réunion tous les lundis. – _Il faut que (nous) fassions_

2. – Marie attendra sa remplaçante. – _Il faut qu'e_

3. – Votre fille prendra des antibiotiques. – _____

4. – Les étudiants apprendront ce texte par cœur. – _____

5. – Vous mettrez des subjonctifs partout. – _____

2 Complétez les phrases avec les verbes manquants.

Marie a très mal à la tête : il faut qu'elle *prenne* une aspirine.

1. Tout est très sale : il faut que je _fasse_ le ménage et la vaisselle.

2. Tu es trop tendue : il faut que tu _boives_ moins de café.

3. Les invités arrivent : il faut que je _prenne_ le rôti dans le four.

4. Nous venons d'emménager : il faut que nous _écrivions_ notre nom sur la boîte aux lettres.

5. Mon rendez-vous est à neuf heures : il faut que je _parte_ d'ici à huit heures.

3 Réécrivez la lettre en utilisant « il faut que ».

Cher Paul,

Je dois partir immédiatement pour New York. Je dois aller au siège de la société avec Nicolas. Nous devons faire une présentation de notre nouveau produit et nous devons obtenir des délais et des crédits supplémentaires.

La direction doit comprendre que le marché européen a changé. Elle doit nous suivre et elle doit nous faire confiance. Mais pour cela, nous devons être très convaincants...

Pendant notre absence, tu dois faire patienter les fournisseurs et les clients. Tu dois leur dire qu'à Noël, tout sera prêt comme prévu. Naturellement, ils ne doivent pas savoir que nous avons des problèmes avec la maison mère.

Tu dois avoir du courage car tu vas travailler pour trois pendant quelques jours.
Merci et à bientôt.

Marc

Il faut que je parte... Il faut que j'aille Il faut que nous fassions

LES VERBES « SUBJECTIFS »

> Je constate que Paul **est** absent.   J'aimerais qu'il **soit** là.

■ Les verbes « **objectifs** » sont suivis de l'**indicatif**, les verbes « **subjectifs** » sont suivis du **subjonctif** :

- Verbes « objectifs »
  (ou verbes « de la tête »)

Je constate J'observe Je remarque	qu'il **est** là.
Je crois Je pense Je suppose J'imagine	qu'il **va** partir.
J'affirme Je déclare Je dis	qu'il ne **reviendra** pas.

- Verbes « subjectifs » :
  (ou verbes « passionnels »)

Je souhaite Je désire J'aimerais	qu'il **soit** là.
J'ai peur Je crains Je redoute	qu'il (ne)* **parte.**
Je regrette Je suis désolé	qu'il s'en **aille.**
Je veux J'ordonne J'exige Je supplie	qu'il **revienne.**

(* Le « ne » stylistique n'est pas une négation et s'utilise en langage formel après les verbes de crainte.)

- « **Espérer** » est suivi de l'indicatif.

  *J'espère que vous **viendrez** demain.*
  *J'espère qu'il **fera** beau.*

  [handwritten: express a feeling without subjunctive]

■ Les verbes objectifs à la forme négative sont généralement suivis du subjonctif :

*Je **ne** crois **pas** qu'il **soit** là.*
*Je **ne** pense **pas** qu'il **aille** avec vous.*
*Je **ne** trouve **pas** que ce **soit** très intéressant.*

- Après la forme interrogative **avec inversion,** on a souvent le subjonctif :

  ***Pensez-vous** que cet homme **soit** capable ?*

1 Répondez au subjonctif, selon le modèle.

– Vous pensez que Paul va prendre ses vacances en février ?

– *Je ne sais pas, mais j'aimerais qu'il prenne ses vacances en février.*

1. – Vous croyez que Marie **viendra** avec vous ?

– *Je ne ~~sais~~ crois pas, mais j'aimerais qu'ell vienne*

2. – Vous pensez que Julien va **réussir** ses examens ?

– *Je ne sais pas, mais*

3. – Vous croyez que les enfants **partiront** ensemble ?

– *Je ne sais pas*

4. – Vous pensez qu'ils vont **prendre** le train ?

– *Je ne pense*

5. – Vous pensez qu'ils **iront voir** leur grand-mère ?

– *Je ne*

2 Complétez les textes avec l'indicatif ou le subjonctif du verbe « être ».

Les médecins préfèrent que le malade *soit* isolé des autres pour l'instant et ils souhaitent qu'une infirmière *est* de garde nuit et jour. Ils pensent que le patient *soient* encore très faible et ils doutent qu'il *est* capable de marcher. Ils supposent que la maladie *soient* d'origine virale et ils demandent que toutes les visites *soient* momentanément suspendues.

3 Même exercice.

Dans son article, l'auteur déclare qu'il ne *est* pas responsable de ce qui s'est passé. Il soutient que de nombreuses personnalités politiques *sont* impliquées dans cette affaire et il souhaite que toute la lumière *soit* faite le plus rapidement possible. Il suppose également que beaucoup d'éléments *est* encore ignorés du public et il demande qu'une enquête *soit* ouverte sans tarder. Il craint que son attitude *soit* mal interprétée par certains, mais il espère que la majorité *sera* avec lui.

4 Mettez les phrases au subjonctif ou à l'indicatif.

– Il va pleuvoir, je pense. – *Moi aussi, je pense qu'il va pleuvoir.*

1. – Notre entreprise va déménager, je crois. – _____

2. – Les employés seront mécontents, je le crains. – _____

3. – Les clients vont faire des réclamations, j'en ai peur. – _____

4. – Le directeur fera une réunion, j'imagine. – _____

5. – Les actionnaires seront présents, je suppose. – _____

E X E R C I C E S

1 Mettez le texte au subjonctif, selon le modèle.

Je trouve que mon bureau est trop petit et qu'il n'y a pas assez de lumière.

Je trouve que la moquette est trop vieille et que la couleur des murs est trop triste.

Je constate qu'il n'y a toujours pas de stores ni de rideaux aux fenêtres et qu'il n'y a ni placard personnel, ni portemanteau.

Je pense que nous faisons trop d'heures supplémentaires et que nous n'avons pas assez de temps pour déjeuner.

Je voudrais qu'il soit plus grand...

_____

_____

_____

_____

_____

_____

_____

_____

2 Décrivez votre chambre selon le modèle ci-dessus et dites ce que vous voudriez modifier.

_____

3 Répondez aux questions selon le modèle.
– Vous croyez que cet appareil vient du Japon ?
– *Non, je ne crois pas qu'il vienne du Japon.*

1. – Vous pensez que ce bus va jusqu'à Versailles ?
– _____

2. – Vous croyez que le musée d'Orsay est ouvert le lundi ?
– _____

3. – Vous croyez que le film de Kieslowski est doublé ?
– _____

4. – Vous pensez qu'il y a beaucoup de monde à la séance de quatre heures ?
– _____

5. – Vous croyez qu'il y a l'air conditionné dans la salle ?
– _____

4 Répondez par la négative.
Nous sommes en retard ? Il y a des réductions pour les étudiants ? Nous avons le temps de tout voir ? L'exposition est prolongée ? Ce tableau est un tableau de Van Gogh ?

Je ne crois pas que... _____

_____

1 Mettez le texte au subjonctif, selon le modèle.

Je trouve que mon fils ne sort pas assez. Il n'a pas
d'amis. Il est trop souvent dans sa chambre.
Je pense qu'il n'est pas assez sociable et qu'en
général, il ne fait pas assez d'efforts.
Je remarque qu'il n'est pas très costaud. Il ne fait
pas du tout de sport. Il ne va même plus
à la piscine, comme avant.
J'espère qu'il reprendra au moins ses cours de guitare
et qu'il ira de nouveau au concert le jeudi.

J'aimerais que... _____
_____
_____
_____
_____
_____
_____

2 Exprimez sous forme de phrases les pensées de « B » pendant le match de boxe.

A : – Le combat va être difficile.

B : – Je le pense aussi.

A : – Le combat est truqué ?

B : – Je ne crois pas !

A : – Jim va faire un beau match.

B : – Je le souhaite !

A : – Le combat sera retransmis ?

B : – Oui, je suppose.

A : – L'arbitre est un ancien boxeur ?

B : – Oui, j'imagine.

A : – Il y a plus de femmes que d'hommes dans la salle !

B : – Oui, je suis surpris.

« B » pense que le combat va être difficile.

_____

_____

_____

_____

3 Complétez les phrases avec l'indicatif ou le subjonctif.

J'aimerais que mon travail *soit* plus varié, moins mécanique.

1. – Je crois que Paul et Suzy _____ l'intention de se marier.

2. – Je suis heureux que vous _____ de retour en France.

3. – Je suis sûr que les enfants _____ ravis de vous voir.

4. – Je pense que cette table _____ ancienne, mais je n'en suis pas sûr.

5. – Je voudrais que ma fille _____ l'allemand.

6. – Je regrette que le film ne _____ pas en version originale.

7. – Croyez-vous que cet appartement _____ à vendre ?

LES CONSTRUCTIONS IMPERSONNELLES

> Il faut que je **parte** pour le Brésil.
> Il est urgent que j'y **sois** le 10.

■ Les constructions impersonnelles comme « il faut que » expriment souvent une **contrainte** ou un jugement **subjectif.** Ces constructions sont pour la plupart suivies du subjonctif.

Il faut
Il vaut mieux
Il est important | *que vous **partiez** tout de suite.*
Il est dommage

- Les constructions qui expriment une **certitude** sont suivies de l'indicatif :

> *Il est clair qu'ils ne comprennent pas.*
> *Il est certain que c'est très compliqué.*

LE SUBJONCTIF et LA RÉALITÉ

■ L'indicatif renvoie à une **réalité donnée** ou **probable,** le subjonctif à une **réalité incertaine** :

*Je cherche une maison qui **a** un grand jardin.*
(Je sais que cette maison existe : indicatif.)

*Je cherche une maison qui **ait** un grand jardin*
(Je ne sais pas si cette maison existe : subjonctif.)

- *Il est probable qu'il **sera** là demain.*   (+ de 50 % de chances : indicatif.)
- *Il est possible qu'il **soit** là demain.*   (= 50 % ou moins : subjonctif.)

LE SUBJONCTIF PRÉSENT et LE SUBJONCTIF PASSÉ

■ On utilise, en général, le subjonctif **présent** quel que soit le temps du verbe principal :

J'attends
J'ai attendu | *qu'il **soit** là.*   (Le subjonctif est un « mode » futur.)
J'attendrai

■ On utilise en général le subjonctif **passé** pour exprimer une action achevée. On le forme avec l'auxiliaire « être » ou « avoir » au subjonctif présent + participe passé.

> *Je regrette qu'il **soit parti.***
> *Je suis contente que Pierre **ait trouvé** un emploi.*

1 Complétez les phrases suivantes avec un indicatif ou un subjonctif.

connaître la vérité   aller au lit très tôt   venir ici
partir avant la nuit   réserver par téléphone   être dans une impasse

Il faut que *vous connaissiez la vérité.*

1. Il est nécessaire que les enfants _____

2. Il est préférable que vos amis _____

3. Il vaudrait mieux qu'elle _____

4. Il suffit que nous _____

5. Il est clair que la situation _____

2 Répondez avec l'indicatif ou le subjonctif, selon le modèle.

– Vous allez fêter les cinquante ans de l'entreprise ?
– Oui, il est important que *nous fêtions les cinquante ans de l'entreprise.*

1. – La fête aura lieu en juillet ? – Oui, il est probable que _____

2. – Le personnel sera invité ? – Oui, il est normal que _____

3. – Les travaux seront finis avant l'été ? – Oui, il faut absolument _____

4. – L'éclairage est beaucoup plus doux ! – Oui, je voulais que _____

5. – Le travail sera plus agréable ! – Oui, il est certain que _____

3 Complétez avec un verbe à l'indicatif ou au subjonctif.

Il est souhaitable que vous *fassiez* beaucoup d'exercices.

1. Il est possible que nous _____ obligés de vendre une partie de nos actions.

2. J'imagine qu'il _____ trop tard pour avoir des places pour le spectacle ?

3. Il est rare que nous _____ à Paris pendant le week-end.

4. Je suppose que le directeur _____ dans son bureau : sa secrétaire est encore là.

5. Il est dommage qu'il ne _____ pas beau, nous aurions pu dîner en terrasse !

6. Il est fort probable que l'été _____ chaud, comme l'année dernière.

7. Je constate que Marie _____ constamment en retard dans son travail.

4 Faites des phrases selon le modèle en utilisant le subjonctif passé.

Pierre est guéri. Je suis content. *Je suis content que Pierre soit guéri.*

1. Vous avez déjà terminé le travail. Je suis ravi. _____

2. Paul n'a rien fait. Je suis furieux. _____

3. Nous sommes arrivés en retard. Je suis désolé. _____

LES CONJONCTIONS « SUBJONCTIVES »

> **Bien qu'**il fasse un peu froid, nous allons à la campagne **pour que** les enfants prennent l'air.

Les phrases reliées par une conjonction exprimant une dépendance (une contrainte, une attente, etc.) sont, en général, suivies du subjonctif.

■ Expression d'une **intention** ou d'un **but** :

Je vous prête mes clés	*pour que* *afin que* *de sorte que*	*vous puissiez rentrer.*

■ Expression d'une **crainte,** d'une **menace** :

Nous avons accepté	*de crainte qu'* *de peur qu'*	*il (ne)* se mette en colère.*

■ Expression d'une **attente,** d'une contrainte **temporelle** :

*Rentrons **avant qu'**il (ne)* pleuve !*
*Prenons un apéritif **en attendant que** le repas soit prêt.*
*Je resterai **jusqu'à ce qu'**il revienne.*

- « **Après que** » est logiquement suivi de l'**indicatif** (mais l'usage du subjonctif se généralise).

   ***Après qu'**il a fini son discours, il est sorti.*

■ Expression d'un **obstacle** ou d'une **restriction** :

***Bien qu'**il soit très tard, nous préférons rentrer à pied.*
***À moins qu'**il (n')* y ait une grève, nous prendrons l'avion.*

(* « Ne » stylistique, sans valeur négative, utilisé après l'expression de la crainte et après les conjonctions « avant que » et « à moins que ».)

■ Expression d'une **condition** :

Tu peux sortir	*à condition que* *pourvu que*	*tu me dises où tu vas.*

1 **Complétez le texte avec les verbes manquants.**

Je n'accepterai pas à moins que vous ne *soyez* tous d'accord.

1. Jean et Thérèse ont économisé pour que leurs enfants _____ des études. - **2.** Il vaut mieux que nous abandonnions ce projet avant qu'il _____ trop tard. - **3.** Les enfants peuvent rester dans la salle à condition qu'ils ne _____ pas de bruit. - **4.** Bien que ce restaurant _____ très cher, il y a toujours beaucoup de monde. - **5.** Pour que nous _____ à l'heure à la gare, il faut partir maintenant. - **6.** Nous ne prendrons pas de décisions avant que tout le monde _____ là. - **7.** Voulez-vous prendre un café, en attendant que ma fille _____ prête ? - **8.** Nous travaillerons jusqu'à ce que tout _____ terminé.

2 **Complétez avec les subjonctifs manquants.**

Le stage d'informatique portera sur plusieurs semaines : les enfants seront pris en charge jusqu'à ce qu'ils _____ capables de se débrouiller tout seuls. Pour que la méthode _____ efficace, il faut que les enfants _____ travailler en équipe. Le programme débutera fin octobre, à moins que l'aménagement des salles ne _____ pas terminé. Pour que tous les enfants _____ le même matériel, il est important que les parents _____ rapidement par courrier une liste des choses à acheter. Tous les enfants seront admis, à condition qu'ils _____ au minimum douze ans et qu'ils _____ accompagnés le premier jour par une personne de leur famille.

3 **Transformez les phrases avec « pour que » et « il faut que », selon le modèle.**

– Le docteur pourra-t-il opérer si le patient n'est pas à jeun ?
– Non, *pour que le médecin puisse opérer, il faut que le patient soit à jeun.*

1. – Les médicaments seront-ils remboursés si le médecin n'est pas conventionné ?

– Non, _____

2. – Le patient pourra-t-il quitter l'hôpital s'il ne remplit pas une feuille de sortie ?

– Non, _____

3. – Le malade comprendra-t-il les instructions si on ne les traduit pas dans sa langue ?

– Non, _____

4 **Faites des phrases selon le modèle.**

Si vous n'avez pas de ticket de caisse, nous ne pourrons pas échanger vos achats. Si les enfants n'ont pas d'autorisation, ils ne pourront pas sortir. Si vous restez moins de trois jours, vous n'aurez pas de réduction sur les vols. Si vous faites une grosse commande, vous aurez une remise importante.

Pour que nous puissions échanger vos achats, il faut que... _____

_____

52

LES RELATIONS LOGIQUES

Pour expliciter les relations logiques entre plusieurs éléments de phrase, on utilise différentes expressions de cause, conséquence, but et opposition.

LA CAUSE

> Je pars **parce que** j'ai un rendez-vous.
> **Puisque** vous partez, je vous rappellerai plus tard.

■ « PARCE QUE », « COMME » et « PUISQUE » + verbe

- **« Parce que »** introduit une cause :

    *Je ne suis pas venu **parce que** j'avais une réunion.*
    *Je suis venu en métro **parce que** ma voiture est en panne.*

- En langage plus formel ou à l'écrit, on utilise souvent « **car** » :

    *Je ne suis pas venu **car** j'avais une réunion.*

- **« Comme »** exprime la cause avant la conséquence, **en début de phrase** :

    ***Comme** j'avais une réunion, je ne suis pas venu.*
    ***Comme** ma voiture est en panne, je suis venu en métro.*

- **« Puisque »** exprime une cause **connue** des interlocuteurs :

    ***Puisque** votre voiture est en panne, je vous raccompagne.*

- **« Puisque »** exprime une cause **évidente,** qui détermine la conséquence :

    *Nous sommes mortels **puisque** nous sommes des hommes.*
    *Je m'en vais **puisque** personne ne m'écoute.*

■ « À CAUSE DE » et « GRÂCE À » + nom

- **« À cause de »** exprime une cause neutre ou négative :

    ***À cause de** la réunion, je n'ai pas pu venir.*
    *Nous sommes restés chez nous, **à cause du** mauvais temps.*

- **« Grâce à »** exprime une cause positive :

    ***Grâce à** vos conseils, j'ai trouvé un appartement.*
    *J'ai réussi **grâce à** votre aide.*

1 **Reliez les deux phrases avec « parce que », « comme » ou « puisque ».**

Je ne suis pas allé(e) chez Pierre *parce que* je me sentais un peu grippé(e).

1. _____ j'ai été absent(e) pendant deux semaines, je ne suis plus au courant de rien.

2. _____ tu vas à la cuisine, apporte-moi le sel, s'il te plaît !

3. La circulation est mauvaise _____ il y a des travaux sur l'autoroute.

4. Vous devez connaître Brigitte Michette, _____ vous habitez dans le même immeuble !

5. _____ j'habite loin, je mets deux heures pour rentrer chez moi.

2 **Reliez les deux phrases par « à cause de » ou « grâce à », selon le cas.**

Tout le programme a été modifié parce que vous êtes arrivés en retard.

Tout le programme a été modifié à cause de votre retard.

1. Le match de rugby est annulé parce qu'il pleut.

_____

2. Pierre a obtenu de bons résultats parce qu'il a fait beaucoup d'efforts.

_____

3. Nous n'avons pas reçu votre courrier parce qu'il y avait une grève des PTT.

_____

4. Chacun a une espérance de vie plus longue aujourd'hui, parce que la médecine a fait beaucoup de progrès.

_____

3 **Complétez le texte avec « parce que », « comme », « puisque », « grâce à » et « à cause de ».**

Comme il y a des travaux dans mon quartier, il y a toujours des embouteillages. Hier, il y a eu beaucoup d'agitation dans ma rue _____ la banque a été attaquée. _____ l'attaque a eu lieu à l'heure du déjeuner, il n'y avait que deux personnes au guichet. Le caissier a appelé la police _____ une alarme dissimulée sous son bureau. Mais la police est arrivée en retard _____ embouteillages. Le gangster a réussi à s'échapper _____ la complicité d'une femme brune qui l'attendait dehors avec une moto. La police a tout de suite soupçonné Pierrot Ferdinand _____ le hold up est tout à fait dans son style. Mais ce n'est sûrement pas lui, _____ il est actuellement en prison à Genève !

4 **Reliez les phrases par une expression de cause appropriée.**

1. Marthe prend une aspirine. Elle a de la fièvre. _____

2. Vous êtes motivé et combatif : vous réussirez ! _____

3. Il ne reste plus rien à manger. Allons au restaurant ! _____

4. Demandez une indemnisation : vous êtes assuré ! _____

LA CONSÉQUENCE et LE BUT

> Nadine part deux ans à l'étranger, **donc** son appartement est libre. Elle le garde **afin d'**y laisser ses affaires, **c'est pourquoi** elle voudrait le louer à un ami.

■ LA CONSÉQUENCE

- **« Donc »** ou **« c'est pourquoi »** expriment une conséquence :

  *Je n'ai pas le permis, **donc** je ne peux pas conduire.*
  *Il a commis une faute, **c'est pourquoi** on l'a renvoyé.*

- **« C'est la raison pour laquelle »** s'utilise à l'écrit ou en langage plus formel :

  *Je cherche un emploi. **C'est la raison pour laquelle** je m'adresse à vous.*

- **« Alors »** ou **« c'est pour ça que »** s'utilisent en langage courant :

  Je dois conduire, | ***alors** je ne bois pas d'alcool.*
  | ***c'est pour ça que** je ne bois pas d'alcool.*

- **« Si bien que »**, **« de sorte que »**, **« à tel point que »** expriment une conséquence prévisible :

  *Paul a travaillé comme un fou, **si bien qu'**il a réussi avec mention.*
  *L'examen était difficile, **de sorte que** beaucoup ont abandonné.*
  *Il faisait très chaud, **à tel point qu'**ils ont ouvert les fenêtres.*

■ LE BUT

- **« Pour »** + infinitif ou **« pour que »** + subjonctif expriment un but :

  Je me dépêche | ***pour** être à l'heure.*
  | ***pour que** tout soit prêt.*

- **« Afin de »** + infinitif ou **« afin que »** + subjonctif s'utilisent en langage plus formel :

  Je vous écris | ***afin de** vous informer de la situation.*
  | ***afin que** vous soyez informés de la situation.*

1 Reliez les deux phrases par une expression de conséquence appropriée.

Ma montre ne marche pas très bien. Je suis arrivé en retard.

Ma montre ne marche pas très bien. C'est pourquoi je suis arrivé en retard.

1. Pierre ment toujours. On ne le croit plus.

_____

2. Il y avait beaucoup de vent sur la plage. On pouvait à peine se tenir debout.

_____

3. La luminosité était trop forte. La photo n'est pas réussie.

_____

4. Il y avait beaucoup de brouillard sur l'autoroute. Il y a eu des accidents en série.

_____

5. J'ai perdu mes clés. Je suis devant ma porte !

_____

2 Transformez pour utiliser une expression de conséquence appropriée.

Puisque tu ne m'écris pas, je ne t'écris pas non plus.

Tu ne m'écris pas, donc je ne t'écris pas non plus.

1. Puisque votre dossier est incomplet, votre proposition risque d'être rejetée.

_____

2. Étant donné que ma candidature a été acceptée, je dois passer un entretien d'embauche mercredi prochain.

_____

3. Comme vous vous êtes beaucoup investi dans notre projet, vous recevez une prime d'encouragement.

_____

4. Comme il n'y avait plus de place au restaurant chinois, nous sommes allés dans une pizzeria.

_____

5. Comme il fait très froid, on ne va pas skier.

_____

3 Complétez avec l'une des expressions de but et un verbe au subjonctif présent.

Nous avons énormément travaillé *pour que* tout *soit* fini à temps.

1. Le professeur a expliqué très clairement et il a répété _____ tout le monde _____ les explications.

2. J'ai placé les enfants au premier rang _____ ils _____ bien le spectacle.

3. J'ai corrigé le texte _____ chaque phrase _____ correcte.

4. Surveillez les enfants _____ ils ne _____ pas de bêtises.

5. J'ai donné toutes les instructions _____ chacun _____ se débrouiller tout seul.

L'OPPOSITION et LA CONCESSION

> Je réussis, **mais** je travaille beaucoup.
> Je suis fatigué, **pourtant** j'ai dormi neuf heures.

■ L'OPPOSITION exprime deux aspects différents de la réalité.

- « **Mais** » introduit en général une opposition :

    *Je travaille le samedi, **mais** je ne travaille pas le lundi.*

- « **Par contre** » (en langage courant) et « **en revanche** » (en langage plus formel) expriment une opposition renforcée :

    Je travaille le samedi, | ***par contre*** / ***en revanche*** | *je suis libre trois jours par semaine.*

- « **Tandis que** » et « **alors que** » expriment une simultanéité :

    *En janvier, c'est l'hiver en France, **tandis que** c'est l'été au Chili.*
    *Je travaille dans le centre, **alors que** vous travaillez en banlieue.*

■ LA CONCESSION exprime deux aspects contradictoires.

- « **Mais** » introduit souvent une concession :

    *Il fait froid, **mais** il y a du soleil.*

- « **Pourtant** », « **cependant** » et « **toutefois** » expriment une concession forte ou atténuée selon le contexte :

    *Ils se disputent tout le temps, **pourtant** ils s'adorent.*

    Tout est prêt. | ***Toutefois*** / ***Cependant*** | *quelques détails restent à régler.*

- « **Même si** » et « **malgré** » expriment un contraste :

    *Je continue **même si** vous n'êtes pas d'accord.*
    *Je continue **malgré** votre interdiction.*

- « **Quand même** » et « **tout de même** » s'utilisent en langage courant :

    *Pierre est fatigué, il travaille **quand même**.*   (contraste)
    *Tu te reposes. Tu pourrais **quand même** m'aider.*   (protestation)

1 Faites des phrases reliées par une expression d'opposition, pour décrire deux cas différents.

Marie	Lucie	
1. mariée	célibataire	*Marie est mariée, alors que Lucie est célibataire.*
2. ne travaille pas	journaliste	_____
3. voyage peu	parcourt le monde entier	_____
4. grande maison	petit appartement	_____
5. s'occupe des enfants	sort beaucoup	_____
6. peinture	photo	_____

2 Reliez les deux phrases par une expression de concession appropriée.

L'équipe a perdu. Elle avait bien joué.   *L'équipe a perdu. Pourtant, elle avait bien joué.*

1. Nous allons nous promener. Il pleut.

_____

2. Tu n'as pas envie de venir avec nous. Tu viendras.

_____

3. Gérard est professeur. Il fait des fautes d'orthographe.

_____

4. Il a des qualités. Il a aussi beaucoup de défauts.

_____

5. Il a peu de chances d'obtenir un poste dans une grande ville. Il le demande depuis des années.

_____

6. Pierre commet des erreurs. Il sait les reconnaître.

_____

3 Complétez avec les expressions logiques manquantes.

comme, c'est pourquoi, même si, pourtant, cependant, puisque, afin de, grâce à.

Actuellement, des problèmes de pollution aigus concernent notre planète : _____ les médias en parlent beaucoup, peu de mesures efficaces sont prises. _____ la situation s'aggrave jour après jour : les forêts sont dévastées, l'air, la mer et les sols bouleversés, beaucoup d'animaux menacés. Les enjeux économiques sont souvent énormes et cachés, _____ un système généralisé efficace de lutte contre la pollution est difficile à mettre en place. _____ la législation demeure laxiste, beaucoup d'entreprises continuent d'ignorer le problème. _____ les jeunes générations semblent plus conscientes des dangers qui menacent la planète, _____ des sondages révèlent que cette question est au cœur de leurs préoccupations. C'est _____ cette prise de conscience que la situation pourra peut-être cesser de se dégrader. Il faut agir tous ensemble _____ sauver notre Terre.

1 Complétez le texte avec les éléments manquants (faites l'élision si nécessaire).

Hier matin, je _____ sorti de chez moi vers neuf heures. Je _____ allé au bar prendre un café mais quand je _____ sorti mon portefeuille pour payer, je me _____ rendu compte que je ne _____ pas d'argent du tout. Alors, je _____ laissé mes affaires sur la table, je _____ dit au serveur que je _____ acheter le journal et je _____ sorti du bar.

Après _____ tourné le coin de la rue, je _____ couru jusque chez moi. Quand je _____ arrivé dans le hall, l'ascenseur _____ bloqué par des livreurs, aussi je _____ monté l'escalier à pied. Quand je _____ arrivé devant la porte, je _____ essayé _____ ouvrir avec ma clé, mais je ne _____ pas arrivé, alors, je _____ tourné la poignée directement : ce _____ ouvert ! Je _____ oublié de fermer en partant ! Je _____ entré dans l'appartement et là, quelle surprise : je _____ vu un inconnu, installé dans mon canapé qui _____ tranquillement le cigare en lisant le journal. Je _____ stupéfait et l'homme aussi apparemment car il me _____ les yeux ronds et la bouche ouverte. Quand une jeune femme rousse _____ sortie de la cuisine avec un bébé dans les bras, je _____ compris soudain que je me _____ trompé d'appartement et d'étage.

Après _____ excusé rapidement et confusément, je _____ monté à l'étage du dessus où je _____ retrouvé tout _____ je _____ oublié : non seulement mon argent mais aussi ma carte d'autobus et mes dossiers. Encore sous le choc, je _____ l'ascenseur et quand je _____ la porte, je me _____ retrouvé au sous-sol, dans le garage. Je commençais _____ être vraiment épuisé par toutes ces aventures. Après _____ attendu cinq minutes, parce que l'ascenseur _____ de nouveau bloqué, je _____ parvenu au rez-de-chaussée.

Bien sûr, quand je _____ sorti, il _____ et je ne _____ pas de parapluie.

Si je _____ moins distrait, la vie _____ quand même plus facile !

2 Complétez les phrases avec les éléments manquants.

1. Le mois prochain, _____ faire très chaud : l'été arrive.

2. Le beaujolais de cette année est _____ celui de l'année dernière.

3. Je ne sais pas encore _____ nous _____ le week-end prochain.

4. La société pour _____ je travaille est une société _____ existe _____ plus de trois cents ans.

5. André a tendance _____ grossir et il a commencé _____ faire un régime strict.

6. Notre société a racheté la COB _____ un an et, _____ moins de six mois, nous avons doublé nos bénéfices.

7. Comme _____ trop froid dans la pièce, _____ le radiateur.

8. Bruna m'a montré le bijou _____ son mari _____ offert pour son anniversaire : _____ des petites boucles d'oreilles _____ vont très bien.

1 Complétez avec les éléments manquants (avec élision si nécessaire).

1. J'ai rencontré Paul dans la rue et je _____ invité _____ dîner chez moi.

2. J'ai feuilleté plusieurs livres _____ le libraire et je _____ acheté trois.

3. Les parents de Cathy _____ une moto pour son anniversaire.

4. Au XVIIIᵉ siècle, la durée de vie moyenne d'un homme _____ seulement de vingt-cinq ans.

5. Je ne sais pas _____ se passe dans la rue : il y a _____ bruit et _____ musique.

6. L'article _____ est paru dans le journal _____ écrit par un excellent journaliste.

7. Si je _____ un appartement plus grand, je _____ une fête pour mon anniversaire.

8. J'aimerais qu'il _____ un jardin près de chez moi pour que les enfants _____ jouer dehors.

9. Maintenant, il n'y a plus que deux cinémas dans ce quartier, mais avant, _____ cinq.

10. Je n'oublierai jamais _____ vous avez fait pour moi à l'époque _____ je suis arrivé ici.

11. J'ai ouvert la fenêtre en rentrant, parce que _____ très chaud.

12. Ces photos _____ en Chine, par un photographe du début du siècle.

13. Les routes sont dangereuses en montagne, mettez des chaînes et _____ prudents.

14. Alain partira en vacances dès qu'il _____ ses examens.

15. Paul m'a dit qu'il me _____ tout _____ j'ai besoin.

16. Un architecte a suivi les travaux mais c'est moi qui _____ dessiné les plans de ma maison.

17. Quand nous habitions à Rome, nous _____ des pâtes deux fois par jour.

18. Si _____ beau le week-end prochain, nous _____ à la campagne.

19. Je connais bien ce quartier : je _____ pendant plus de quatre ans !

20. Nous serions allés vous voir si nous _____ le temps !

21. Je _____ avoir des enfants : si un jour, je _____ une fille, je _____ Clémentine, comme _____ mère.

22. Je n'ai mangé _____ un croissant pour le petit déjeuner, mais _____ mari _____ au moins quatre.

23. Si je _____ vous, j'insisterais pour que Paul _____ présent à la réunion de demain : il faut qu'il _____ la situation.

24. Ce matin, _____ l'ascenseur _____ en panne, et je _____ monté tous les escaliers _____ pied, jusqu'au 20ᵉ étage…

25. Ma femme a vu la dernière pièce de Peter Brooks, mais moi je _____ : j'aimerais voir ce spectacle avant qu'il _____ trop tard.

infinitif	présent	futur proche	passé composé	imparfait	plus-que-parfait	infinitif passé
ÊTRE	je suis tu es il est nous sommes vous êtes ils sont	je vais être tu vas être il va être nous allons être vous allez être ils vont être	j' ai été tu as été il a été nous avons été vous avez été ils ont été	j' étais tu étais il était nous étions vous étiez ils étaient	j' avais été tu avais été il avait été nous avions été vous aviez été ils avaient été	avoir été
AVOIR	j' ai tu as il a nous avons vous avez ils ont	je vais avoir tu vas avoir il va avoir nous allons avoir vous allez avoir ils vont avoir	j' ai eu tu as eu il a eu nous avons eu vous avez eu ils ont eu	j' avais tu avais il avait nous avions vous aviez ils avaient	j' avais eu tu avais eu il avait eu nous avions eu vous aviez eu ils avaient eu	avoir eu
VERBES en -ER	je dîne tu dînes il dîne nous dînons vous dînez ils dînent	je vais dîner tu vas dîner il va dîner nous allons dîner vous allez dîner ils vont dîner	j' ai dîné tu as dîné il a dîné nous avons dîné vous avez dîné ils ont dîné	je dînais tu dînais il dînait nous dînions vous dîniez ils dînaient	j' avais dîné tu avais dîné il avait dîné nous avions dîné vous aviez dîné ils avaient dîné	avoir dîné
ALLER	je vais tu vas il va nous allons vous allez ils vont	je vais aller tu vas aller il va aller nous allons aller vous allez aller ils vont aller	je suis allé tu es allé il est allé nous sommes allés vous êtes allés ils sont allés	j' allais tu allais il allait nous allions vous alliez ils allaient	j' étais allé tu étais allé il était allé nous étions allés vous étiez allés ils étaient allés	être allé
BOIRE	je bois tu bois il boit nous buvons vous buvez ils boivent	je vais boire tu vas boire il va boire nous allons boire vous allez boire ils vont boire	j' ai bu tu as bu il a bu nous avons bu vous avez bu ils ont bu	je buvais tu buvais il buvait nous buvions vous buviez ils buvaient	j' avais bu tu avais bu il avait bu nous avions bu vous aviez bu ils avaient bu	avoir bu
CONNAÎTRE	je connais tu connais il connaît nous connaissons vous connaissez ils connaissent	je vais connaître tu vas connaître il va connaître nous allons connaître vous allez connaître ils vont connaître	j' ai connu tu as connu il a connu nous avons connu vous avez connu ils ont connu	je connaissais tu connaissais il connaissait nous connaissions vous connaissiez ils connaissaient	j' avais connu tu avais connu il avait connu nous avions connu vous aviez connu ils avaient connu	avoir connu

futur simple	futur antérieur	conditionnel présent	conditionnel passé	subjonctif	impératif	gérondif
je serai	j' aurai été	je serais	j' aurais été	que je sois		en étant
tu seras	tu auras été	tu serais	tu aurais été	que tu sois	sois	
il sera	il aura été	il serait	il aurait été	qu'il soit		
nous serons	nous aurons été	nous serions	nous aurions été	que nous soyons	soyons	
vous serez	vous aurez été	vous seriez	vous auriez été	que vous soyez	soyez	
ils seront	ils auront été	ils seraient	ils auraient été	qu'ils soient		
j' aurai	j' aurai eu	j' aurais	j' aurais eu	que j' aie		en ayant
tu auras	tu auras eu	tu aurais	tu aurais eu	que tu aies	aie	
il aura	il aura eu	il aurait	il aurait eu	qu'il ait		
nous aurons	nous aurons eu	nous aurions	nous aurions eu	que nous ayons	ayons	
vous aurez	vous aurez eu	vous auriez	vous auriez eu	que vous ayez	ayez	
ils auront	ils auront eu	ils auraient	ils auraient eu	qu'ils aient		
je dînerai	j' aurai dîné	je dînerais	j' aurais dîné	que je dîne		en dînant
tu dîneras	tu auras dîné	tu dînerais	tu aurais dîné	que tu dînes	dîne	
il dînera	il aura dîné	il dînerait	il aurait dîné	qu'il dîne		
nous dînerons	nous aurons dîné	nous dînerions	nous aurions dîné	que nous dînions	dînons	
vous dînerez	vous aurez dîné	vous dîneriez	vous auriez dîné	que vous dîniez	dînez	
ils dîneront	ils auront dîné	ils dîneraient	ils auraient dîné	qu'ils dînent		
j' irai	je serai allé	j' irais	je serais allé	que j' aille		en allant
tu iras	tu seras allé	tu irais	tu serais allé	que tu ailles	va	
il ira	il sera allé	il irait	il serait allé	qu'il aille		
nous irons	nous serons allés	nous irions	nous serions allés	que nous allions	allons	
vous irez	vous serez allés	vous iriez	vous seriez allés	que vous alliez	allez	
ils iront	ils seront allés	ils iraient	ils seraient allés	qu'ils aillent		
je boirai	j' aurai bu	je boirais	j' aurais bu	que je boive		en buvant
tu boiras	tu auras bu	tu boirais	tu aurais bu	que tu boives	bois	
il boira	il aura bu	il boirait	il aurait bu	qu'il boive		
nous boirons	nous aurons bu	nous boirions	nous aurions bu	que nous buvions	buvons	
vous boirez	vous aurez bu	vous boiriez	vous auriez bu	que vous buviez	buvez	
ils boiront	ils auront bu	ils boiraient	ils auraient bu	qu'ils boivent		
je connaîtrai	j' aurai connu	je connaîtrais	j' aurais connu	que je connaisse		en connaissant
tu connaîtras	tu auras connu	tu connaîtrais	tu aurais connu	que tu connaisses	connais	
il connaîtra	il aura connu	il connaîtrait	il aurait connu	qu'il connaisse		
nous connaîtrons	nous aurons connu	nous connaîtrions	nous aurions connu	que nous connaissions	connaissons	
vous connaîtrez	vous aurez connu	vous connaîtriez	vous auriez connu	que vous connaissiez	connaissez	
ils connaîtront	ils auront connu	ils connaîtraient	ils auraient connu	qu'ils connaissent		

infinitif	présent	futur proche	passé composé	imparfait	plus-que-parfait	infinitif passé
DEVOIR	je dois tu dois il doit nous devons vous devez ils doivent	je vais devoir tu vas devoir il va devoir nous allons devoir vous allez devoir ils vont devoir	j' ai dû tu as dû il a dû nous avons dû vous avez dû ils ont dû	je devais tu devais il devait nous devions vous deviez ils devaient	j' avais dû tu avais dû il avait dû nous avions dû vous aviez dû ils avaient dû	avoir dû
DIRE	je dis tu dis il dit nous disons vous dites ils disent	je vais dire tu vas dire il va dire nous allons dire vous allez dire ils vont dire	j' ai dit tu as dit il a dit nous avons dit vous avez dit ils ont dit	je disais tu disais il disait nous disions vous disiez ils disaient	j' avais dit tu avais dit il avait dit nous avions dit vous aviez dit ils avaient dit	avoir dit
ÉCRIRE	j' écris tu écris il écrit nous écrivons vous écrivez ils écrivent	je vais écrire tu vas écrire il va écrire nous allons écrire vous allez écrire ils vont écrire	j' ai écrit tu as écrit il a écrit nous avons écrit vous avez écrit ils avaient écrit	j' écrivais tu écrivais il écrivait nous écrivions vous écriviez ils écrivaient	j' avais écrit tu avais écrit il avait écrit nous avions écrit vous aviez écrit ils avaient écrit	avoir écrit
FAIRE	je fais tu fais il fait nous faisons vous faites ils font	je vais faire tu vas faire il va faire nous allons faire vous allez faire ils vont faire	j' ai fait tu as fait il a fait nous avons fait vous avez fait ils avaient fait	je faisais tu faisais il faisait nous faisions vous faisiez ils faisaient	j' avais fait tu avais fait il avait fait nous avions fait vous aviez fait ils avaient fait	avoir fait
FALLOIR	il faut	il va falloir	il a fallu	il fallait	il avait fallu	
FINIR	je finis tu finis il finit nous finissons vous finissez ils finissent	je vais finir tu vas finir il va finir nous allons finir vous allez finir ils vont finir	j' ai fini tu as fini il a fini nous avons fini vous avez fini ils ont fini	je finissais tu finissais il finissait nous finissions vous finissiez ils finissaient	j' avais fini tu avais fini il avait fini nous avions fini vous aviez fini ils avaient fini	avoir fini
METTRE	je mets tu mets il met nous mettons vous mettez ils mettent	je vais mettre tu vas mettre il va mettre nous allons mettre vous allez mettre ils vont mettre	j' ai mis tu as mis il a mis nous avons mis vous avez mis ils ont mis	je mettais tu mettais il mettait nous mettions vous mettiez ils mettaient	j' avais mis tu avais mis il avait mis nous avions mis vous aviez mis ils avaient mis	avoir mis

futur simple	futur antérieur	conditionnel présent	conditionnel passé	subjonctif	impératif	gérondif
je devrai	j' aurai dû	je devrais	j' aurais dû	que je doive		en devant
tu devras	tu auras dû	tu devrais	tu aurais dû	que tu doives		
il devra	il aura dû	il devrait	il aurait dû	qu'il doive		
nous devrons	nous aurons dû	nous devrions	nous aurions dû	que nous devions		
vous devrez	vous aurez dû	vous devriez	vous auriez dû	que vous deviez		
ils devront	ils auront dû	ils devraient	ils auraient dû	qu'ils doivent		
je dirai	j' aurai dit	je dirais	j' aurais dit	que je dise	dis	en disant
tu diras	tu auras dit	tu dirais	tu aurais dit	que tu dises		
il dira	il aura dit	il dirait	il aurait dit	qu'il dise		
nous dirons	nous aurons dit	nous dirions	nous aurions dit	que nous disions	disons	
vous direz	vous aurez dit	vous diriez	vous auriez dit	que vous disiez	disez	
ils diront	ils auront dit	ils diraient	ils auraient dit	qu'ils disent		
j' écrirai	j' aurai écrit	j' écrirais	j' aurais écrit	que j' écrive	écris	en écrivant
tu écriras	tu auras écrit	tu écrirais	tu aurais écrit	que tu écrives		
il écrira	il aura écrit	il écrirait	il aurait écrit	qu'il écrive		
nous écrirons	nous aurons écrit	nous écririons	nous aurions écrit	que nous écrivions	écrivons	
vous écrirez	vous aurez écrit	vous écririez	vous auriez écrit	que vous écriviez	écrivez	
ils écriront	ils auront écrit	ils écriraient	ils auraient écrit	qu'ils écrivent		
je ferai	j' aurai fait	je ferais	j' aurais fait	que je fasse	fais	en faisant
tu feras	tu auras fait	tu ferais	tu aurais fait	que tu fasses		
il fera	il aura fait	il ferait	il aurait fait	qu'il fasse		
nous ferons	nous aurons fait	nous ferions	nous aurions fait	que nous fassions	faisons	
vous ferez	vous aurez fait	vous feriez	vous auriez fait	que vous fassiez	faites	
ils feront	ils auront fait	ils feraient	ils auraient fait	qu'ils fassent		
il faudra	il aura fallu	il faudrait	il aurait fallu	qu'il faille		
je finirai	j' aurai fini	je finirais	j' aurais fini	que je finisse		en finissant
tu finiras	tu auras fini	tu finirais	tu aurais fini	que tu finisses	finis	
il finiras	il aura fini	il finirait	il aurait fini	qu'il finisse		
nous finirons	nous aurons fini	nous finirions	nous aurions fini	que nous finissions	finissons	
vous finirez	vous aurez fini	vous finiriez	vous auriez fini	que vous finissiez	finissez	
ils finiront	ils auront fini	ils finiraient	ils auraient fini	qu'ils finissent		
je mettrai	j' aurai mis	je mettrais	j' aurais mis	que je mette		en mettant
tu mettras	tu auras mis	tu mettrais	tu aurais mis	que tu mettes	mets	
il mettra	il aura mis	il mettrait	il aurait mis	qu'il mette		
nous mettrons	nous aurons mis	nous mettrions	nous aurions mis	que nous mettions	mettons	
vous mettrez	vous aurez mis	vous mettriez	vous auriez mis	que vous mettiez	mettez	
ils mettront	ils auront mis	ils mettraient	ils auraient mis	qu'ils mettent		

TABLEAU DES CONJUGAISONS

infinitif	présent	futur proche	passé composé	imparfait	plus-que-parfait	infinitif passé
PARTIR	je pars tu pars il part nous partons vous partez ils partent	je vais partir tu vas partir il va partir nous allons partir vous allez partir ils vont partir	je suis parti tu es parti il est parti nous sommes partis vous êtes partis ils sont partis	je partais tu partais il partait nous partions vous partiez ils partaient	j' étais parti tu étais parti il était parti nous étions partis vous étiez partis ils étaient partis	être parti
PLEUVOIR	il pleut	il va pleuvoir	il a plu	il pleuvait	il avait plu	
POUVOIR	je peux tu peux il peut nous pouvons vous pouvez ils peuvent	je vais pouvoir tu vas pouvoir il va pouvoir nous allons pouvoir vous allez pouvoir ils vont pouvoir	j' ai pu tu as pu il a pu nous avons pu vous avez pu ils ont pu	je pouvais tu pouvais il pouvait nous pouvions vous pouviez ils pouvaient	j' avais pu tu avais pu il avait pu nous avions pu vous aviez pu ils avaient pu	avoir pu
PRENDRE	je prends tu prends il prend nous prenons vous prenez ils prennent	je vais prendre tu vas prendre il va prendre nous allons prendre vous allez prendre ils vont prendre	j' ai pris tu as pris il a pris nous avons pris vous avez pris ils ont pris	je prenais tu prenais il prenait nous prenions vous preniez ils prenaient	j' avais pris tu avais pris il avait pris nous avions pris vous aviez pris ils avaient pris	avoir pris
SAVOIR	je sais tu sais il sait nous savons vous savez ils savent	je vais savoir tu vas savoir il va savoir nous allons savoir vous allez savoir ils vont savoir	j' ai su tu as su il a su nous avons su vous avez su ils ont su	je savais tu savais il savait nous savions vous saviez ils savaient	j' avais su tu avais su il avait su nous avions su vous aviez su ils avaient su	avoir su
VOIR	je vois tu vois il voit nous voyons vous voyez ils voient	je vais voir tu vas voir il va voir nous allons voir vous allez voir ils vont voir	j' ai vu tu as vu il a vu nous avons vu vous avez vu ils ont vu	je voyais tu voyais il voyait nous voyions vous voyiez ils voyaient	j' avais vu tu avais vu il avait vu nous avions vu vous aviez vu ils avaient vu	avoir vu
VOULOIR	je veux tu veux il veut nous voulons vous voulez ils veulent	je vais vouloir tu vas vouloir il va vouloir nous allons vouloir vous allez vouloir ils vont vouloir	j' ai voulu tu as voulu il a voulu nous avons voulu vous avez voulu ils ont voulu	je voulais tu voulais il voulait nous voulions vous vouliez ils voulaient	j' avais voulu tu avais voulu il avait voulu nous avions voulu vous aviez voulu ils avaient voulu	avoir voulu

futur simple	futur antérieur	conditionnel présent	conditionnel passé	subjonctif	impératif	gérondif
je partirai	je serai parti	je partirais	je serais parti	que je parte	pars	en partant
tu partiras	tu seras parti	tu partirais	tu serais parti	que tu partes		
il partira	il sera parti	il partirait	il serait parti	qu'il parte	partons	
nous partirons	nous serons partis	nous partirions	nous serions partis	que nous partions	partez	
vous partirez	vous serez partis	vous partiriez	vous seriez partis	que vous partiez		
ils partiront	ils seront partis	ils partiraient	ils seraient partis	qu'ils partent		
il pleuvra	il aura plu	il pleuvrait	il aurait plu	qu'il pleuve		
je pourrai	j' aurai pu	je pourrais	j' aurais pu	que je puisse		en pouvant
tu pourras	tu auras pu	tu pourrais	tu aurais pu	que tu puisses		
il pourra	il aura pu	il pourrait	il aurait pu	qu'il puisse		
nous pourrons	nous aurons pu	nous pourrions	nous aurions pu	que nous puissions		
vous pourrez	vous aurez pu	vous pourriez	vous auriez pu	que vous puissiez		
ils pourront	ils auront pu	ils pourraient	ils auraient pu	qu'ils puissent		
je prendrai	j' aurai pris	je prendrais	j' aurais pris	que je prenne	prends	en prenant
tu prendras	tu auras pris	tu prendrais	tu aurais pris	que tu prennes		
il prendra	il aura pris	il prendrait	il aurait pris	qu'il prenne	prenons	
nous prendrons	nous aurons pris	nous prendrions	nous aurions pris	que nous prenions	prenez	
vous prendrez	vous aurez pris	vous prendriez	vous auriez pris	que vous preniez		
ils prendront	ils auront pris	ils prendraient	ils auraient pris	qu'ils prennent		
je saurai	j' aurai su	je saurais	j' aurais su	que je sache	sache	en sachant
tu sauras	tu auras su	tu saurais	tu aurais su	que tu saches		
il saura	il aura su	il saurait	il aurait su	qu'il sache	sachons	
nous saurons	nous aurons su	nous saurions	nous aurions su	que nous sachions	sachez	
vous saurez	vous aurez su	vous sauriez	vous auriez su	que vous sachiez		
ils sauront	ils auront su	ils sauraient	ils auraient su	qu'ils sachent		
je verrai	j' aurai vu	je verrais	j' aurais vu	que je voie	vois	en voyant
tu verras	tu auras vu	tu verrais	tu aurais vu	que tu voies		
il verra	il aura vu	il verrait	il aurait vu	qu'il voie	voyons	
nous verrons	nous aurons vu	nous verrions	nous aurions vu	que nous voyions	voyez	
vous verrez	vous aurez vu	vous verriez	vous auriez vu	que vous voyiez		
ils verront	ils auront vu	ils verraient	ils auraient vu	qu'ils voient		
je voudrai	j' aurai voulu	je voudrais	j' aurais voulu	que je veuille		en voulant
tu voudras	tu auras voulu	tu voudrais	tu aurais voulu	que tu veuilles		
il voudra	il aura voulu	il voudrait	il aurait voulu	qu'il veuille		
nous voudrons	nous aurons voulu	nous voudrions	nous aurions voulu	que nous voulions		
vous voudrez	vous aurez voulu	vous voudriez	vous auriez voulu	que vous vouliez	veuillez	
ils voudront	ils auront voulu	ils voudraient	ils auraient voulu	qu'ils veuillent		

INDEX

N° d'Éditeur 10045551 - (X) - (258) - OSBK 80° - Imprimé en Italie - Février 1999
G. Canale & C. S.p.A. - Borgaro T.se (Turin)